Gert Kähler

Gebaute Geschichte

Ein Geschichtsbuch über Bauen und Denkmalschutz

Herausgeber

Akademie der Architekten- und Stadtplanerkammer Hessen

Architektenkammer Nordrhein-Westfalen

Deutsche Stiftung Denkmalschutz

Ernst Klett Schulbuchverlage
Stuttgart · Leipzig

Gebaute Geschichte
Ein Geschichtsbuch über Bauen und Denkmalschutz

1. Auflage 1 7 6 5 4 3 | 2016 15 14 13 12

Alle Drucke dieser Auflage sind unverändert und
können im Unterricht nebeneinander verwendet werden.
Die letzte Zahl bezeichnet das Jahr des Druckes.

Herausgeber:
Akademie der Architekten- und Stadtplanerkammer Hessen,
Architektenkammer Nordrhein-Westfalen,
Deutsche Stiftung Denkmalschutz

Autor: Gert Kähler, Hamburg
Lektorat: Kerstin Meyer, Braunschweig
Gestaltung: Elmar Lixenfeld, Frankfurt am Main

Projektbetreuung:
Thomas Löhning, Ursula Schirmer, Rolf Toyka (Projektleitung)

Reproduktion: Meyle + Müller.Medienmanagement.Pforzheim
Druck: Druckhaus Götz, Ludwigsburg
Buchbinderische Verarbeitung: Ludwig Auer GmbH
Printed in Germany
ISBN-13: 978-3-12-920001-8
ISBN-10: 3-12-920001-0

9 783129 200018

Inhalt

Vorwort

„Man sieht nur, was man weiß“ – so ein geläufiges Sprichwort, das auch auf die Wahrnehmung der gestalteten Umwelt zutrifft. Diese Wahrnehmung zu schärfen, darum geht es in dem vorliegenden Buch, das sich an Lehrende und Lernende gleichermaßen richtet: Es rückt die historische Bausubstanz, das gewachsene städtebauliche Umfeld und geschichtlich bedeutsame Grünanlagen ins Blickfeld und vermittelt ein Grundwissen zum Thema Denkmalschutz. Den Herausgebern ist es ein besonderes Anliegen, das Bewusstsein dafür zu wecken, dass die Auseinandersetzung mit unserem baukulturellen Erbe nicht ausschließlich Sache der Experten ist, sondern jeden Bürger etwas angeht: Jeder kann sich eine eigene Meinung bilden, seinen persönlichen Beitrag zum Erhalt, zum Schutz oder auch zur Rettung leisten.

Die Deutsche Stiftung Denkmalschutz verfolgt seit vielen Jahren mit ihrer Schulaktion „Denkmal aktiv – Kulturerbe macht Schule“ das Ziel, junge Menschen für das Kulturerbe und den Denkmalschutz vor Ort zu begeistern. Die Architektenkammer Nordrhein-Westfalen und die Architekten- und Stadtplanerkammer Hessen sind ebenfalls seit langer Zeit mit Projekten unter der Überschrift „Architektur macht Schule“ gemeinsam und jede für sich aktiv. Hierzu gehört unter anderem auch die Erarbeitung von Schulbüchern, die im Klett-Verlag erschienen sind. Grund genug, warum sich diese drei Institutionen zusammengetan haben und dieses Buch gemeinsam herausgeben. Durch die Kooperation wird zugleich verdeutlicht, dass es beim Denkmalschutz, egal ob im Bereich des Stadtquartiers, des Einzelobjektes oder der Park- oder Gartenanlage um eine Vielzahl von Aspekten gehen muss: Die qualifizierte Bestandsanalyse und das Aufmaß gehören genauso dazu wie die Maßnahmen zur Bestandserhaltung und die Suche nach einem zukunftsfähigen Nutzungskonzept. Was wäre nämlich das wertvollste Gebäudeensemble oder ein herrliches historisches Gebäude, wenn es keine adäquate Nutzung gibt? Genau hier fängt die intelligente Planung an. Vielfach ist für die Zukunftssicherung die entscheidende Frage, eine angemessene, verträgliche Verwendung zu finden, die das bauliche Erbe nicht überfordert. Und es gilt, diese sensibel umzusetzen, sowohl in der Planung wie der baulichen Durchführung, und die einzelnen Schritte mit allen Beteiligten abzustimmen.

Das vorliegende Buch stellt anhand von ausgewählten Teilaspekten und konkreten Beispielen anschaulich dar, wie spannend *Architektur, Städtebau und Landschaftsarchitektur* im historischen Kontext sind. Es regt dazu an, sich möglichst aktiv mit der gestalteten Umgebung auseinander zu setzen. Durch eigenes Forschen und Entdecken erfahren junge Menschen, dass Steine Geschichte(n) erzählen und historische Bauten einen wertvollen Bestandteil ihrer täglichen Lebenswelt bilden. Wie sah es in unserem Stadtviertel vor hundert Jahren oder noch früher aus? Wie wurde hier gelebt und gearbeitet? Welchen Gefahren sind historische Gemäuer durch Mensch und Umwelt ausgesetzt und wie kann man sie beheben?

Wenn sich Ihnen bei der Beschäftigung mit den ausgewählten Themen weitere Fragen stellen, auf die Ihnen das Buch keine Antwort gibt, so empfehlen wir Ihnen, ergänzend die entsprechenden Internetseiten der herausgebenden Institutionen aufzurufen:

www.denkmalschutz.de

www.aknw.de

www.akh.de

Wir wünschen Ihnen viel Erfolg und vor allem auch viel Spaß bei der Beschäftigung mit dem Buch „Gebaute Geschichte“.

Barbara Ettinger-Brinckmann
Präsidentin der Architekten- und Stadtplanerkammer Hessen

Prof. Gottfried Kiesow
Vorstandvorsitzender
der Deutschen Stiftung Denkmalschutz

Hartmut Miksch
Präsident der Architektenkammer
Nordrhein-Westfalen

Rolf Toyka
Leiter der Akademie der Architekten- und Stadtplanerkammer Hessen

Einführung

Ein Geschichtsbuch über Architektur und Denkmalschutz, das im Unterricht verwendet werden soll, in Zeiten, da immer weniger Muße für die kleinen, aber spannenden Sonderwege bleibt? Was zunächst befremdlich klingen mag, macht dennoch Sinn. Denn Denkmäler, Rathäuser oder Parlamentsbauten sind als historische Quellen vielfach auf Abbildungen in Geschichtsbüchern zu sehen, um das geschriebene Wort anschaulicher werden zu lassen. Dieses Buch macht ihren Quellencharakter deutlich und hilft, Gebäude als Teil der Geschichte erkennbar werden zu lassen.

Dabei gibt es ein Problem: Viele der hier vorgestellten Bauten stehen nicht in der Stadt, in der Sie sie im Unterricht zum Thema machen werden. Dafür wurden in der Auswahl der Bauten aber die bekannten und herausragenden bevorzugt, die vielen Ihrer Schülerinnen und Schüler bereits aus Geschichtsbüchern bekannt sind. Um eine möglichst anschauliche Behandlung im Unterricht erreichen zu können, sollten Sie daher auch auf Beispiele zurückgreifen, die näher liegen – in der eigenen Stadt, in der näheren Umgebung. Das methodische Instrumentarium, das geliefert wird, ist übertragbar.

Die Bauten, von denen die Rede ist, stehen für geschichtliche Ereignisse und Zusammenhänge, sie haben aber auch eine eigene Geschichte hinter sich. Gebaut, zerstört, verändert – kein Gebäude ist im Original erhalten, und sei es nur zehn Jahre alt: Ein neuer Farbanstrich bedeutet bereits eine Veränderung. Deshalb wird in den Beispielen dieses Buches die Geschichte der Bauten selbst in Dokumenten, Bildern und Zeitabläufen thematisiert. Denn ein Gebäude ist kein „Gegenstand an sich“, sondern es hat eine Bedeutung, steht also in einer Beziehung zur Umgebung und den Menschen darin. Die kann sich ändern, aber sie bezieht sich immer auf geschichtliche Bedingungen und Abläufe.

Im Idealfall sollen also die Schülerinnen und Schüler die eigene Umgebung (und damit sich selbst) als Teil einer Geschichte begreifen und reflektieren. Damit wird Geschichte buchstäblich hautnah erlebbar.

Das Kapitel „Einstieg“ dient der begrifflichen Klärung insbesondere im Hinblick auf den Denkmalschutz. Danach, in den folgenden Kapiteln, wurde die Unterscheidung in „denkmalgeschützt“ und „nicht denkmalgeschützt“ aufgehoben. Das liegt nicht zuletzt an unterschiedlichen Gesetzeslagen in den einzelnen Bundesländern – nicht alles Schützenswerte steht tatsächlich unter Schutz. Es liegt aber auch daran, dass die Frage des „Weiterbauens“, der Hinzufügung weiterer (GE-)SCHICHTEN für den Autor wichtiger war als der formale Akt des Unterschutzstellens.

In den ersten beiden thematischen Kapiteln werden Stadt- und Wohngeschichte in Schwerpunkten der Entwicklung behandelt. Die folgenden nehmen sich einzelne Gattungen vor, um sie beispielhaft zu behandeln. Jedes der „großen“ Beispiele wird ausführlich in Dokumenten reflektiert, die bestimmte Fragen an das Beispiel stellen – daraus ergeben sich die Arbeitsanregungen. Und bitte: Diese sind wirklich nur Anregungen, Diskussionsanstöße, mit denen der Autor zur Meinungsbildung anregen will. Im Internet unter www.akh.de, www.aknw.de und www.denkmalschutz.de sind die Dokumente ausführlicher zitiert und die Aufgaben präziser formuliert.

Auf einer Doppelseite am Schluss der Kapitel werden zusätzliche Beispiele gezeigt und kurz charakterisiert, die dazu beitragen sollen, in der eigenen Umgebung neue und andere Beispiele zu entdecken: Wenn die „Heimat“geschichte in der allgemeinen Geschichte aufgeht – umso besser!

Die Herausgeber und der Autor freuen sich, wenn dieses Buch Eingang in den Unterricht findet.

Moderne und alte Architektur stoßen aufeinander und ergeben ein Drittes (Carlo Scarpa: Museo Castelvecchio, Verona 1964)

Einstieg

Fritz Schumacher: Gelehrtenschule des Johanneums, Hamburg 1912–1914

Günter Behnisch und Bruno Lambart: Vogelsangschule, Stuttgart 1959

Arbeitsanregungen

Die Schülerinnen und Schüler befinden sich während des Unterrichts in einer Schule, in einem Gebäude. Das kann ganz neu erbaut sein, es kann älteren Datums sein, vielleicht sogar sehr alt. Und es kann auch aus verschiedenen Zeiten stammen, wenn (wie bei vielen Schulen geschehen) An- und Umbauten vorgenommen wurden. Im Klassengespräch zu diskutieren:

- **Aus welcher Zeit stammt das Schulgebäude? Trifft Ihre Vermutung zu? (Stellen Sie die tatsächliche Bauzeit fest.)**
- **Beschreiben Sie die Wirkung auf Sie (z. B. hell, großzügig, eng, bedrückend, mit vielen gleichen/unterschiedlichen Räumen, mit vielen Bereichen, die (nicht) genau definiert sind ...**
- **Was macht die Besonderheit gebauter Zeugnisse aus?**

Als Konsequenz des Klassengespräches wird sich ergeben, dass Gebäude nicht nur „so da" sind, sondern auf die Menschen wirken, die damit umgehen. Diese Wirkung ist allerdings nicht bei jedem Nutzer gleich; was ein Lehrer „übersichtlich" findet, mag auf die Schülerinnen und Schüler „überwacht" wirken.

Trotzdem erlaubt die Wirkung Rückschlüsse auf die Zeit und die Gesellschaft, in der die Schule gebaut wurde: Wenn das Gebäude als „streng" empfunden wird (wie häufig bei Schulbauten aus der Zeit vor dem Ersten Weltkrieg), dann kann man daraus schließen, dass „Strenge" und „Disziplin" als Erziehungsprinzipien beabsichtigt waren. Bauten – auch Schulbauten! – sagen etwas über die Zeit aus, in der sie entstanden sind.

Jedes Objekt, aus dem man geschichtliche Schlüsse ziehen kann, von der Bildenden Kunst bis zur Literatur, hat spezifische Besonderheiten, die nur auf dieses zutreffen.

Linke Seite:
Jede moderne Architektur reflektiert die historische – buchstäblich und im übertragenen Sinne (Carlo Scarpa: Banca popolare, Verona, 1981)

Der Stadtgrundriss als Ausgangspunkt

Worin liegt das Besondere von Bauten als geschichtliches Dokument?
Am auffälligsten ist zunächst die Eigenschaft eines Gebäudes als „Im-Mobilie“. Es steht immer am selben Ort, nämlich dort, wo seine Erbauer es haben wollten. Damit sagt jedes Gebäude auch etwas über seine Umgebung aus: Es fügt sich ein oder nicht, es überragt seine Umgebung oder nicht, es verwendet die gleichen Materialien wie seine Umgebung oder nicht, es hat den gleichen Zweck (Funktion) wie die anderen oder nicht.

Ein Buch, ein Gemälde kann transportiert werden, es befindet sich zum Beispiel im Museum: Es ist dort völlig aus seinem originalen Zusammenhang gerissen, kann deshalb auch nur etwas über sich selbst aussagen. Der Inhalt des Bildes, des Buches allerdings kann als Abbildung, Beschreibung oder dichterische Überhöhung die frühere Zeit ganz anders und umfassender beschreiben, als es ein Gebäude heute noch tut: Das hat inzwischen möglicherweise eine andere Nutzung, das Dach ist mit anderen Ziegeln gedeckt, die Innenräume sind umgebaut, zumindest technisch erneuert (elektrisches Licht!), die Fenster mögen doppelt verglast sein und Kunststoffrahmen haben, wo im Mittelalter Ölpapier oder Tuch Wärme und Licht reguliert haben.

Nachdem der Einstieg über das Schulgebäude erreicht und der Wert der „Überlieferung durch Steine“ an einigen Beispielen belegt wurde, geht es beim Verständnis von der Bedeutung von Städten und Bauten für das Verständnis von Geschichte um den nächsten Schritt: die Nachbarschaft, die Umgebung der Schule. Hier wird vom Lehrer eine besondere und grundsätzliche Entscheidung verlangt, die nur angesprochen, aber nicht entschieden werden kann. Die Frage ist nämlich, ob die eigene Stadt, die eigene Nachbarschaft genügend Ansatzpunkte liefert für eine differenzierte Behandlung im Geschichtsunterricht, oder ob das Thema im Allgemeinen behandelt werden soll?

Das ist keine Frage der historischen „Schönheit“ einer Stadt; Ludwigshafen hat ebenso eine spezifische Geschichte wie Dinkelsbühl oder Rothenburg ob der Tauber. Empfohlen wird als Ausgangspunkt immer die eigene Nachbarschaft. Nur bietet die tausendjährige Geschichte einer Stadt einfach mehr „Stoff“ als eine Stadt, die erst nach dem Zweiten Weltkrieg gegründet wurde – wie die Sennestadt oder Eisenhüttenstadt.

Die im Folgenden beschriebenen Arbeitsanregungen sind keine Bedingung für den weiteren Arbeitsprozess. Sie sind in der Summe so umfangreich, dass sie den normalen Unterricht sprengen. Sie können aber als Anregung für Projektwochen oder -tage betrachtet werden.

Stadtstrukturen aus verschiedenen Zeiten: Gründerzeitquartier (oben) und Trabantenstadt der 2. Hälfte des 20. Jh. (unten)

Arbeitsanregungen

Ein großmaßstäblicher Kartenausschnitt (der vom Lehrer beim Planungsamt oder beim Tiefbauamt der Stadt beschafft werden kann, und der die Grundstücksgrenzen [Parzellen] und die bebauten Flächen zeigen muss) wird den Schülerinnen und Schülern zur Verfügung gestellt.

Die Schülerinnen und Schüler werden in kleine Gruppen eingeteilt; jede Gruppe erhält einen genau definierten Abschnitt des Plangebietes zur Bearbeitung. Von der Schule ausgehend, werden in der Umgebung Häuser unterschiedlicher Zeitabschnitte aufgespürt und kartiert (hilfreich ist ein Foto des jeweiligen Hauses oder einer Hausgruppe derselben Bauzeit). Das Alter wird nach Zeitabschnitten geschätzt (z. B. „Nach dem Zweiten Weltkrieg“, „Zeit des Nationalsozialismus“, „zwanziger Jahre des vorigen Jahrhunderts“, „19. Jahrhundert“, „Mittelalter“), die Zuordnungen in der Klasse diskutiert. Eine Gruppe besorgt Stadtgrundrisse aus verschiedenen Zeiten (Stadtmuseum, Stadtarchiv o. Ä.):

- **Hat sich der Stadtgrundriss verändert?**
- **Nach welchen Kriterien wurden die Häuser für die zeitliche Einordnung beurteilt?**
- **Anschließen kann sich eine Diskussion zur Frage: Wieso sehen Häuser „alt“ aus – sind sie ungepflegt? Haben sie andere Formen (welche?)? Andere Materialien? Wann spricht man von „Patina“ als etwas Schönem, wann ist ein Haus „heruntergekommen“?**

- **Welche Informationen kann das Bau- oder Planungsamt der Stadt zum Alter eines Quartiers oder einzelner Häuser liefern? Welche die untere Denkmalschutzbehörde oder das Landesdenkmalamt? Welche das Stadtmuseum oder ein Stadt- oder Landesarchiv? Und was kann man aus Internet und Literatur entnehmen?**

Ziel ist, eine Kartierung der eigenen Umgebung unter den Aspekten Alter, Zustand und Umgehensweise mit vorhandener Bebauung vorzunehmen, die den Schülerinnen und Schülern Hilfen bei der Beurteilung von Bauten vermittelt. Als Ergebnis der Übungen steht ein Plan zur Verfügung, in den in farbiger Markierung eingetragen wird, aus welchen zeitlichen Abschnitten die Bebauung stammt. Sofern einzelne Bauten unter Denkmalschutz stehen, können sie besonders markiert und durch Fotos hervorgehoben werden.

Die „logische“ Annahme ist die, dass eine Stadt in konzentrischen Ringen wächst. Wenn die Häuser zu alt werden und technisch nicht mehr haltbar sind, werden sie abgerissen und bei Bedarf neu gebaut.

- **Lässt sich dieses Bild aus dem Plan ablesen? (Die Frage entfällt, wenn nur ein kleiner Ausschnitt der Stadt bearbeitet werden kann.)**
- **Gibt es in der Geschichte der Stadt/des Quartiers besondere Ereignisse, die ein anderes Bild hervorrufen, als es in dem „Ringmodell“ idealtypisch angenommen wurde (Kriegszerstörung, Abriss wegen absinkender Bevölkerungszahl o. Ä.)?**
- **Wieso orientieren sich die Bauten verschiedenster Zeiten eigentlich an einem weitgehend gleich bleibendem Stadtgrundriss, an Grundstücksgrenzen und Straßen? Wer hat den Plan ursprünglich „gemacht“? Oder ist der „einfach so“ entstanden?**

1933

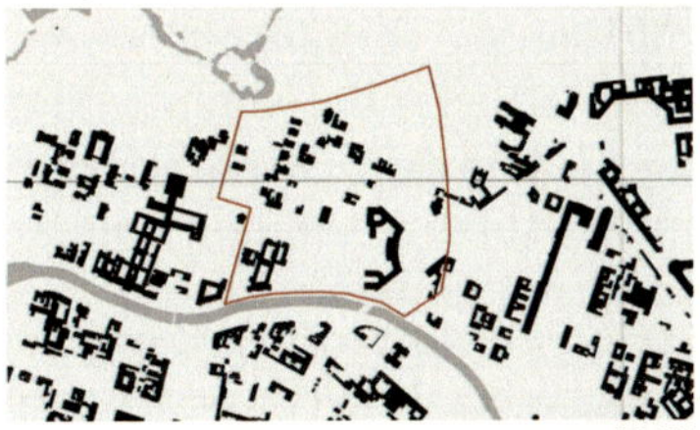

1953

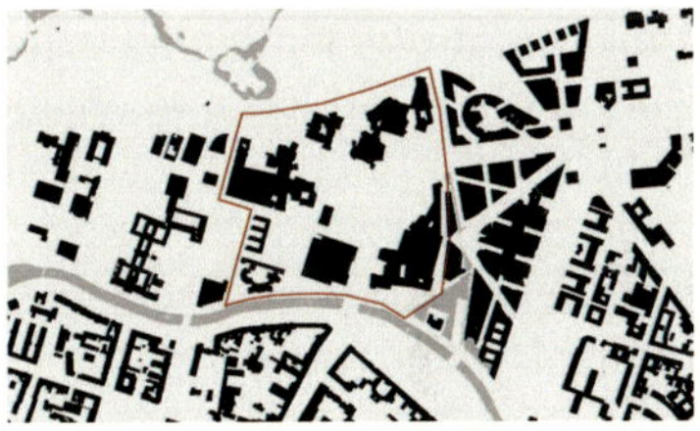

2003

Ein „Schwarzplan“, in dem nur die Gebäude, aber keine Straßen eingezeichnet sind, macht die Baustruktur am deutlichsten: drei Zustände derselben Situation in Berlin

- **Gibt es in dem Plan des Quartiers Anordnungen oder Bauformen, die auf etwas Besonderes hinweisen – Schule, Kirche, andere öffentliche Gebäude, Industrien? Wie stellen die sich im Gesamtplan dar? Haben sie einen anderen Maßstab als die Umgebung?**

Bei den Schülerinnen und Schülern soll die Erkenntnis geweckt werden, dass die vermeintlich „toten“ Steine einer Stadt, aber auch deren leere Flächen, die Straßen und Plätze, etwas aussagen über ihre Geschichte. Die Stadt spricht zu uns, sie hat uns etwas zu sagen über ihre eigene Vergangenheit, die in ihren letzten Jahren auch die Vergangenheit der Schülerinnen und Schüler ist: Deren Geschichte und die ihrer Familien ist immer mit Bauten verbunden: Wenn sich Menschen an ihre Kindheit erinnern, dann wird die zu einem großen Teil an bestimmten Orten festgemacht. Und diese stehen nicht isoliert, sondern immer in einem Zusammenhang mit anderen Bauten – selbst die Klause des Einsiedlers braucht das Nicht-Vorhandensein anderer Bauten!

Die Geschichte der Stadt kann lang oder kurz sein, sie kann bis ins Mittelalter oder gar bis in die römische Zeit reichen, sie kann aber auch erst mit der Zeit der Industrialisierung des 19.Jahrhunderts beginnen oder nach dem Zweiten Weltkrieg. Seit ihrer Gründung hat sich jede Stadt verändert, haben sich andere Ge-Schichten darüber gelegt.

„Römische Zeit“, „Industrialisierung“, „Zweiter Weltkrieg“ – die Verknüpfung der Geschichte einer spezifischen Stadt, in der sich eine bestimmte Gruppe von Schülerinnen, Schülern und Lehrern befindet, für die sie eine vertraute Umgebung bildet, mit der allgemeinen Geschichte ist allein aus diesen Stichworten ablesbar; sie findet sich über die Jahrhunderte ihrer Existenz immer wieder. Der „Spur der Steine“ zu folgen, verbindet Anschauung und Abstraktion, heutige Umgebung und vergangene Entwicklungen.

Dabei war „Bauen“ immer „Weiterbauen“ auf dem, was die Generation vorher hinterlassen hat: Als nach den Perserkriegen die Tempel der Akropolis in Athen zerstört waren, hat man die Götterbilder beerdigt und neue Tempel gebaut, auf dem Schutt der alten – das war praktisch, es war aber auch symbolisch gemeint. Der Parthenon, der klassische Tempel auf der Akropolis, wurde im 19. Jahrhundert als Munitionsdepot genutzt (und flog deshalb in die Luft). Die französische Stadt Arles richtete sich im Mittelalter innerhalb eines römischen Amphitheaters ein, die kroatische Stadt Split in einem römischen Kaiserpalast – die riesigen kaiserlichen Bauten reichten aus für eine kleine mittelalterliche Stadt. Die Hagia Sofia in Konstantinopel wurde nach der Eroberung der Stadt durch die Osmanen als Moschee genutzt, als Zeichen der Macht der Eroberer, aber sicherlich auch, weil es ein unglaublich beeindruckender Bau war. Die meisten Kathedralen hatten Vorgängerbauten in anderem Stil an gleicher Stelle, deren Grundriss, Fundamente oder Grundmauern teilweise für den neuen Kirchenbau verwendet wurden. Und eines der berühmtesten Wohnhäuser der Moderne des 20. Jahrhunderts, die Villa Tugendhat in Brünn, wurde nach der Besetzung der Stadt als Pferdestall verwendet, später als Kindergarten – heute ist sie in originaler Form eine Touristenattraktion.

Der Schluss daraus? „Bauen“ ist immer ein Stück „Ge-Schichte“: Weil es praktisch war und man die Steine verwenden konnte (heute würde man sagen: weil es ökologisch und ökonomisch sinnvoll ist, die vorhandenen Ressourcen zu nutzen). Weil der Ort eine besondere Bedeutung für die Menschen hatte. Weil man bewusst eine Verbindung zur Vergangenheit herstellen wollte – oder gerade nicht. Auch die Stadterweiterungen des 19. und 20. Jahrhunderts

Früher waren Fachwerkbauten häufig verputzt, um sie eindrucksvoller aussehen zu lassen: Butzbach 1827 (Gemälde) und heute (Foto)

für das schnelle Bevölkerungswachstum schlossen selbstverständlich an das Straßennetz der vorhandenen Stadt an – vom unterirdischen Netz der Kanäle und Leitungen ganz zu schweigen. Es wird immer *an einem bestimmten Ort* gebaut, und jeder Ort hat eine Geschichte. Ein Bauen ohne Beziehung zur Geschichte gibt es nicht! Selbst wenn man „etwas ganz anders macht", heißt das doch: Ganz anders als das, was dort vorher war.

Diese Geschichte lässt sich „lesen", und zwar nicht (nur) auf bestimmte Fakten in einem zeitlichen Ablauf hin (aufgebaut, zerstört, umgenutzt, wieder zerstört, wieder aufgebaut ... so lesen sich die Geschichten häufig). Selbst die schlichteste Hütte trifft immer mehrere Aussagen, mag der Grund, deretwegen sie gebaut wurde, noch so eindeutig sein: Selbst das banalste Klohäuschen erfüllt eine *Funktion*. Gut! Es lässt aber auch *Rückschlüsse über die Gesellschaft* zu, zum Beispiel über deren Schamgefühl oder über das Verhältnis der Geschlechter zueinander. Unabhängig von seiner durchaus nützlichen Funktion steht das Haus aber auch so da: Es verändert die örtliche Situation durch sein bloßes *Da-Sein*. Es wirft, ganz buchstäblich, einen Schatten, wo vorher keiner war. Es besteht aus einem *bestimmten Material*, das gezeigt wird oder auch nicht. Dieses Material – Holzfachwerk, Stahl und Glas, Mauerwerk, Kunststofftafeln – wird auf *eine bestimmte Art und Weise zu einem Haus gefügt*: Und damit zeigt es die Fähigkeiten der Menschen, die es gebaut haben. Und es hat einen *bestimmten Ausdruck*. Es „sieht aus wie" – es sieht anders aus als die umgebenden Bauten oder genau so, großartig oder unscheinbar, monumental oder fröhlich, streng oder verspielt, protzig oder bescheiden.

Ringsum

Es gibt noch einen weiteren Aspekt, der die Geschichtlichkeit des Bauens deutlich macht. Es ist die Umgebung eines Gebäudes, die sich ja ebenfalls – möglicherweise in einem ganz anderen Tempo – verändert. Wobei es unterschiedliche Geschwindigkeiten gibt, die das Erleben von Geschichte und das Erleben einer gebauten Umgebung für jede Generation anders machen, selbst wenn bestimmte Dinge gleich bleiben: Die Technik verändert sich ziemlich schnell – Telefon, Fax, Computer, E-Mail sorgen für eine unglaubliche Beschleunigung der Informationen allein in den letzten 40 Jahren! In guter Qualität errichtete Bauten halten immer noch 100 Jahre oder länger. Und, wie wir sehen, halten manche Bauten auch 500 oder 1000 Jahre!

Die Gesellschaft, ihre Gemeinsamkeiten und Überzeugungen haben sich ebenfalls gewandelt, wenn auch nicht so schnell wie die Technik. Der einzelne Mensch dagegen in seinem genetischen Aufbau und seinen Instinkten hat sich über tausende von Jahren kaum verändert! Also: Die Bauten verändern sich, deren Umgebung verändert sich – aber in einer anderen Geschwindigkeit –, der Mensch erlebt beide anders als in früheren Zeiten (zum Beispiel dadurch, dass er heute bestimmte Bauten als Tourist sieht und sie mit der Kamera „nach Hause nehmen" kann; oder dadurch, dass er sie einmal als Kind, einmal als Erwachsener sieht).

Das einzelne Fachwerkhaus im Mittelalter war nichts Besonderes, weil es in einer Reihe mit anderen stand. Heute, da die meisten davon zerstört sind, wird das übrig gebliebene Haus zur historischen Besonderheit. Zur Zeit seiner Entstehung war es neu, heute ist es alt. Früher lag es – nehmen wir als Beispiel an – am Rand der Stadt. Damals wohnte ein biederer Handwerker darin, mitsamt dem Gesellen und dem Lehrling sowie einer großen Familie; man wohnte und arbeitete beim Licht von Petroleumlampen und einem einzigen geheizten Raum im Haus; die Fenster bestanden aus geölter Tierhaut; Bad und Toilette gab es nicht, sodass die Töpfe auf die Straße ausgeleert wurden. Übrigens sah das Haus vielleicht auch anders aus als heute, da es sein Fachwerk zeigt: Es war vollständig verputzt*.

Und heute? In diesem fiktiven Haus wohnt ein wohlhabender Mensch, denn die Pflege so eines alten Hauses ist teuer. Er hat Strom, Bad und WC einbauen, den Putz von der Fassade schlagen lassen, die dann sichtbaren Holzbalken schwarz, das ausfachende Mauerwerk weiß streichen lassen. Das Haus steht jetzt mitten in der Stadt, weil die mächtig gewachsen ist. Vermutlich hat es Zentralheizung und doppelt verglaste Fenster.

Es ist völlig anders. Und es ist dennoch das Gleiche, oder besser: Es hat einen unzerstörbaren Kern, mit dem nicht etwa die Balken oder das Dach gemeint sind, sondern etwas nicht Sichtbares. In römischer Zeit hätte man es die Laren genannt, die Götter eines Ortes.

In unseren aufgeklärten Zeiten glauben wir nicht mehr an diese Götter – aber uns ist auch klar, dass es diesen „unzerstörbaren Kern" gibt und dass er bewahrt werden muss, als Teil unserer Geschichte, als einmaliger Ort, als „Denk-Mal".

* Das Verputzen von Fachwerkbauten im Mittelalter wurde regional unterschiedlich behandelt; in einigen Regionen war es üblich, um den Anschein zu erwecken, es handele sich um ein – als wertvoller erachtetes – Steinhaus. Heute stellt dagegen das sichtbare Fachwerk den Wert dar.

Das „alte Paris“ wird Mitte des 19. Jahrhunderts modernisiert

Grundbegriffe des Denkmalschutzes
„Bauen“ ist immer „Weiterbauen“ – das ist richtig, sagt aber nichts darüber aus, in welcher Form das geschieht: Anbau, Umnutzung, Rekonstruktion, Einfügung in eine historische Umgebung oder Auftrumpfen gegen sie – das alles sind Formen einer Auseinandersetzung mit gebauten Zeugnissen von Geschichte.

Nun gibt es Bauten, ja, sogar ganze Städte, deren Bedeutung *an sich* schon groß ist: besonders alt, besonders schön, besonders beliebt, besonders bedeutungsvoll, weil Wichtiges in dem Gebäude stattfand. Diese Ensembles oder Gebäude stehen oft unter Denkmalschutz. Man kann mit ihnen nicht machen, was man will. Architektonisch stellen sich die gleichen Fragen wie bei Bauten, die nicht diesem Schutz unterliegen, wenn es um An- oder Umbau geht. Aber der Schutz, den man dem Denkmal angedeihen lässt, ist ein von der Gesellschaft gewollter, rechtlich bindender Akt: Darf man überhaupt an ein Denkmal anbauen? Oder es anders nutzen als bisher, wenn es doch ein „Denkmal“ ist? Offenbar muss man viel stärker Rücksicht auf das Vorhandene nehmen.

Bei diesen Gebäuden geht es darum, mit einer ganz spezifischen Form des vorhandenen Baues umzugehen, einem, das unter dem besonderen Schutz der Gesellschaft und des Staates steht. Dazu vorweg einige provozierende Anstöße:

Die **Kaiser-Wilhelm-Gedächtniskirche in Berlin**, ein nicht wirklich schöner wilhelminischer Sakralbau, wurde im Zweiten Weltkrieg zerstört, die Ruine wurde als Gedenkstätte erhalten. Vor einigen Jahren wurde sie mit Millionenaufwand in ihrem Ruinenzustand konserviert, anstatt die Kirche wieder herzustellen.

Die **Völklinger Hütte,** eine gigantische Industrieanlage, gehört zum „Weltkulturerbe“ der UNESCO, obwohl sie nicht mehr genutzt wird – sie wird dennoch bewahrt. Die 11 000 entlassenen Arbeiter der Völklinger Hütte genießen keinen Schutz, altern und sterben. Als die Völklinger Hütte noch in Betrieb war, haben sie nur die Arbeiter von innen gesehen. Sie bestand aus Hitze, Schweiß und glühendem Stahl. Heute kann sie jeder sehen, aber sie ist kalt. Einzelne Hallen werden für „Events“ verwendet – Tanzveranstaltungen zum Beispiel. Was ist das Denkmal?

Anfang der zweiten Hälfte des 19. Jahrhunderts wurde das mittelalterlich geprägte, **alte Paris** ohne Rücksicht auf das Alte radikal umgebaut. Heute ist dieser Umbau das „alte Paris“.

Denkmäler sind einmalig.

Oder zweimalig? Oder dreimalig? Die **Hamburger Michaeliskirche** wurde im 20. Jahrhundert zweimal nach Zerstörung wieder aufgebaut.

Goethes Gartenhaus in Weimar wurde im Jahr der Europäischen Kulturhauptstadt 1:1 kopiert und neben dem Original noch einmal aufgestellt, damit die vielen Besucher nicht das Original beschädigen; inzwischen steht der Ersatzbau in Bad Sulza und kann für Übernachtungen genutzt werden. Ist es gleichgültig, in welchem Bau die Besucher waren?

Eine Abrissgenehmigung für ein **„Bürgerhaus“ aus den sechziger Jahren** des 20. Jahrhunderts zu erhalten, ist viel einfacher als für einen Fabrikschuppen aus dem späten 19. Jahrhundert. In diesem arbeiteten Menschen unter schlechtesten Bedingungen, in jenem kam man auf der Grundlage einer demokratischen Gesellschaft zusammen.

Goethes Gartenhaus in Weimar – das echte?

Quartiere des Arbeiterwohnungsbaus im 19. Jahrhundert sind heute beliebt – nicht nur von Zugereisten

Der **Berliner Stadtteil Kreuzberg** wurde zum größten Teil Ende des 19. Jahrhunderts mit spekulativem Arbeiterwohnungsbau bebaut – kein WC in der Wohnung, ausbeuterische Mieten, schlechte Bauweise. Er sollte in den siebziger Jahren des 20. Jahrhunderts abgerissen und durch „sozialen Wohnungsbau“ ersetzt werden – hoher Ausstattungskomfort, Einbauküche, sozialverträgliche Mieten, die vom Staat subventioniert wurden. Die Bevölkerung dort erzwang eine Rücknahme des Abrissbeschlusses.
In Kreuzberg wohnen heute in einzelnen Quartieren mehr als 50 % Ausländer.
Was bedeutet die vorhandene Bebauung für sie? Was bedeutet Denkmalschutz in Quartieren mit Bewohnern, die aus einer ganz anderen Kultur kommen?

Wenn das Ziel der Denkmalpflege das Bewahren von Erinnerung ist: Warum gibt es dann keine **Adolf-Hitler-Denkmäler** (oder wenigstens „Adolf-Hitler-Straßen“)? Warum werden aber Bunker und Festungsanlagen des Zweiten Weltkriegs unter Schutz gestellt? Warum wurden so viele Straßen nach der Wende in Ostdeutschland umbenannt – die zentrale Achse in Eisenhüttenstadt heißt heute „Lindenstraße“ anstatt „Leninstraße“?

Eine mögliche Art, mit vorhandener Bausubstanz umzugehen, ist: sie vor Veränderung oder Zerstörung zu schützen. Das Mittel der Gesellschaft, das zu tun, ist, sie unter Denkmalschutz zu stellen, weil sie – wie hatten wir gesagt? – besonders alt, besonders schön, besonders beliebt, besonders bedeutungsvoll ist. Denkmäler und Denkmalschutz sind in der Bevölkerung durchaus populär – die Schlösser werden gern besichtigt, der einmal im Jahr europaweit stattfindende „Tag des offenen Denkmals" ist geradezu überlaufen, und alte Bauten abzureißen, gilt als höchst unpopulär. Einen verfallenen Lokomotivschuppen aus dem späten 19. Jahrhundert zum Jugendzentrum oder Museum umzubauen, ist leichter durchzusetzen, als einen Wettbewerb für moderne Architektur an dieser Stelle durchzuführen.

Doch das ist eine Momentaufnahme. Die Anschauungen darüber, ob und was geschützt werden müsse, unterliegen dem Wandel. Sie sind abhängig von Zeit und Gesellschaft und deren Verhältnis zur eigenen Geschichte; sie ändern sich. *Vor 300 Jahren* dachte noch niemand über einen staatlichen Denkmalschutz nach; *vor 150 Jahren* wurden ruinöse Bauten wieder aufgebaut in einen Zustand, den sie nie besaßen – vor allem Schlösser, Burgen, Kirchen: Der gotische Kölner Dom wurde 1880 fertig gestellt, das gotische Ulmer Münster 1890; *vor 100 Jahren* galt als Maxime der Denkmalschützer „konservieren, nicht restaurieren": Alles Anflicken an das Original, jede Veränderung wurde als phantasievolle Rekonstruktion gebrandmarkt; *vor 50 Jahren* musste jeder Eingriff in die originale Substanz als solcher gekennzeichnet werden, wie es bei der „Alten Pinakothek" in München geschah (s. S. 111); und heute fordern bisweilen die Bürger schon, doch endlich dieses Museum wieder in den alten Zustand herzurichten, wie er vor dem Zweiten Weltkrieg gewesen war.

Daraus folgt die Frage: Was macht eigentlich ein „Denkmal" aus – alles, was alt ist? Alles, was schön *und* alt ist? Alles, was bedeutend ist – aber was hält eine Gesellschaft für „bedeutend"? Oder einfach alles das, was diese Gesellschaft liebt – und wer misst das dann? Was zunächst einfach zu beantworten schien, wird bei näherer Betrachtung unklar – es reicht offenbar nicht, nur alt zu sein. Es reicht auch nicht, „Schloss" oder „Kirche" zu sein: Auch Brücken, Industrieanlagen, landwirtschaftliche Bauten können unter Denkmalschutz gestellt werden. Die Anschauungen darüber haben sich im Laufe der Jahre geändert.

Wenn wir von Denkmalschutz sprechen, dann reden wir vom Verhalten einer Gesellschaft zu alten Bauten und damit zu ihrer Vergangenheit, soweit sie sich an Bauten festmachen lässt. Der „Schutz" ist dabei eine verhältnismäßig neue Form, mit dem Alten umzugehen: Denkmalschutz gibt es als staatlichen Eingriff erst seit etwa der Mitte des 19. Jahrhunderts, also erst seit rund 150 Jahren.

Heute ist der Denkmalschutz in der kritischen Diskussion, obwohl sich doch grundsätzlich alle darüber einig sind, dass er notwendig ist. Auf der einen Seite gibt es ein großes finanzielles Problem, das sich in den kommenden Jahren noch verschärfen wird: Die Zahl der Denkmäler nimmt immer mehr zu – nicht, weil die Bauten älter oder, einem sich wandelnden Geschichtsbegriff entsprechend, neue gefunden würden, sondern deshalb, weil der Denkmalbegriff immer stärker ausgeweitet wurde. Auf der anderen Seite muss der Staat – Bund, Länder, Kommunen – immer stärker seine finanziellen Ausgaben einschränken, weil wir in einer Gesellschaft leben, deren Zahl der Bürger und damit der Steuerzahler abnimmt. Mehr Denkmäler, weniger Geld – wie soll das gehen? Und welche Prioritäten setzt die Gesellschaft für die vorhandenen finanziellen Mittel?

Und es wird noch eine zweite Frage diskutiert, nämlich die, dass viele Menschen doch froh sind, wenn etwa Bauten der Nachkriegszeit abgerissen werden, weil sie sie nicht „schön" finden. Warum soll ein Denkmalschutz, der immerhin vom Geld der Bürger bezahlt wird, Bauten schützen, die sie gar nicht haben wollen?

Bevor wir auf diese Fragen eingehen, wollen wir uns mit dem existierenden Denkmalschutz befassen – den gesetzlichen Grundlagen, der Organisation, den Verfahren. Dabei muss man ein wenig verallgemeinern, da der Denkmalschutz Ländersache ist.

In den Gesetzestexten wird definiert, was ein Denkmal ist. So heißt es im §2 des nordrhein-westfälischen Denkmalschutzgesetzes, das auf den schönen Namen „DSchG" hört:

Definitionen:

„(1) Denkmäler sind Sachen, Mehrheiten von Sachen und Teile von Sachen, an deren Erhaltung und Nutzung ein öffentliches Interesse besteht. Ein öffentliches Interesse besteht, wenn die Sachen bedeutend für die Geschichte des Menschen, für Städte und Siedlungen oder für die Entwicklung der Arbeits- und Produktionsverhältnisse sind und für die Erhaltung und Nutzung künstlerische, wissenschaftliche, volkskundliche oder städtebauliche Gründe vorliegen. Die Vorschriften des Landschaftsgesetzes bleiben unberührt.

(2) Baudenkmäler sind Denkmäler, die aus baulichen Anlagen oder Teilen baulicher Anlagen be-

stehen. Ebenso zu behandeln sind Garten-, Friedhofs- und Parkanlagen sowie andere von Menschen gestaltete Landschaftsteile, wenn sie die Voraussetzungen des Absatzes 1 erfüllen. Historische Ausstattungsstücke sind wie Baudenkmäler zu behandeln, sofern sie mit dem Baudenkmal eine Einheit von Denkmalwert bilden.
(3) Denkmalbereiche sind Mehrheiten von baulichen Anlagen, und zwar auch dann, wenn nicht jede dazugehörige einzelne bauliche Anlage die Voraussetzungen des Absatzes 1 erfüllt. Denkmalbereiche können Stadtgrundrisse, Stadt-, Ortsbilder und -silhouetten, Stadtteile und -viertel, Siedlungen, Gehöftgruppen, Straßenzüge, bauliche Gesamtanlagen und Einzelbauten sein sowie deren engere Umgebung, sofern sie für deren Erscheinungsbild bedeutend ist. Hierzu gehören auch handwerkliche und industrielle Produktionsstätten, sofern sie die Voraussetzungen des Absatzes 1 erfüllen.
(4) Bewegliche Denkmäler sind alle nicht ortsfesten Denkmäler.
(5) Bodendenkmäler sind bewegliche oder unbewegliche Denkmäler, die sich im Boden befinden oder befanden. Als Bodendenkmäler gelten auch Zeugnisse tierischen und pflanzlichen Lebens aus erdgeschichtlicher Zeit, ferner Veränderungen und Verfärbungen in der natürlichen Bodenbeschaffenheit, die durch nicht mehr selbständig erkennbare Bodendenkmäler hervorgerufen worden sind, sofern sie die Voraussetzungen des Absatzes 1 erfüllen.
(6) Auf Archivgut finden die Vorschriften dieses Gesetzes keine Anwendung." *

Der Text ist recht aufschlussreich. Zunächst wird nämlich zwischen verschiedenen Denkmälern unterschieden: Der Oberbegriff ist der des „Denkmals", Teile dieser Gesamtsumme sind die *Baudenkmäler*, die *Denkmalbereiche* (also die zusammenhängenden Ensembles), die *Bodendenkmäler* und die *beweglichen Denkmäler*. Das sind zum Beispiel Bodenfunde, die in den Museen gesammelt werden.

Wir wissen also, wie man die Denkmäler unterscheidet – und wir erfahren, was ein Denkmal nach der Definition des Gesetzgebers ist: Es ist ein Gegenstand („Sachen, Mehrheiten von Sachen und Teile von Sachen,"), also etwas, das physisch vorhanden ist und an dem ein „öffentliches Interesse" besteht. Die Briefmarkensammlung des Großvaters (bewegliches Denkmal?) gehört also nicht dazu, genauso wenig wie das Zimmer, in dem man selbst geboren wurde, weil beide nur für einen selbst, nicht aber für die Öffentlichkeit wichtig sind – anders sieht es mit Beethovens Geburtszimmer aus. Der materielle Wert einer „Sache" ist also kein Kriterium für ein Denkmal. Auch Begriffe wie „Schönheit",„Beliebtheit" oder „Wichtigkeit" tauchen nicht im Gesetz auf.

Das alleinige Kriterium für den Denkmalwert eines Gebäudes ist das öffentliche Interesse. Und das wird präzise formuliert; es ist nämlich vorhanden, wenn der Gegenstand *bedeutend für die Geschichte des Menschen* ist! Es ist der erstaunliche Fall, dass sich ein für alle geltendes Gesetz damit befasst, dass die eigene Geschichte wichtig ist für die Menschen!

Wie schützt man nun Denkmäler, die ja durchaus sehr unterschiedlich sind – da ist die 500-jährige Dorfkirche, die von der Straßenverbreiterung bedroht ist; da ist das Geburtshaus des großen Philosophen, da ist ein ziemlich heruntergekommenes, aber noch erkennbar aus dem Mittelalter stammendes Stadtviertel mit schlechten Wohnbedingungen, da ist ein Stadtgrundriss, dessen Bebauung selbst längst neu ist, da sind eine Kirche, ein Parlamentsgebäude oder der letzte Wachtturm an der DDR-Grenze – wie schützt man so etwas?

Selbst wenn man annimmt, die Bevölkerung sei sich über die Notwendigkeit des Schutzes einig, sind ja noch keineswegs alle Fragen geklärt: Das eine Denkmal gehört der Gemeinde, das andere der Kirche, das dritte einem Privatmann, und einige auch der Bundesrepublik Deutschland als Staat. Was aber geht den Staat an, dass in meinem Privathaus Goethe übernachtet hat?

Hier kommt wieder das öffentliche Interesse ins Spiel: Genauso wie der Staat (der ja aus uns besteht, die wir unsere Repräsentanten als Abgeordnete wählen!) das Recht hat, eine Straße auf privatem Grund zu bauen – nach einem rechtlichen Verfahren und gegen Entschädigung –, genauso hat er auch das Recht, genau genommen sogar die Pflicht, Denkmäler zu schützen – nach einem rechtlichen Verfahren. Und wir, als Bürger, haben das Recht, diese Verfahren einzuleiten oder gegen sie rechtlich vorzugehen. Im Streitfall ist es Aufgabe der Gerichte zu entscheiden, wessen Interesse in einem konkreten Fall überwiegt.

Das häufigste Verfahren im Denkmalschutz besteht darin, dass die Denkmäler zunächst einmal benannt und in einer öffentlich einsehbaren Liste aufgeführt werden.

Soweit sind sich die 16 Länder noch weitgehend einig. Danach wird die Beschreibung der Verfahren schwierig, weil sie sich in wichtigen Teilen unterscheiden. Verallgemeinernd kann man feststellen, dass es in jedem Bundesland (außer in Hamburg und Bremen) „Untere Denkmalschutzbehörden" auf Ebene der

* Gesetz zum Schutz und zur Pflege der Denkmäler im Lande Nordrhein-Westfalen vom 11. März 1980

Gemeinden und Kreise gibt, „Obere Denkmalschutzbehörden" auf der Ebene der Regierungspräsidenten, und „Oberste Denkmalschutzbehörden" auf Landesebene, in der Regel beim Kultusminister. Hinzu kommen eine Fachbehörde, das „Landesamt für Denkmalschutz" und ein „Denkmalbeirat" – das eine ist für die wissenschaftliche Absicherung, der andere für die Verbindung zu den Bürgern zuständig.

Je nach Bundesland nun werden die „Denkmallisten" auf der Ebene der Unteren, der Oberen Denkmalämter oder der Landesämter geführt – das ist alles etwas verwirrend, weil zudem in den Gesetzen geregelt wird, wer wen darüber zu informieren, Zustimmung einzuholen oder zu fragen hat, bevor etwas in der Liste festgeschrieben wird – keine leichte Materie, weil mit den Verfahren gleichzeitig Rechte und Pflichten verteilt werden, die womöglich finanzielle Forderungen oder Verpflichtungen begründen.

Ein weiterer wichtiger Unterschied besteht darin, dass diese Listen entweder in einem „konstitutiven Verfahren" (nach einem – rechtlich überprüfbaren – Verwaltungsakt und nach Anhörung des Eigentümers) oder in einem „deklaratorischen Verfahren" (eine nachrichtliche Liste, bei deren Aufstellung der Eigentümer nicht gehört werden muss) aufgestellt wird. Das erste ist mühseliger, aber auch verbindlicher; dennoch (oder deswegen?) wurde in den Gesetzen der letzten Jahre das zweite bevorzugt.

Also: Wir haben eine „Denkmalliste", in die Urgroßvaters Scheune aufgenommen wurde, weil die ein seltenes Exemplar einer bestimmten Fachwerkkonstruktion ist. Wegen ihrer schönen Lage am See wollen wir als Eigentümer aber diese Scheune zu Ferienwohnungen umbauen, denn die Landwirtschaft bringt nichts mehr ein. Wegen der Eintragung in die Liste müssen wir dazu die Denkmalschutzbehörde fragen – und nicht nur das: Wir müssen die Scheune in jedem Fall als Denkmal pflegen: Der Gesetzgeber verpflichtet den Eigentümer dazu, ganz im Sinne des Grundgesetzes („Eigentum verpflichtet. Sein Gebrauch soll zugleich dem Wohle der Allgemeinheit dienen"; §14 GG): „Die Eigentümer und sonstigen Nutzungsberechtigten haben ihre Denkmäler instand zu halten, instand zu setzen, sachgemäß zu behandeln und vor Gefährdung zu schützen (...)" (§7, Abs. 1 DSchG NRW).

Man kann also mit einem Denkmal keineswegs machen, was man will, oder was man wirtschaftlich für Erfolg versprechend hält: Das öffentliche Interesse mischt sich in das private ein, macht aber bei dem zitierten Gesetzestext dann doch eine wichtige Konzession; denn der Text geht weiter „(...) soweit ihnen das zumutbar ist". Es kann kein Eigentümer gezwungen werden, für den Erhalt eines Denkmals pleite zu gehen; er kann sogar verlangen, dass der Staat das Denkmal übernimmt („Der Eigentümer kann die Übernahme eines Denkmals durch die Gemeinde verlangen, wenn und soweit es ihm mit Rücksicht auf seine Pflicht zur Erhaltung des Denkmals aufgrund einer behördlichen Maßnahme nach diesem Gesetz wirtschaftlich nicht zuzumuten ist, das Denkmal zu behalten oder es in der bisherigen oder einer anderen zulässigen Art zu nutzen." § 31 DSchG NRW).

Bevor das geschieht, gibt es wirtschaftliche Hilfen, die aus Mitteln des Landes oder der Gemeinde getragen werden; realistisch betrachtet, sind die finanziellen Förderungen heute jedoch ziemlich gering; rein rechnerisch geben selbst vergleichsweise wohlhabende Bundesländer wie Bayern oder Baden-Württemberg nur rund 500 Euro pro Denkmal und Jahr aus! Das wichtigste finanzielle Mittel sind stattdessen Steuererleichterungen für die Eigentümer der Denkmäler, die es seit 1978 gibt. In unserem angenommenen Beispiel, Urgroßvaters Scheune, heißt das: Wenn wir diese umbauen wollen, müssen wir eine Planung vorlegen, die Forderungen des Denkmalschutzes wie Beibehaltung der alten Konstruktion, Zahl und Größe der Fenster oder bestimmte Materialien berücksichtigt. Wenn diese genehmigt wird, dann können wir Fördermittel beantragen oder Ausgaben steuerlich geltend machen.

So weit das Gesetz und die finanziellen Folgen – die Folgen und Bedrohungen, die aus einer steigenden Zahl der Denkmäler bei sinkendem staatlichen Engagement entstehen, wurden bereits angesprochen. Tatsächlich sind die wirtschaftlichen Aspekte des Denkmalschutzes äußerst komplex. Jedenfalls darf eine wirtschaftliche Betrachtung nicht bei der Volksmeinung aufhören, „wie viele Millionen schon wieder für den Denkmalschutz vom Staat ausgegeben werden, wenn doch so viele Kindergärten noch nicht gebaut sind", zumal viele andere Kulturbereiche auch bezuschusst werden, von der Oper bis zu den öffent-

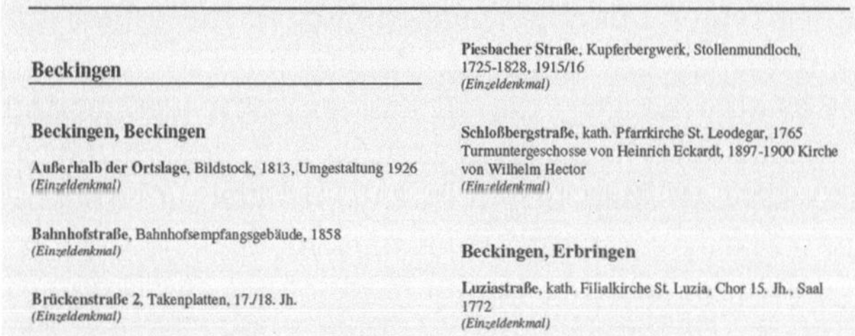

Amtsblatt des Saarlandes vom 22. Dezember 2004 2443

Landkreis Merzig-Wadern (Beckingen, Beckingen)

Beckingen

Beckingen, Beckingen

Außerhalb der Ortslage, Bildstock, 1813, Umgestaltung 1926
(Einzeldenkmal)

Bahnhofstraße, Bahnhofsempfangsgebäude, 1858
(Einzeldenkmal)

Brückenstraße 2, Takenplatten, 17./18. Jh.
(Einzeldenkmal)

Piesbacher Straße, Kupferbergwerk, Stollenmundloch, 1725-1828, 1915/16
(Einzeldenkmal)

Schloßbergstraße, kath. Pfarrkirche St. Leodegar, 1765 Turmuntergeschosse von Heinrich Eckardt, 1897-1900 Kirche von Wilhelm Hector
(Einzeldenkmal)

Beckingen, Erbringen

Luziastraße, kath. Filialkirche St. Luzia, Chor 15. Jh., Saal 1772
(Einzeldenkmal)

Beispiel für eine Denkmalliste

lichen Bücherhallen! Deren Subventionierung durch Staat und Gesellschaft dient der Erleichterung des Zugangs zur Kultur für alle. Denkmalschutz aber „rechnet“ sich nicht nur, weil wir ein Stück unserer Geschichte für unsere Kinder und Enkel erhalten: Denkmalschutz ist eine Investition, die mehr einbringt, als sie kostet!

So hat man errechnet, dass allein die gewährten Steuererleichterungen von 175 Mio. Euro (1996) rund 2,4 Mrd. Euro an privaten Investitionen anstoßen, die nicht nur für viele Arbeitsplätze sorgen und damit zum Beispiel weniger Arbeitslosengeld verursachen, sondern auch höhere Einkommen-, Lohn- und Gewerbesteuereinnahmen erzeugen.*

Ein zweiter, fast noch wichtigerer wirtschaftlicher Aspekt ist die große Attraktivität, die viele alte Städte, Stadtviertel und Gebäude auf die Menschen ausüben: Der Tourismus ist heutzutage ein Wirtschaftsfaktor, der für viele Städte geradezu zur Existenzgrundlage geworden ist: Hotels, Gaststätten, Stadtrundfahrten – ohne den Tourismus würde ein großer Teil der dort vorhandenen Arbeitsplätze wegfallen. Wobei die Gefahr, dass vor lauter Tourismusfreundlichkeit auch Denkmäler „zu Tode gepflegt werden“, nicht ignoriert werden darf – die Fachwerkstädte, die nie so ausgesehen haben, weil ihre Bauten verputzt waren, die rekonstruierten, täuschend echten Römerstädte oder die mittelalterliche Burg, nachts in romantische Farben getaucht und mit einer „Sound-and-Light-Show“ ausgestattet, haben so viel mit Denkmalschutz zu tun wie der Südseestrand in einer Zeppelinhalle in Brandenburg mit den Seychellen!

Schließlich gibt es bei einer Betrachtung der Wirtschaftlichkeit des Denkmalschutzes noch eine dritte Ebene – am wenigsten messbar, aber vielleicht am wichtigsten. Denn man muss sich doch nur einmal vorstellen, was ohne die Denkmäler wäre: ohne die alten Stadtquartiere, großen Dome, bedeutenden Rathäuser, ohne das Haus, in dem Goethe gelebt hat, Beethoven oder Einstein: ein Land, in dem nichts an die Vergangenheit erinnert. Als man in Deutschland nach der Zerstörung durch den Zweiten Weltkrieg den Neuaufbau gesehen hat, der von großer sozialer Verantwortung getragen war, aber zu viel an Unvertrautem, Neuem bot, da wurde ein „Europäisches Jahr des Denkmalschutzes“ 1975 zum Wendepunkt in der Wertschätzung des Denkmalschutzes.

„Bedeutend für die Geschichte des Menschen“, damit denkmalwürdig, sind deshalb auch Bauten, die nicht unbedingt „schön“ oder gesellschaftlich anerkannt sind. Das gilt besonders für viele Bauten des 20. Jahrhunderts – und es gilt ganz besonders für Bauten der DDR oder der Bundesrepublik, also für Bauten der Zeit nach dem Zweiten Weltkrieg; die würden viele Menschen am liebsten abreißen, weil sie sie nicht für „schön“ halten. Können sie dennoch „Denkmäler“ sein und unter Schutz gestellt werden?

* Institut für Erhaltung und Modernisierung von Bauwerken (IEMB): Dialog Bauqualität. Endbericht im Auftrag des Bundesamtes für Bauwesen und Raumordnung (BBR). Berlin 2002, S. 50

Arbeitsplätze im Handwerk beim Denkmalschutz

Sie können, obwohl sich bei vielen Bauten der DDR oder Bauten der fünfziger Jahre in Westdeutschland heute kaum eine Hand für ihre Bewahrung rührt. Diese Bauten finden die meisten Menschen nicht „schön“; sie können ruhig abgerissen werden. Oder sie sind noch zu neu, als dass man sie unter Denkmalschutz stellen würde. Andererseits: In hundert Jahren sind Bauten und Ensembles, die jetzt 50 Jahre alt sind, schon 150 Jahre alt. Also so alt wie heute Bauten aus der Mitte des 19. Jahrhunderts, deren Abriss selbstverständlich Protest hervorrufen würde.

Man muss also sehr vorsichtig umgehen mit dem, was (noch) da ist – aus ökologischen wie auch aus historischen Gründen, obwohl die Bauten des 20. Jahrhunderts noch in großer Zahl vorhanden sind. Je weiter wir aber zeitlich in die Vergangenheit zurückgehen, desto sorgfältiger müssen wir das noch Vorhandene behandeln. Denn umso schwieriger wird es, authentische Quellen zu finden: Es gibt rein zahlenmäßig weniger erhaltene Gebäude, es gibt auch weniger Gemälde oder Schriftquellen. Auch gibt es bekanntlich Völker – die Germanen gehören dazu –, die nur die mündliche Überlieferung kannten.

Beispiele für unterschiedliche Denkmalarten

Das klassische Denkmal: Münster, Ulm

Keiner zweifelt daran, dass eine Kirche wie das Ulmer Münster „denkmalwürdig“ ist: der höchste Kirchturm der Welt, ein spätgotischer Bau, eine der größten Kirchen überhaupt und immer noch die größte protestantische … Dabei war die Baugeschichte alles andere als unkompliziert, denn die Kirche wurde erst 1890 fertig gestellt, ist also – wie der Kölner Dom – ein Ergebnis des Nationalismus des 19. Jahrhunderts; da waren immerhin 513 Jahre seit der Grundsteinlegung vergangen. Trotzdem wirkt der Bau auch heute als Zentrum der Stadt, als den ihn die selbstbewussten Ulmer Bürger begonnen haben.

Ebenfalls auf dem Münsterplatz – und das ist die spannende heutige Geschichte dazu – steht das „Stadthaus Ulm“, unzweifelhaft ein Bau der Moderne (Richard Meier 1992–1994): als Kontrapunkt in strahlendem Weiß. Die Bürger der Stadt konnten abstimmen, ob dieser Bau (Sieger im Architektenwettbewerb) gebaut werden sollte – und das Erstaunliche (und immer noch von Selbstbewusstsein zeugende): Sie stimmten, wenn auch knapp, für die Moderne!

Das Ulmer Münster und das Stadthaus

Die Innenstadt von Quedlinburg

Das Ensemble: Quedlinburg

Dass Städte wie Quedlinburg unter Denkmalschutz stehen oder gar „Weltkulturerbe“ sind, muss man nicht erläutern. Sie stellen die sichtbar gewordene „gute, alte Zeit“ dar, in der alles besser war. Das ist die emotionale Seite, zu der andere, rationale Gründe kommen: Selten sind derartig vollständig erhaltene Stadtgrundrisse und, daran ablesbar, Stadtentwicklungen erhalten, zumal bei einer Stadt dieser historischen Bedeutung.

Die Kleinteiligkeit der mittelalterlichen Fachwerkstadt, ihr verständlicher Maßstab, die Hierarchie und Ordnung der Bauaufgaben und die Raumqualität ihrer Straßen und Plätze bilden zudem einen Maßstab auch für den heutigen Städtebau.

Entscheidend für Ensembles wie diese ist, wie sie heute weiter gebaut werden: Museum oder lebendige Stadt? Wenn man das Denken der Entstehungszeit auf heute projiziert, ist die Frage entschieden: Damals hätte niemand „alt“ gebaut. Die Stadt Quedlinburg agiert entsprechend und schreibt Wettbewerbe aus, um zeitgemäße Lösungen im alten Bestand zu finden.

Umstrittene Moderne als Denkmal: Einsteinturm, Potsdam

(Erich Mendelsohn 1920–1924; Pitz & Hoh 1996–1999)

Nach dem Ersten Weltkrieg war dieser Bau ein Fanal: Der Einsteinturm in Potsdam, gebaut, um Albert Einsteins Relativitätstheorie mit Hilfe von Sonnenbeobachtungen zu überprüfen, zeigte eine Dynamik der Linien, die völlig neu war. Aber der Bau entwickelte sich vom Beginn an zum fortgesetzten Bauschaden: Er war eben nicht, wie die Form suggeriert, aus Beton gegossen, sondern zum großen Teil ganz konventionell gemauert. Die Vermischung der Konstruktionen aber rief schon nach kurzer Zeit Schäden hervor.

Der Turm, der bis heute genutzt wird, wurde mehrfach zu sanieren versucht, bis die letzte Untersuchung endgültig darüber Aufschluss gab, dass eine dauerhafte Sanierung nicht möglich sei – entweder Schutz der originalen Bausubstanz oder eine bautechnische Sanierung! Die Lösung war eine „vorläufige Sanierung“, die einen „Pflegeplan“ für die kommenden Jahre umfasst.

Der Einsteinturm in Potsdam

Bodendenkmalpflege: Hammaburg

Der Domplatz in Hamburg soll bebaut werden. Er markiert den ältesten Kern der Stadt, der Ort des Domes wurde, der dann 1806 abgerissen und dessen Reste meistbietend versteigert wurden. Die „Hammaburg", die der Stadt den Namen gab, schien schon mehrfach dort gefunden zu sein; der Bombenkrieg hatte schon 1948 die Chance zur Grabung mitten in der City geboten. Aber die gefundenen Belege einer Burganlage entstammten tatsächlich einer späteren Zeit. Und als man in den 1980er Jahren noch einmal grub, fand man eine Anlage aus der Zeit vor 817 n. Chr., als die Hammaburg gegründet wurde, als (ziemlich erfolgloses) Bollwerk gegen die nördlichen Stämme und Ausgangspunkt einer Christianisierung des Nordens. Jetzt sucht man also sozusagen „zwischen den Schichten" nach der Burg, die man sich eher als Schutzwall mit 130 mal 130 m um eine Siedlung vorstellen muss: „Etwas Befestigtes in einem morastigen Umfeld" hieß auf Altsächsisch das Wort „Ham" – so war es wohl auch.

Naturdenkmal Sächsische Schweiz

Naturdenkmal: Sächsische Schweiz

Die UNESCO verzeichnet seit 1972 ein „Welterbe der Menschheit", in dem das „Kulturerbe" und das „Naturerbe" zusammengefasst sind; einziges Beispiel für das Naturerbe in Deutschland ist die Grube Messel, in der zahlreiche Versteinerungen vorzeitlicher Tiere gefunden wurden. Naturdenkmäler werden sonst durch den Naturschutz und die Naturschutzgesetze erfasst; die Einrichtung von Nationalparks dient zum Beispiel deren Schutz. Das gilt auch für das Elbsandsteingebirge in Sachsen und Tschechien. Deren durch Auswaschungen bizarr erhaltene Formationen kann (und sollte) man schützen, aber nicht gegen den „Zahn der Zeit" konservieren, weil es das „Gewordensein" der Landschaft ignorieren und einen willkürlich gewählten Zeitpunkt, nämlich unsere Generation, als Absolutes setzen würde – ein Gesichtspunkt, der grundsätzlich im Denkmalschutz zu bedenken ist.

Ausgrabung auf dem Domplatz in Hamburg

Schlossgarten Putbus

Landschaftsdenkmal: Schlossgarten Putbus

Der Schlosspark von Putbus ist heute Teil des Biosphärenreservates Südost-Rügen und ist rund 75 ha groß. Ursprünglich als Barockgarten angelegt (1725), wurde er 1804 von Fürst Wilhelm Malte im Stil eines englischen Landschaftsparks umgestaltet. Innerhalb des ausgedehnten Parkgeländes sind Bauten wie die Orangerie, ein Mausoleum, die Parkkirche sowie das Affen- und das Vogelhaus erhalten. Das Schloss, das einst vom Park umgeben war, wurde in den 1960er Jahren abgerissen. Daneben bietet der Park jedoch auch viele dendrologische Besonderheiten wie Riesen- und Urwelt-Mammutbäume, Zedern, gelb blühende Rosskastanien und Tulpenbäume. Dem Schlosspark angegliedert ist ein Wildgehege, in dem Rotwild und Damwild leben.

1

Stadt und öffentlicher Raum

Arbeitsanregungen

Die folgenden Anregungen erfordern vermutlich mehr Zeit und Aufwand, als sie im Rahmen des normalen Unterrichtes zur Verfügung stehen. Sie sind für – auch fachübergreifende – Projekttage oder Projektwochen gut geeignet, um das Problembewusstsein der Schülerinnen und Schüler für das Thema zu wecken.

- **Anhand eines Stadtgrundrisses, der die Bebauungsformen erkennen lässt, werden unterschiedliche Bebauungsformen identifiziert. Das kann anhand von Plänen aus verschiedenen Altersstufen der Stadt (aus dem Stadtarchiv o. Ä.) überprüft werden.**

Wenn es sich um eine Gründung aus dem Mittelalter handelt – wie bei den meisten deutschen Städten –, dann kann man fast immer noch den mittelalterlichen Kern erkennen, oft die barocke Festungsstadt, rechtwinklige Stadterweiterungen des 17. Jahrhunderts oder die Quartiere des 19. Jahrhunderts. Auch die Bebauung des 20. Jahrhunderts ist ablesbar: Eine Siedlung der zwanziger Jahre, Planungen des Nationalsozialismus, Siedlungen der fünfziger Jahre, eine Trabantenstadt der sechziger oder siebziger Jahre – sie alle bilden erkennbare Muster. Selbst wenn man aus den Plänen die zeitliche Zuordnung nicht entnehmen kann, so erkennt man doch, dass es sich um unterschiedliche Bebauungsformen handelt.

Fachübergreifendes Thema (z. B. mit Geografen)

Anhand des Stadtplanes lassen sich die Dichte der Bebauung, die Art des Straßenraumes (geschlossener Blockrand oder offene Bauweise), die Beeinflussung durch Verkehrsmittel (z. B. Eisenbahntrasse durch die Stadt, schmale Straßen), die Lage von Sonderbauten (zentral oder dezentral) ablesen. Der Stadtgrundriss stellt sich damit dar als Ergebnis einer bestimmten historischen Situation. Zu fragen wäre z. B.:

- **Was sagt der Stadtgrundriss heute aus?**
- **Was kann er uns (noch) bedeuten?**
- **Warum soll er bewahrt werden – oder soll er das gar nicht?**
- **Muss er umgebaut werden, um zum Beispiel den heutigen Verkehrsbedingungen angepasst zu werden?**
- **Wie sehr darf man in die historischen, gewachsenen Strukturen eingreifen, um heutige Bedürfnisse zu erfüllen, die vor allem durch die neuen Verkehrsmittel des 20. Jahrhunderts entstanden sind, vor allem den Individualverkehr?**

Der öffentliche Raum in einer mittelalterlichen Stadt (Lemgo)

Linke Seite:
Unterschiedliche Baustrukturen in München

1.1 Kurze Geschichte der Stadtentwicklung in Deutschland

Römische Anfänge

Die Germanen kannten keine Stadt und keine städtische, arbeitsteilige Gesellschaft; ob die stadtähnlichen keltischen Siedlungen der Zeit vor Christi Geburt als Stadt im modernen Sinne und direkte Vorläufer der heutigen bezeichnet werden können, ist umstritten.

Die heutige Vielfalt von Städten in Deutschland hat, in grober Unterteilung, zwei Kerne: zum einen, in den Gebieten südlich des Limes, die römischen „Besatzungsstädte", zum anderen, rund 700 bis 1000 Jahre später, die mittelalterlichen Gründungen.

Das römische Weltreich konnte deswegen über eine lange Zeit funktionieren, weil die Römer geniale Verwaltungsstrategen und -beamte waren. Sie drückten den eroberten Ländern fast buchstäblich „ihren Stempel auf", indem sie überall das gleiche Stadtmuster einsetzten, das auf dem römischen Militärlager basierte: eine rechteckige Anlage, nach den Himmelsrichtungen ausgerichtet, mit zwei Hauptstraßen („cardo" und „decumanus"), die sich im Zentrum trafen. Dort lagen das Befehlszentrum und der Tempel, also weltliche und geistliche Macht.

Das Muster dieser Stadtanlage war zwar das Militärlager. Aber es wurde nicht nur für militärische Zwecke genutzt. Die Römer waren nicht nur Soldaten; sie waren Eroberer, die das Land verwalten und wirtschaftlich nutzen wollten. Aber sie wollten sich nicht an die jeweiligen Landessitten anpassen; das wäre ihnen barbarisch vorgekommen. Sie wollten überall als römische Bürger leben – mit allen Bequemlichkeiten, die man zu Hause hatte. Dazu gehörten die öffentlichen Thermen, die Arena für Wettkämpfe, das Theater, das Forum. Die Germanen waren dagegen in den Augen der Römer primitiv.

Nach dem Zerfall des Römischen Reiches verfielen diese Städte – Köln, Mainz, Trier, Regensburg, Augsburg oder Xanten; sie waren viel zu groß für die dort noch siedelnde Bevölkerung. Die Anlagen selbst und die Steine der Häuser und Tempel wurden als Baumaterial genutzt: Heute würde man das eine „nachhaltige Nutzung" nennen. Die Grundstruktur jedoch kann man vielfach noch heute erkennen (Beispiel Köln oder Regensburg). Noch heute kann man in einigen Häusern Baumaterial aus jener Zeit finden.

Die Stadt als kulturelle Errungenschaft verfiel mit den Bauten. Erst hunderte von Jahren später wurde sie wieder zum Ort einer bestimmten Gesellschaft. Das war das Ergebnis von Machtverteilung und -ausgleich und einer sich differenzierenden Gesellschaft mit Handel und Handwerk.

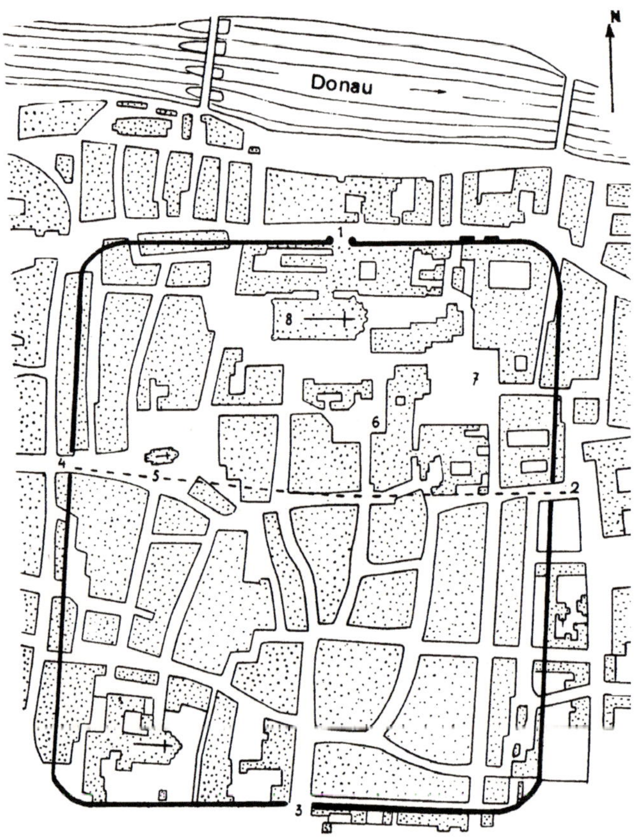

Römisches Heerlager als Grundlage der Stadtentwicklung in Regensburg

Mittelalterliche Stadtanlagen

Bis heute steht das Gefüge aus Marktplatz, Rathaus, Kirche und Bürgerhäusern, von einer Stadtmauer umwehrt, als Ideal einer lesbaren Stadtanlage vor unseren Augen. Städte wie Rothenburg ob der Tauber, Dinkelsbühl oder Lübeck sind in unserem Bewusstsein fest verankert als „natürlich gewachsen".

Dieses Bild ist jedoch in vielfacher Hinsicht falsch. Zum einen waren Stadtteile oder ganze Städte auch im Mittelalter geplante und sogar mit vielfältigen Bauvorschriften regulierte Anlagen. Zum anderen ist unser Bild der mittelalterlichen Stadt durch deren Spätphase, der Zeit ihrer dichtesten Besiedelung, verzerrt. Da kaum noch Städte aus der Zeit vor dem Dreißigjährigen Krieg erhalten sind – wenn auch die Stadtgrundrisse –, gilt das Bild der Stadt aus dem 17. und 18. Jahrhundert, für Historiker ja bereits Neuzeit, als Synonym für die „mittelalterliche" Stadt.

Der Ursprung städtischer Entwicklung seit etwa 800 lag im Vorhandensein einer Burg, eines Bischofssitzes, eines Klosters oder, in seltenen Fällen, einer Kaufmannssiedlung. Deren Befestigung bot Schutz, obwohl die neu Hinzuziehenden nicht innerhalb der Befestigungsanlagen siedeln konnten, sondern außerhalb, zum Beispiel als Kaufmannssiedlung am Fuße einer Burg („Wik"). Nach 1120 gab es auch Neugründungen von Städten (vorher wurden nicht Städte als Gesamtheit, sondern machtsichernde Bischofssitze oder Burgen gegründet), die zur Sicherung territorialer Ansprüche eines Fürsten angelegt wurden.

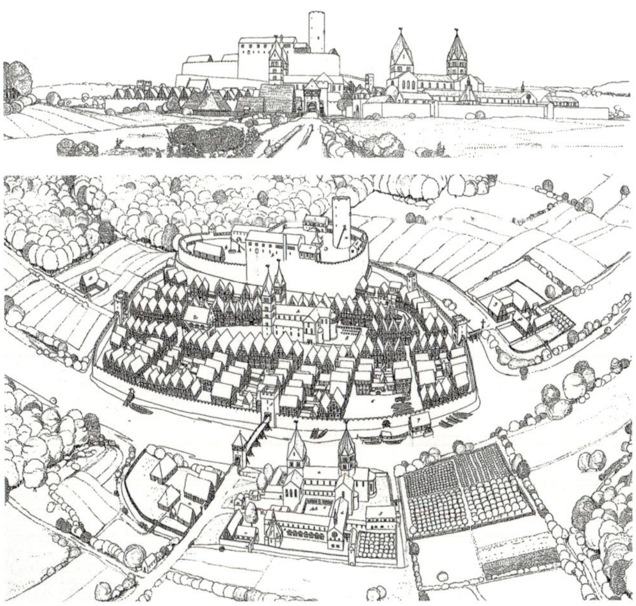

Entwicklung einer fiktiven Stadt, um 1250

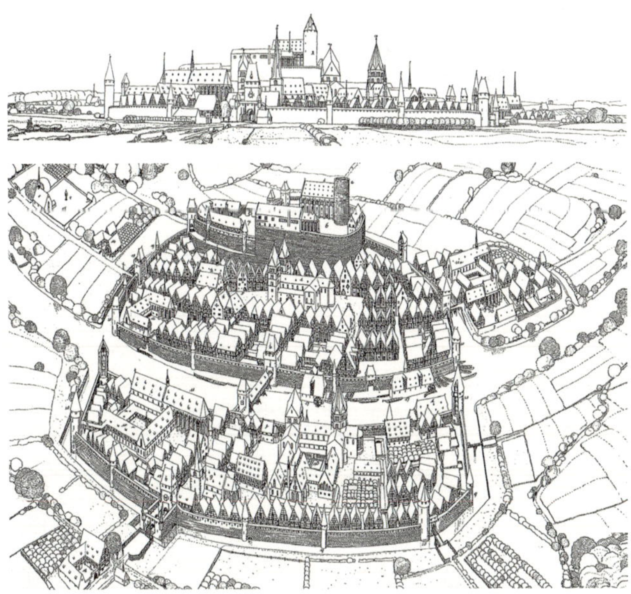

Entwicklung einer fiktiven Stadt, um 1350

Die Gründung der Stadt ging also zunächst von einem weltlichen oder klerikalen Machthaber aus. Die Stadt als Ansiedlung der Kaufleute und Handwerker war meist nur leicht befestigt. Mit wachsender wirtschaftlicher Macht der Bürger musste der jeweilige Machthaber der größer werdenden Ansiedlung bestimmte Rechte einräumen, um andererseits die Festigung seines Herrschaftsbereiches als Gegenleistung verlangen zu können: Stadtrecht, Marktrecht, die Einrichtung von Selbstverwaltungsgremien, niedere Gerichtsbarkeit, das Recht auf ein eigenes Zunftwesen und das der Selbstverteidigung.

Durch das Wachstum der Bevölkerung wurden immer mehr selbständige Gewerbe vom Handwerk bis zum Fernhandel wirtschaftlich tragfähig – wer aber wirtschaftlich unabhängig und wohlhabend genug war, eigene Verteidigungsanlagen (Stadtmauer) bauen zu können und sich somit selbst verteidigen konnte, ließ sich nur ungern von einem Herrscher etwas befehlen. In langen, zum Teil gewaltsamen Auseinandersetzungen wurden deshalb immer mehr Rechte gegen die ursprünglichen Herrscher erkämpft; die Bürger wurden unabhängig. Anders als beim Lehnsverhältnis der ländlichen Bevölkerung galt für denjenigen, der in die Stadt gekommen war, „Stadtluft macht frei nach Jahr und Tag" – das war Ausdruck des Aufbegehrens gegen die unfreien Herrschaftsverhältnisse des Feudalismus: Wer in der ständisch strukturierten Stadt lebte, konnte nicht mehr von seinem Dienstherren zurückgefordert werden. Damit waren die Städte als Lebensort überaus attraktiv.

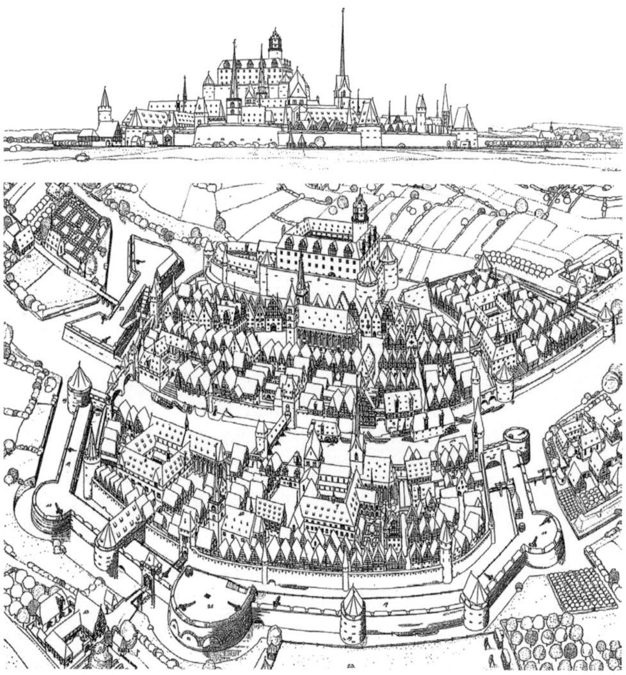

Spätestens seit dem 13. Jahrhundert waren die Städte mächtige Gebilde: Sie waren juristische Personen mit voller Rechts- und Handlungsfähigkeit. Rund 4000 Städte unterschiedlicher Größe gab es im 14. Jahrhundert im Deutschen Reich; in ihnen konnten sich Bürgerstolz, Verantwortung für das Ganze, freie Auseinandersetzung zwischen Gleichen entfalten – wobei die „Gleichen" allerdings auf bestimmte ständische Schichten beschränkt waren.

Was sich in den gebauten Zeugnissen heute noch zwischen Rathaus, Markt und Kirche abbildet, ist also nicht das Bild einer „heilen Welt", sondern das Ergebnis von Auseinandersetzungen unterschiedlicher Interessengruppen. Die Kaufmannsstadt zum Beispiel, die sich am Fuße einer Burg angesiedelt hatte, besaß meist zunächst eine eigene Befestigung. Seit dem 11. Jahrhundert wurde eine gemeinsame Stadtmauer gebaut – das war weniger aufwendig und beide Parteien profitierten davon. Es war aber auch Zeichen für die sinkende Macht von Kirche oder Adel gegenüber den Bürgern.

Der Markt (oder mehrere Märkte) bildete(n) den Mittelpunkt der Stadt – ganz buchstäblich. Dort wurde nicht nur gehandelt, sondern dort befand sich das öffentliche „Herz" der Stadt: So lagen dort auch Rathaus und Gerichtslaube, Schuldturm und Pranger; nur der Galgen lag außerhalb der Stadtmauern. Es setzte sich fort, was im antiken Griechenland „Agora" und in den römischen Städten „Forum" hieß: Handel und Öffentlichkeit hatten ein und denselben Ort.

Die sprichwörtliche „mittelalterliche Enge" aber entstand erst gegen Ende jener Zeit; neu errichtete Stadtmauern umschlossen immer auch ein Stadterweiterungsgebiet, das langsam gefüllt wurde. Bis zum Bau einer neuen, teuren Mauer aber musste man zusammenrücken.

Entwicklung einer fiktiven Stadt, um 1550

Das Beispiel Lübeck: ein mittelalterlicher Stadtgrundriss heute

Das Thema kann die Behandlung des Mittelalters anschaulich machen und die Schülerinnen und Schüler durch die Aktualisierung bis heute hin zum Nachdenken über die „Zukunft der Vergangenheit“ veranlassen.

Die Stadt Lübeck ist für viele von uns der Inbegriff einer mittelalterlichen Stadt. Aufgrund ihrer besonderen Lagegunst – die Stadtanlage zwischen zwei Wasserarmen geschützt, als Handelsmetropole an der Ostsee mit Zugang zu den skandinavischen und den osteuropäischen Ländern und dem Hinterland nach Zentraleuropa – wurde sie zur mächtigsten Stadt der Hanse. Die gesamte Innenstadt mit ihren Straßen, viele Häuser und Kirchen sowie Anlage und Bau von Marienkirche, Rathaus und Markt zeugen von ihrer Größe.

Das Lübecker Holstentor

Zeitleiste

um 700	erste Besiedlung durch slawische Abodriten und, seit 1093, die Wagrier
1143	Neugründung durch Adolf II. von Schauenburg und Holstein
1159	nach Brand Wiederaufbau der Stadt durch Heinrich den Löwen; Anlage des Stadtgrundrisses, wie er sich im Zentrum bis heute erhalten hat: der Beginn der Kaufmannsstadt
1226	Die Stadt erlangt die Reichsfreiheit durch Kaiser Friedrich II. und wird reichsunmittelbar. In der Folge entwickelt sie sich zum Hauptort der Hanse und zur wichtigsten Handelsstadt des nördlichen Europas (Mitte 14. Jh.).
1370	Friedensschluss mit Dänemark, das der Stadt ihre Macht immer wieder beschneiden wollte („Friede von Stralsund“). Lübeck ist zweitgrößte Stadt des Reiches (nach Köln), ihr Stadtrecht wird zum Vorbild für viele andere Städte vor allem im Ostseeraum („lübisches Recht“).
1615	Lübeck erhält eine starke Befestigungsanlage, die sich noch heute im Stadtgrundriss abzeichnet (westliche Wälle); im Dreißigjährigen Krieg bleibt die Stadt neutral und wird nicht besetzt oder zerstört. Aber der Krieg stärkt die Zentralmächte; die Bedeutung der Hanse und damit Lübecks schwindet.
1806	Mit dem Ende des Heiligen Römischen Reiches Deutscher Nation wird Lübeck zu einem selbständigen Staat, kurz darauf aber durch napoleonische Truppen besetzt und Teil Frankreichs. Auf dem Wiener Kongress 1815 wird die Stadt wieder souveränes Mitglied des Deutschen Bundes.
1866	Beitritt zum Norddeutschen Bund, 1871 Teilstaat des Deutschen Reiches
1918	nach Ende des Ersten Weltkrieges Einführung eines neuen Wahlrechtes und einer demokratischen Verfassung
1937	Das Groß-Hamburg-Gesetz führt zum Verlust der Eigenständigkeit; Lübeck wird Teil des Landes Schleswig-Holstein.
1942	Lübecks Innenstadt wird als erste deutsche Großstadt durch ein Flächenbombardement britischer Bombenflugzeuge weitgehend zerstört.
nach 1945	Wiederaufbau der beschädigten mittelalterlichen Bauten
1987	Ernennung der Altstadt Lübecks zum „Weltkulturerbe“ der UNESCO

Eine Stadt im Mittelalter

Dokument 1

Die Gründung einer Stadt im Mittelalter war ein gezielter und geplanter Vorgang. Er war mit der Verleihung bestimmter Rechte und Privilegien verbunden. Der Stadtgrundriss war ein Kompromiss aus der jeweiligen Lage der Stadt und den Absichten, die die oder der Stadtgründer damit verbanden (zum Beispiel die Aufteilung in gleiche Parzellen mit Zugang zum Wasser, wie er für die Kaufleute in Lübeck angeboten wurde, die ihre Waren am Ufer lagerten und von dort verschifften). Die Verteilung der einzelnen öffentlichen Gebäude – Kirchen, Rathaus, Markt – war Ergebnis machtpolitischer Auseinandersetzungen. Der Freiheitsbrief Kaiser Friedrichs II. aus dem Jahre 1226 garantierte der Stadt umfassende Rechte:

„Im Namen der heiligen und ungeteilten Dreieinigkeit. Friedrich II., von Gottes Gnaden römischer Kaiser, Mehrer des Reiches, König von Jerusalem und Sizilien.
[Wir wollen] (…) allen Getreuen des Reiches zu wissen tun, gegenwärtigen und künftigen, dass wir uns die reine Treue und aufrichtige Ergebenheit vor Augen gehalten haben, welche wie bekannt alle Bürger von Lübeck, unsere Getreuen, gegen unsere Hoheit hegen, dass wir die rühmlich bekannten und willkommenen Dienste wohlbedacht haben, die sie uns und dem Reiche allzeit geleistet haben und die sie künftig noch zu verbessern bedacht sein werden. Indem wir sie als Wohlverdiente mit freigebiger Gnade bedenken wollen, verleihen wir ihnen und bestimmen, dass die vorgenannte Stadt Lübeck für alle Zeiten frei sein soll, nämlich eine unmittelbare Stadt und Ortschaft des Reiches, die unmittelbar zum Reiche gehören und niemals von dieser unmittelbaren Herrschaft getrennt werden soll; wir bestimmen ferner, dass wenn zur Regierung der Stadt vom Reiche ein Rector bestimmt wird, zu diesem Amte niemand bestellt werde, er stamme denn aus benachbarten Orten und Gebieten der Stadt (…)
Wir verleihen ihnen weiter, dass sie in der Stadt selbst eine Münze unter unserem Bild und Namen schlagen dürfen, welche Zeit unseres Lebens und dem des römischen Königs Heinrichs (VII.), unseres erlauchten und geliebtesten Sohnes, gelten soll; dafür werden sie jährlich 60 Mark Silbers an unseren Hof abführen. (…) Ferner sollen alle getreuen Kaufleute, die nach der Stadt zu Wasser oder zu Lande um ihrer Geschäfte willen kommen, jederzeit sicher kommen und sicher gehen, wenn sie ihre Gebühr erlegen, zu der sie verpflichtet sind. (…) Wir verleihen ihnen weiter, die Insel, die der Burg Travemünde gegenüberliegt und Priwolc heißt, nach Stadtrecht, Wicbelede genannt, zu besitzen. (…) Wir verleihen ihnen weiter den Grund und Boden außerhalb Travemündes, neben dem Hafen, wo das Hafenzeichen gehalten wird, und geben ihnen Macht, den Grund und Boden frei und unbehindert zum Nutzen und zum Vorteile der Stadt Lübeck zu gebrauchen. Aus der Überfülle unserer Gnade verleihen und bestätigen wir ihnen für alle Zeiten die Rechte, allen guten Nutzen und alle guten Gewohnheiten, deren sie sich seit der Zeit Kaiser Friedrichs, unseres Großvaters, glücklichen Angedenkens, bis jetzt, wie bekannt, bedienet haben, bestimmen und fügen kraft dieser Urkunde mit Nachdruck hinzu, dass durchaus keine Person, sie sei vornehm oder gering, geistlich oder weltlich, die genannten Bürger von Lübeck, unsere Getreuen, in allem Vorgeschriebenen zu hindern oder zu stören mit frevelem Mute sich unterstehe.
(…)
Gegeben zu Borgo San Donnino [heute Fidenza bei Parma] im Jahre, Monat und Indiktion wie vorgeschrieben."

Der Freiheitsbrief Kaiser Friedrichs II. von 1226, zitiert nach: Wilfried Hartmann (Hrsg.): Deutsche Geschichte in Quellen und Darstellung, Bd. 1. Stuttgart 1995, S. 399 ff.

Dokument 2

Der Historiker Wolfgang Braunfels zur Entwicklung von Lübeck und die baulich ausgedrückte Machtverteilung:

„Schon damals (noch vor 1226; Anm. d. Verf.) gab es neben dem Dom (2) und der Stadtkirche St. Marien (3) zwei weitere Pfarrkirchen, St. Petri (5) und St. Ägidien (7), und nur für das Niedervolk sollte später noch eine vierte hinzukommen (6). Der Bischof hatte seinen Einflussbereich durch die Gründung des Benediktinerklosters St. Johann zu vergrößern gesucht, das freilich bald aus der Stadt gedrängt worden ist. Bereits 1225 waren die Franziskaner (10) und 1227 die Dominikaner gekommen, denen man nun ein Grundstück im Burgbereich (8) zuweisen konnte. (…)
Zwei Momente begünstigen die rasche Entstehung dieser reichen Stadtkrone: das neue Stadtrecht und die wirtschaftsgeografische Lage. Hinzu kam die strategische Sicherheit zwischen den Flussläufen.

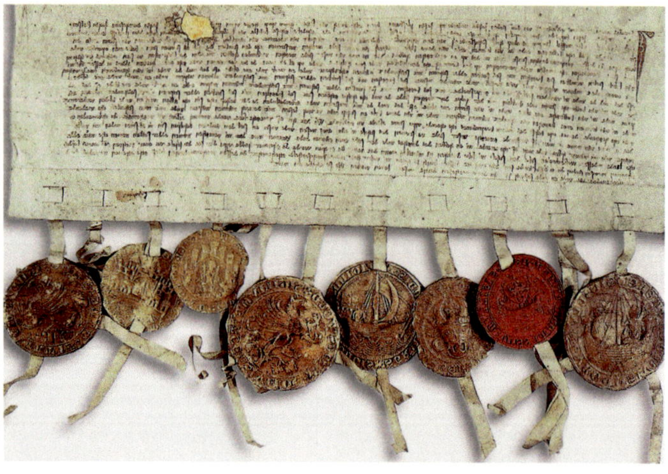

Urkunde der Städte Wismar, Lübeck, Rostock, Stralsund, Greifswald, Stettin, Kolberg, Anklam mit einer Allianz gegen den dänischen König (um 1250) (Anfänge der Hanse)

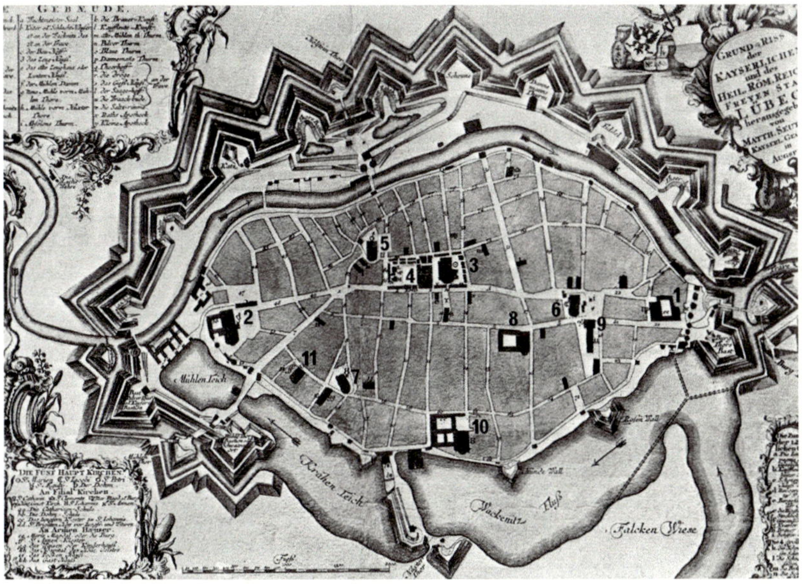

Stadtplan von Lübeck um 1750

Beachten wir zuerst den zweiten Punkt. Zwischen Nord- und Ostsee, Flandern und den Städten am Rhein einerseits und den gesamten skandinavischen und später baltischen Ländern andererseits gab es so gut wie keine Landwege und nur einen stets gefährdeten Seeweg. (...)
Der Standort der neuen Stadt bedingte, dass sie bis weit ins 16. Jahrhundert hinein nur wenig Konkurrenz zu fürchten hatte.
Ebenso wichtig war, dass man einen neuen Gedanken zu verkaufen hatte; bürgerliche Siedlungen gab es im Ostseeraum noch nicht. Grundherren und Bauern hatten schon früher, jeder für sich, Handel versucht. Nun wurde der Handel durch eine neue Gesellschaftsordnung in feste Formen gebracht und durch das lübische Stadtrecht gesichert. Die Lübecker Kaufleute organisierten seinen zuverlässigen Verlauf. Das war ein enormer Fortschritt. (...)
Von den Mächten, die die Stadt Lübeck zu beherrschen suchten, schieden als erste die Landesherren aus. Ihre Burg wurde Kloster und Stadtbefestigung. Als Zweites wurde die Macht des Bischofs zurückgedrängt. Im ganzen Heiligen Römischen Reich nahm er von vorneherein eine Sonderstellung ein. Er verfügte über keinerlei Rechte innerhalb der Stadt. Der Bau seines romanischen Domes wurde noch von Heinrich dem Löwen gefördert, doch lag er, wie in Venedig, am äußersten Stadtrand (...).
Die Stadt als dritte Macht gab ihrem Sieg mit der Marienkirche und der Anlage von Rathaus und Markt deutlichen Ausdruck. Sie erhob sich nicht nur auf der höchsten Stelle der Halbinsel; ihre Türme, nicht die des Domes, beherrschten das Erscheinungsbild. Gleich bedeutsam als städtebauliche Leistung sind die Straßenräume, deren Hausfassaden sowohl die Rechtsordnung spiegeln, die sich die Stadt gegeben hatte, wie auch ihre Sozialordnung. Zwischen dem Markt und der Trave im Westen lag das Viertel der Kaufmannsgeschlechter, die auch die Regierung stellten. Sie alle besaßen nahezu gleiche Hausstellen von rund 9 Metern Breite und rund 36 Metern Tiefe, 25 zu 100 Fuß, an den fünf Parallelstraßen herunter zur Schiffsanlege. (...) In den Vierteln der Handwerker und des Niedervolkes waren die Hausstellen ebenso genau berechnet, doch wesentlich kleiner. (...) Die Kaufmannsgeschlechter haben bei ihren Planungen auch an ihre sozial absinkenden Mitglieder gedacht. Zur Armenpflege gehörten die Armengänge, die Einzelne hinter den Häusern stifteten. Es waren Sackgassen mit Kleinsthäusern."

Wolfgang Braunfels: Abendländische Stadtbaukunst. Köln 1976, S. 89 ff.

Dokument 3

Der Stadthistoriker Lewis Mumford über das Gleichgewicht der Kräfte in der mittelalterlichen Stadt und das Primat der Stadt vor dem des Staates:

„In der mittelalterlichen Stadt gelang es der geistlichen und der weltlichen Macht mit ihren Berufsständen – Krieger, Kaufmann, Priester, Mönch, Sänger, Scholar, Handwerker und Händler –, ein gewisses Gleichgewicht herzustellen. Dieses blieb zwar immer heikel und unsicher, aber man bemühte sich ständig, es zu erhalten und hatte auch Erfolg, weil jedes gesellschaftliche Element sein Gewicht hatte und angemessen vertreten war. Bis zum Ende des Mittelalters – und das ist sogar ein Anzeichen dieses Endes – war kein Element stark genug, um dauernd ein Übergewicht über die andern zu erlangen. Daher war die mittelalterliche Stadt (...) äußerlich und politisch in mancher Hinsicht eine originelle Schöpfung. Freiheit, Gleichheit der Stände, demokratische Teilhabe und Autonomie wurden in keiner Stadt des Mittelalters jemals ganz verwirklicht; aber es gab dort vielleicht ein größeres Maß von alledem, als es je zuvor gegeben hatte, auch nicht in Griechenland. Für kurze Zeit siegte die Communitas über das Dominium.
(...)
Was den Freibrief selber angeht, so führte er zu der gesetzlichen Fiktion, die immer noch pietätvoll bewahrt wird, dass die Stadt ein Geschöpf des Staates sei und von dessen Gnaden lebe. In Wirklichkeit sind heute alle historischen Städte Europas älter als der Staat, der solche Rechte für sich beansprucht, und führten ein unabhängiges Dasein, schon lange bevor ihr Daseinsrecht anerkannt wurde!"

Lewis Mumford. Die Stadt. Berlin 1979, S. 294, 308

Heutige Probleme im Umgang mit einer gut erhaltenen mittelalterlichen Stadt

Dokument 4

Der Umgang mit alten Städten ist schwierig, weil häufig ganz unterschiedliche Interessen zusammenkommen: Auf der einen Seite mögen wirtschaftliche Interessen für die Stadt durch den Tourismus stehen, auf der anderen Seite das praktische Funktionieren der Stadt für ihre Bürger. Ein Eigentümer hat möglicherweise andere, nämlich ökonomische Vorstellungen von der Nutzung eines Hauses als die Stadt und ihre Bürger, die die Bewahrung historischer Substanz an erste Stelle setzen. Deren Vorstellungen einer für Touristen attraktiven Altstadt stoßen aber oft genug mit den denkmalpflegerischen Interessen zusammen, da diese sich an historisch belegbaren Bauzuständen orientiert, nicht an einer möglicherweise schön-neuen Herrichtung von alten Bauten.
Entscheidend für eine gelungene Sanierung eines Gebäudes in dieser Stadt ist neben der technischen Herrichtung nach heutigen Vorstellungen von Wärmedämmung, Stand- und Feuersicherheit die Frage, ob man eine Nutzung findet, die sich mit der Struktur des Altbaus verträgt.
Lübeck war sich als alte und einstmals mächtige Stadt immer seiner besonderen Verpflichtung zum Erhalt der Stadtstruktur bewusst – das war keine „Erfindung“ der letzten Jahre:

„Bemühungen um die Erhaltung und Bewahrung des historischen Stadtbildes und der Denkmalschutz haben in Lübeck eine lange Tradition. So verordnete der Rat der Stadt bereits im Jahre 1816, dass jeder Bürger den beabsichtigten Verkauf eines Hauses oder eines Kunstwerkes anzeigen müsse.
(...)
Seit dem Jahre 1921 besaß die damals noch selbständige Hansestadt Lübeck eines der frühen deutschen Denkmalschutzgesetze. Aber bereits 100 Jahre vorher durften in der Altstadt Häuser erst dann abgerissen werden, wenn ein Zeichner der Baubehörde das Aussehen der Fassade in allen Einzelheiten für das Archiv festgehalten hatte.
Etwa ein Fünftel der historischen Altstadt wurde im letzten Krieg bei dem einzigen schweren Luftangriff auf Lübeck im Jahre 1942 zerstört. Fast 8500 Bomben vernichteten über 1000 Häuser und fünf der berühmten sieben Türme. Die kriegsbedingten Zerstörungen waren nicht das einzige Problem der Stadterhaltung in Lübeck. Besonders während des Krieges und in den Nachkriegsjahren hatten sich in der Altstadt bautypische Schäden aufgrund mangelnder Unterhaltungsmaßnahmen angehäuft. (...)

Das brennende Lübeck nach den Luftangriffen 1942

Angesichts dieses Zustandes wurde eine umfassende Sanierung der Lübecker Altstadt notwendig. Man begann Ende der 60er Jahre (1960er; Anm. d. Verf.) mit einer gründlichen Bestandsaufnahme. Die anschließende öffentliche Diskussion über die Ziele der Sanierung dauerte mehrere Jahre und hatte folgendes Ergebnis:

1 Die Innenstadt soll als Kulturdenkmal erhalten bleiben.
2 Die City soll als wirtschaftliches Zentrum der Region bestehen bleiben, über die bestehenden Bereiche hinaus allerdings nicht ausgedehnt werden.
3 Im Bereich der Altstadt soll Wohnraum erhalten und ausgebaut werden.

Die Entscheidung über diese Grundsätze der Sanierung fiel Mitte der 70er Jahre (1970er; Anm. d. Verf.). (...) Inzwischen sind die Erfolge der Sanierung und des Denkmalschutzes überall in der Stadt zu sehen. Einzelne Projekte, die Förderer der Sanierung und des Denkmalschutzes sowie die Hansestadt Lübeck selbst, wurden mehrfach ausgezeichnet. (...)
Ein wichtiger Schritt auf dem Wege der Bewahrung des Stadtbildes war der Erlass einer Gestaltungssatzung für die Lübecker Innenstadt, die im Februar 1982 in Kraft trat. Sie gibt der Bauverwaltung wirksame Mittel an die Hand, Bausünden im historischen Stadtkern der alten Hansestadt zu unterbinden. So sind zum Beispiel für sichtbare Dächer ziegelrote bis rotbraune Dachpfannen vorgeschrieben; Werbeanlagen müssen mit den Gestaltungselementen der Fassaden abgestimmt sein; grelles und wechselndes Licht ist unzulässig. Für die Fassaden werden nur helle, lichte Farbtöne zugelassen. Die Fassaden müssen in den historischen Lübecker Baubreiten gegliedert sein."

http://www.luebeck.de/stadt_politik/sanierung/

Dokument 5

1987 wurde Lübeck in die Liste des Weltkulturerbes aufgenommen. Der Stadtkritiker Dieter Hoffmann-Axthelm:

„Das gemächliche, kleinstädtische, im Schatten seiner großen Geschichte seine Familienerinnerungen hütende Lübeck, das man kennt, hat Karriere gemacht: Die UNESCO erklärte die gesamte Altstadt zum Weltkulturdenkmal. Das ist ein Sprung, der gut gehen oder lächerlich ausfallen kann. Ist nicht schon die Auszeichnung selber ein wenig lächerlich?
(...)
Lübeck ist zunächst einmal aus einem ganz innerdeutschen Grunde eine schützenswerte Ausnahme: Es ist eine der wenigen deutschen Städte, die sich die Struktur einer mittelalterlichen Großstadt erhalten hat. Vergleichbar nach Größe ist nur noch Regensburg (und allenfalls Erfurt). Wilhelminische Renommiersucht, funktionalistischer Abriss- und Sanierungswahn, Krieg, Wiederaufbau, Wirtschaftswunder usw. haben sich in Lübeck wie Regensburg in (...) untypischen Grenzen gehalten, was wiederum nur erklärlich ist aus der Stärke der jeweiligen historischen Substanz, genauer gesagt, aus der ihrer selbstbewussten Beispielhaftigkeit beider Städte als Stadttypen, die eine nach Norden, die andere nach Süden blickend, beide glückliche Extreme an den kulturellen Rändern des mittelalterlichen Deutschlands."

Dieter Hoffmann-Axthelm: Lübecker Altstadt als Weltkulturerbe. In: Bauwelt 29–30/91, S. 1556

Dokument 6

Der ehemalige, langjährige Bausenator von Lübeck, Volker Zahn, aus seiner Amtszeit mit allen Auseinandersetzungen um Erhaltung, Umbau, Bau vertraut, schreibt über das Geflecht von Interessen heute:

„Die Altstadt ist das ökonomische und kulturelle Zentrum für 450 000 Menschen in Stadt und Umland, Standort für alle regional bedeutsamen Einrichtungen und Institutionen: ein geschichtsträchtiger Ort, authentisch und Identität stiftend. Unverändert sind mehr als 20% aller Arbeitsplätze und über 30% aller Einzelhandelsverkaufsflächen in der Altstadt konzentriert. Stadtentwicklungspolitisches Ziel ist die Erhaltung des UNESCO-Stadtdenkmals in seiner Gesamtheit (Stadtgrundriss, Parzelle, Block, Straße, Platz, Gebäude, Fassade, Dach, Material ...) einschließlich seiner Einzelbaudenkmäler. Zugleich soll die Wirtschaftsfunktion der Altstadt weiter entwickelt, ihre Einkaufsfunktion gegenüber der „grünen Wiese" gestärkt und ihre Wohnfunktion ausgebaut werden – Altstadterhaltung als ein gesamtgesellschaftlicher Prozess.
Eine Quadratur des Kreises, deren Widersprüche zwischen überforderten Kommunalpolitikern, gewinnorientierten Investoren, dogmatischen Denkmal- und Städtebauromantikern, existenzgefährdeten Einzelhändlern, betroffenen Grundstückseigentümern, Bürgerinitiativen, Bewohnern und einer nicht immer seriös berichtenden Lokalpresse täglich neu gelöst werden müssen: keine Aufgabe für konfliktscheue Stadtplaner mit dünnem Nervenkostüm.
Die Erhaltung der Altstadt setzt die Bereitschaft zu baulichen und funktionalen Veränderungen voraus. Die Stadt und ihre Gesellschaft sind einem permanenten Wandel unterworfen. Es gilt, Veränderungen ohne Zerstörung schützenswerter Altstadtstrukturen zu ermöglichen, neue Anforderungen von Handel, Dienstleistung und Gewerbe in unterschiedliche historische Strukturen zu integrieren. Dazu bedarf

„Keine anbiedernden historisierenden Neubauten“ – damit werden moderne Bauten zur Diskussion gestellt (Kaufhaus Westseite Marktplatz, A.: Ingenhoven Architekten, Düsseldorf, in Zusammenarbeit mit Hans Kahlen 2004, Foto rechts: H. G. Esch, Hennef; Zeichnung: Peter Wels, Hamburg)

es einiger Regeln, zum Beispiel: Beibehaltung von Parzellen, Einzelgebäuden, vertikalen Funktionen und Fassadengliederungen, kleinteiliger Nutzungsvielfalt, Nachbarschaften und Milieus in den historischen Quartieren. Ermöglichung von parzellenübergreifenden großflächigen Nutzungen, horizontalen (Handels)Funktionen (Kaufhäuser), zum Teil auch Parkhäuser in den Wiederaufbaugebieten der 50er Jahre. Auch denkmalgeschützte Altstädte müssen für den PKW erreichbar sein.

Und noch eine Regel: Keine anbiedernden historisierenden Neubauten, sondern „knackmoderne“ zeitgemäße Architektur und die bestmögliche Gestaltqualität durch öffentliche Wettbewerbe. Jede Generation hat die Aufgabe, ihre eigenen Baudenkmäler für die folgenden Generationen zu schaffen.
Die Einhaltung von Regeln führt immer wieder zu Interessenkonflikten zwischen Akteuren aus Politik, Wirtschaft, Verwaltung und Bewohnern: Arbeitsplätze, Investitionen, Wirtschaftlichkeit, Gewerbesteuer etc. versus Denkmalschutz, Parzellenstruktur, Architekturqualität, Milieu etc. – das sind klassische Gegensätze, wenn Veränderungen erreicht oder verhindert werden sollen. Die Grenzen für Veränderungen historischer Stadtstrukturen sind fließend. Sie sind immer dann erreicht, wenn die Altstadt das zu verlieren droht, was sie für Bewohner, Geschäftstreibende und Besucher so einmalig macht: Unverwechselbarkeit, Geschichte, Vielfalt, Maßstab und Identität.“

Volker Zahn, Stadtbausenator Lübeck a. D., 2005 (Originaltext)

Arbeitsanregungen

- **Der Grundriss der Stadt war Ausdruck einer bestimmten politischen Konstellation, die inzwischen eine völlig andere ist. Was kann dieser Grundriss heute noch bedeuten? Warum wird die Stadt nicht umgebaut und für die heutigen Anforderungen – vom Verkehr bis zu den Bauten – hergerichtet, was die Bürger früherer Zeiten gemacht hätten?**
- **Die Bürger der Stadt haben in den letzten Jahren immer wieder Probleme gehabt, sich mit Neubauten anzufreunden – zum Teil wurden auch Planungen abgelehnt. Sind die Bürger „unmodern“? Was könnten ihre Motive sein?**
- **Kann man eine Stadt zum Museum machen?**

Weitere Aufgabenstellungen und ausführlichere Dokumente unter www.akh.de, www.aknw.de und www.denkmalschutz.de im Internet.

Die Stadt im Absolutismus

Spätestens mit dem Ende des Dreißigjährigen Krieges im Jahre 1648 war das Mittelalter in Deutschland zu Ende. Die politischen Herrscher konnten ihre Macht stärken, weil durch die lange Kriegszeit der Handel zerstört und damit die Macht der Kaufleute gesunken war. Neue Kriegsmaschinen – Kanonen – machten neue Befestigungsanlagen notwendig, die so aufwändig waren, dass sie nur von wenigen freien Städten finanziert werden konnten; das stärkte die Zentralgewalt, die für die Befestigung sorgen musste.

Den Städten, die eine barocke Befestigungsanlage bauten, ist bis heute das Muster aus Mauer, Bastion und Glacis (freies Schussfeld) aufgedrückt (Hamburg, Köln, Leipzig, Mannheim, Karlsruhe). Das heutige Vorhandensein einer breiten „Ringstraße" um das Zentrum deutet fast immer auf barocken Ursprung hin; meist erst gegen Mitte des 19. Jahrhunderts wurden die Befestigungen aufgegeben und der Stadterweiterung zur Verfügung gestellt.

Die Machtverschiebung zur Zentralgewalt ist an den Stadtgrundrissen unmittelbar ablesbar. Könige und Fürsten bauten prächtige Schlösser und Städte, in denen sie sich als Mittelpunkt der Welt darstellten – das Volk sollte durch äußerste Prachtentfaltung den Herrscher als „von Gottes Gnaden" anerkennen.

Die Aufgabe der baulichen Selbstdarstellung des Herrschers war also, den Gesellschaftsvertrag im Bau sichtbar zu machen – und genau das leistete ein barockes Schloss, wie es in Frankreich in Versailles, in Deutschland mit der Würzburger Residenz von Balthasar Neumann (1719–1746) oder als Stadt in Karlsruhe in eindrucksvoller Form realisiert wurde.

Ein König „von Gottes Gnaden", ein Souverän, der jenseits des Rechtes herrscht – das zeigt sich in diesen Anlagen einmal darin, dass eine eigene, starke, geometrisch reine Form über die Natur gelegt wurde: Hier zeigte eine absolute Macht, dass sie nicht nur über Menschen, sondern auch über die Natur herrschte, dass ihr alles untertan war! Wie sollte der gemeine „Mann auf der Straße" das Majestätische erkennen, wenn nicht durch äußerliche Pracht?

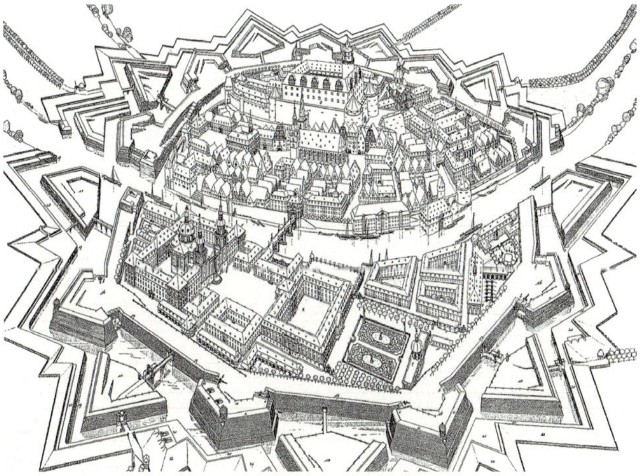

Entwicklung einer fiktiven Stadt, um 1750

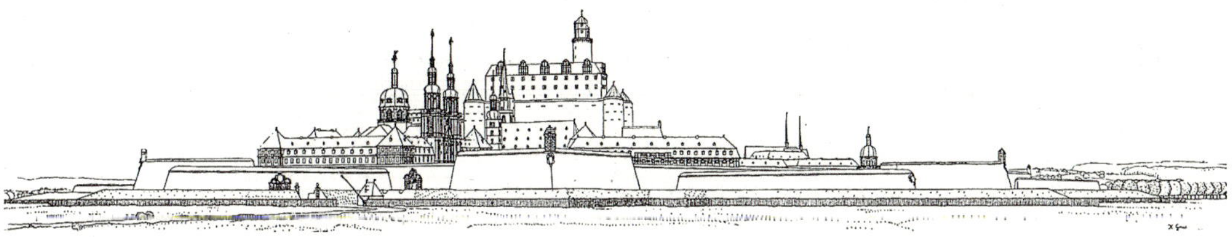

Das Beispiel Karlsruhe: Ausrichtung auf einen Herrscher in Zeiten der Demokratie?

Es gibt kaum eine bessere Veranschaulichung einer Herrschaftsform als den Plan von Karlsruhe: der Stadtgrundriss als Ausdruck von Herrschaft über Mensch und Natur.

Karlsruhe ist ein gutes Beispiel dafür, wie eine ganze Stadt sich auf das Schloss des Herrschers ausrichtet. Dort durfte selbst die Natur nicht wachsen, wie sie wollte: Mit strahlenförmigen Schneisen wurde der Wald zerschnitten. Die Allmacht des Souveräns, der sich als unantastbar sah, wurde in städtebauliche Form gegossen.

Dokument 1

Stadtgründung und Städtebau im Absolutismus – und die heutigen Konsequenzen

Der Historiker Wolfgang Braunfels über absolutistischen Städtebau:

„Der Fürst konnte die Mittel seines Landes zur Ausgestaltung der Residenz heranziehen und darauf vertrauen, dass die absolutistische Staatstheorie in einer Weltordnung verankert war, die kein Aufstand der ‚Untertanen' erschüttern würde. In deren Mitte wollte er sich wie der Sonnenkönig von Versailles unbewacht bewegen, sie alle sollten auf ihn allein blicken. Das Schloss war zugleich offen und öffentlich.
Jede echte Residenzstadt kann als Veranschaulichung der absolutistischen Staatstheorie verstanden werden, und jede Neuinterpretation dieser Theorie spiegelt sich alsbald in Veränderungen des Bauprogrammes. So fanden die unterschiedlichen Staatsauffassungen der französischen, preußischen, russischen Monarchen in der gegensätzlichen Gesamtstruktur von Versailles, Potsdam, Sankt Petersburg ihren Ausdruck."

Wolfgang Braunfels: Abendländische Stadtbaukunst. Köln 1976, S. 154

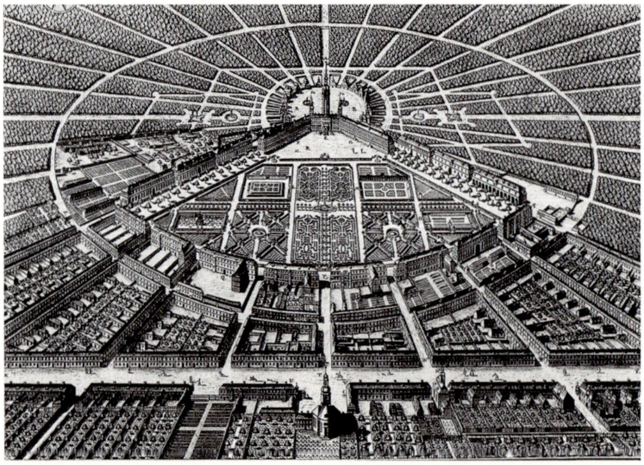

Plan von Karlsruhe 1739, von Norden aus betrachtet

Dokument 2

Im 19. Jahrhundert standen das Land Baden und Karlsruhe für die demokratischen Bestrebungen in Deutschland. Am 18. August 1818 wurde die badische Verfassung erlassen, die als eine der freiheitlichsten des deutschen Frühkonstitutionalismus gilt. Der Stadthistoriker Walter Kieß setzt sich mit der Frage auseinander, wie der Architekt und Stadtplaner Friedrich Weinbrenner auf der Grundlage des absolutistischen „Fächerplanes" den Stadtgrundriss für eine bürgerliche Gesellschaft weiterentwickelte:

„Die Anlage (der Stadt im Absolutismus; Anm. d. Verf.) selbst brachte in ihrer ersten Fassung die Herrschaftsverhältnisse der Zeit unmissverständlich zum Ausdruck. Der äußere Kreis,

Zeitleiste

17.6.1715	Gründung der Stadt durch Markgraf Karl Wilhelm von Baden-Durlach mit Grundsteinlegung des Schlosses als Residenzstadt (seit 1806 Residenz der badischen Großherzöge)
1818	Das Großherzogtum Baden wird konstitutionelle Monarchie mit liberalen Zügen.
1918	Karlsruhe wird Hauptstadt des Freistaates Baden.
1952	Baden wird Teil des Bundeslandes Baden-Württemberg.
seit 1950	Sitz des Bundesgerichtshofes, seit 1951 auch des Bundesverfassungsgerichts

Das Schloss von Karlsruhe heute

der mit seinen 32 Radialwegen den Park- und Schlossbereich umzieht und durch die Nord-Süd-Achse eine dem Meridian folgende Ausrichtung erhält, sowie der innere Kreis mit Turm und Schloss als Zentrum symbolisieren augenfällig den Herrscherwillen und die Selbstdarstellung eines absolutistischen Territorialherrn. Eine Querachse in Ost-West-Richtung, die der Landstraße von Mühlburg nach Durlach folgt, gibt der Komposition in der Form eines Dreiecks eine gewisse Verankerung. In diesem tangentialen Bereich war den Bürgern und Handwerkern, entsprechend ihrer untergeordneten gesellschaftlichen Rolle, der Platz in der Residenz zugewiesen. Der Ausbau dieses ersten, von formalen wie ständischen Überlegungen gleichermaßen bestimmten Grundplanes beanspruchte etwa ein halbes Jahrhundert.

(...)

Ohne Zweifel kommt der Schlossstraße allein schon von der Wertigkeit der Plätze und Bauten her gesehen eine besondere Bedeutung zu. Dieser (von dem klassizistischen Architekten Weinbrenner gestaltete, die Ideen der bürgerlichen Aufklärung einbringende; Anm. d. Verf.) Straßenzug betont in seiner Achsführung, dem frühesten Ansatz folgend, die Ausrichtung auf das Schloss. Darin ist also nach wie vor die übergeordnete Stellung des Stadt- und Landesherrn symbolisiert.

In sich weist die Straße aber eine Reihe selbständiger Raumschwerpunkte auf, in denen ein neu erwachtes bürgerliches Bewusstsein zum Ausdruck kommt.

Es ist aufschlussreich, diese räumliche Sequenz einmal genauer zu verfolgen. Der etwa einen halben Kilometer lange Straßenzug erstreckt sich zwischen den Bezugspunkten Schloss und Ettlinger Tor. In diesem Zwischenraum wechseln Straßenstücke als Verengungen und verschieden geformte Plätze als Ausweitungen in einer kontrastreichen Folge miteinander ab. Die Weite des Schlossplatzes im Norden (Breite 500 bzw. 200 Meter, Tiefe 300 Meter) wird man als die Selbstdarstellung landesfürstlicher Größe und Dignität zu deuten haben. Der Betrachter erlebt sie, wenn er aus dem engen nördlichen Schlossstraßenstück in den ‚Vorderen Cirkel‘ (Schlossplatz) tritt und den über neun Fächerstraßen ausgesparten Freiraum mit dem Schloss als Blickpunkt und den seitlichen Zubauten als einrahmende Kulisse vor sich sieht. Doch dieser Schlossbereich hat durch Weinbrenners Beitrag im Marktplatz einen Kontrapunkt erhalten, aus dem nicht weniger beredt der städtische Lebenswille der Bürgerschaft spricht. Den Blick auf dieses Platzgebilde gibt die Schlossstraßenverengung in umgekehrter Richtung frei. Dieser Platz hat seine räumliche Fixierung in einem historischen Entwurfsprozess erfahren, bis er schließlich in der klassizistischen Formulierung seine endgültige Fassung erhielt. Als Vorbild standen dem Planer die griechische Agora und das römische Forum vor Augen. “

Walter Kieß: Urbanismus im Industriezeitalter. Berlin 1991, S. 87f., 92

Marktplatz von Karlsruhe nach dem bürgerlichen Ausbau (etwa um 1800)

Dokument 3

Clemens Kieser vom Landesamt für Denkmalpflege in Karlsruhe beschreibt die heutige Situation zwischen Denkmalpflege und wirtschaftlichem Druck auf die Stadt und stellt damit immanent die Frage nach dem Umgang mit dem historischen, aber als politischem Bild überholten Stadtgrundriss:

„Der Karlsruher Stadtgrundriss mit seinem grandiosen Wegestern, zur Stadt hin als ‚Fächer' gestaltet, ist in der ganzen Welt berühmt. Mit den schnurgeraden, vom Schloss ausgehenden Sonnenstrahlen diktierte der barocke Fürst das Aussehen der neu entstehenden Stadt: Er rückte sich und sein Schloss ins helle Zentrum der ‚Sonne'. Nach dem verlorenen Ersten Weltkrieg mussten die Großherzöge abdanken und ihr Wohnsitz hörte auf, der Nabel der Stadt zu sein. Im Zweiten Weltkrieg zerstört, wurde das Schloss jedoch wieder aufgebaut und ist heute ein Museum. Dennoch spüren Einheimische und Besucher bis heute, dass der große Schlossplatz mitten im Zentrum der modernen Einkaufstadt eigentlich ein merkwürdig leerer Raum ist. Früher wollte sich der Fürst mit dem Strahlengrundriss und dem großen Schlossplatz die Bürger vom Leibe halten und über sie regieren. Heute gibt es aber keinen Fürsten mehr und jeder kann das Schloss besichtigen. Allerdings gibt es auch keinen Grund ins Schloss zu gehen, will man nicht gerade einmal wieder ins Museum.
Als politisches Zentrum der modernen Stadt müsste heute eigentlich das Rathaus seinen Sitz im Schloss haben und nicht am Marktplatz. Der kleine Straßenring ums Schloss herum umschließt großteils einen schönen Park, der zur Erholung dient, ist aber insgesamt ein ‚Vakuum' im noch immer vorhandenen historischen Stadtgrundriss. Seit vielen Jahrzehnten fordern deshalb Stadtplaner und Architekten immer wieder, auf dem großen Platz vor dem Schloss moderne Gebäude zu errichten. Allerdings verfolgen diese Ideen immer auch kommerzielle Ziele: Sie sollen das Geschäftsleben, das sich etwas monoton an einer viele hundert Meter langen Shoppingmeile von Westen nach Osten abspielt, lebendiger und einträglicher machen. Die Denkmalpfleger haben bisher jedoch stets die Bebauung des Schlossplatzes und die Verunstaltung des historischen Stadtgrundrisses verhindern können. Allerdings weichen die Kaufleute nun nach Süden aus, hier entstand wenige Meter vom Marktplatz entfernt ein gigantisches Einkaufszentrum."

Clemens Kieser, Landesamt für Denkmalpflege, Karlsruhe (2005) (Originaltext)

Luftbild von Karlsruhe

Arbeitsanregungen

- **Der Stadtgrundriss von Karlsruhe ist (von den Stadterweiterungen abgesehen) in seinem Kern beibehalten worden – noch heute blickt jeder aufs Schloss. Sollen – selbst wenn man den Stadtgrundriss als geschichtliches Dokument belässt – die neuen Bauten darauf Rücksicht nehmen? Womöglich gar Kompromisse eingehen? Wie kann man mit dem Widerspruch umgehen, einen Stadtgrundriss aus der Zeit des Absolutismus heute nutzen zu müssen?**
- **Der Stadtgrundriss hat sich weiter entwickelt durch die Pläne Friedrich Weinbrenners, der eine frühe Bürgerstadt um den Marktplatz dem Schloss gegenüber gestellt hat (s. Text Kieß). Wie sieht eine demokratische Stadtplanung heute aus (s. Bsp. Sennestadt/Eisenhüttenstadt)? Muss man sich eine Stadt so vorstellen, dass jede Zeit eine ihrer Gesellschaftsform entsprechende Stadtplanung addiert? Wie kommen die dann miteinander aus?**
- **Wie kann man sich als heutiger Mensch mit einem Stadtgrundriss wie Karlsruhe auseinander setzen, wenn man mal davon ausgeht, dass ein Abriss genauso wenig in Frage kommt wie eine Musealisierung?**

Weitere Aufgabenstellungen und ausführlichere Dokumente unter www.akh.de, www.aknw.de und www.denkmalschutz.de im Internet.

1.4 Kurze Geschichte der Stadtentwicklung in Deutschland

Die Stadt in der 2. Hälfte des 19. Jahrhunderts

Industrialisierung, Bevölkerungswachstum und eine starke Land-Stadt-Wanderung nach der Befreiung der Landbevölkerung waren die entscheidenden Einflussgrößen für ein kaum vorstellbares Stadtwachstum im 19. Jahrhundert und für die Entstehung einer neuen Stadt – der Stadt, die wir mit ihren „Gründerzeitvierteln“ heute schätzen. Die damaligen Zustände allerdings würde wohl keiner mehr gern sehen; insofern ist das Bild der Stadt des 19. Jahrhunderts heute verzerrt; sie waren in vieler Hinsicht „Superslums“. Wobei es eine eigenartige Parallelentwicklung gab – auf der einen Seite wuchsen medizinische Erkenntnisse und Versorgung, die städtische Infrastruktur (Kanalisation und Abwässer) wurde verbessert, auf der anderen Seite waren die Arbeiterquartiere so eng bebaut und überfüllt, dass gesundheitliche Schäden fast unvermeidlich waren; noch 1892 gab es bei der letzten großen Cholera-Epidemie in Hamburg fast 10 000 Tote! Dennoch: Die Lebenserwartung der Menschen wuchs.

Eine Stadtplanung im heutigen Sinn gab es nicht; sie wurde zum Beispiel in Berlin von der Polizei als „Baupolizeiordnung“ wahrgenommen, die Erweiterungspläne wurden von Ingenieuren als Straßenplanung gezeichnet. Die Bestimmungen der Baupolizei waren zwar im bis zur Reichsgründung 1871 immer noch in zahlreiche Länder zersplitterten Deutschland unterschiedlich, aber nach heutigen Maßstäben überall absolut unzulänglich. So bestimmte die Berliner Bauordnung von 1853 eine Mindest-Hofgröße von etwa 26 m² – bei einer Traufhöhe von 22 m (das entspricht nach heutigen Geschosshöhen etwa 7 Stockwerken!); das Maß bestimmte sich durch den Wendekreis einer Feuerwehrspritze, nicht etwa durch hygienische Anforderungen. Kellerwohnungen waren zugelassen, sofern die Decke mindestens 94 cm über dem Erdniveau lag.

Entsprechend dem rationalistischen, liberal-kapitalistischen Denken wurden die Stadterweiterungen meist als rechtwinklige, in gleiche Parzellen (Grundstücke) eingeteilte Quartiere gebaut. Das Normale war, dass ein wohlhabender Bürger zur Altersversorgung („Rentier“) ein Haus baute – nicht vom Architekten entworfen, sondern innerhalb eines Geschmackskanons von einer Baufirma produziert. Im Rahmen der Bauvorschriften waren die Grundrisse weitgehend für die Bedürfnisse der als Mieter angestrebten Bewohnerschicht einheitlich. Gerade das für alle Ähnliche macht heute – neben der zentralen Lage und der Qualität der Wohnungen mit ihren hohen Räumen – den Reiz dieser Quartiere aus.

Luftbild, Berlin Kreuzberg 1925:
Die dichte Bebauung aus der 2. Hälfte des 19. Jahrhunderts und die Blockrandbebauung entlang der Straßen sind ablesbar.

Was in der Stadt der 2. Hälfte des 19. Jahrhunderts auffiel, war die große Zahl von Bauten, die auch architektonisch hervorgehoben waren. Jetzt waren es nicht mehr nur Rathaus und Kirche, jetzt kamen Theater, Oper und Museum, Krankenhaus und Gerichte, Schulen und Universität, Postamt, Bahnhof und Finanzamt und Kasernen hinzu – Letztere waren zwar nicht öffentlich, stellten aber durch ihre Architektur staatliche Macht dar.

Den größten Einfluss auf die Stadt des 19. Jahrhunderts hatte vermutlich die Erfindung der Eisenbahn. Sie konnte die Güter und Waren schnell verteilen und trieb so Industrialisierung und wirtschaftliches Wachstum voran. Aber die Führung der Bahntrassen zerschnitt die Stadt, gleich, ob sie in Hochlage oder ebenerdig geführt wurde, die Bahnanlagen selbst nahmen gegen Ende des Jahrhunderts riesige Flächen ein. Und die Eisenbahn, später der elektrifizierte öffentliche Nahverkehr aus Straßenbahn, Hochbahn oder U-Bahn machten erst die Ausdehnung der traditionell kompakten Stadt möglich.

Das Beispiel Berlin: Abgrenzung von Öffentlichkeit und Privatheit als Inbegriff der „Europäischen Stadt"?

Die Industrialisierung und ihre Folgen: Durch die Thematisierung von Stadterweiterung, Verkehr und Lebensbedingungen kann das geschönte Bild, das man heute von diesen Quartieren sieht, korrigiert werden.

Warum sind eigentlich die so genannten „Gründerzeitviertel" überall in Deutschland heute so beliebt, obwohl doch besonders deren Arbeiterwohnungen seinerzeit eher Slums waren? Die hohen Räume der Wohnungen – gewiss. Auch die Lage am Rande der Stadtzentren ist günstig für viele Menschen, die in der lebendigen Stadt wohnen wollen. Aber das Entscheidende ist wohl doch, dass diese Stadtviertel eine erkennbare Ordnung vermitteln: Straße und Platz als öffentliche Stadträume, die Fassaden im Einzelnen unterschiedlich, aber als Ganzes einheitlich, die staatlichen Bauten hervorgehoben vor den privaten – und das alles, bevor es überhaupt den Städtebau als wissenschaftliche Disziplin gab!

Stadtplanung in der zweiten Hälfte des 19. Jahrhunderts

Dokument 1
Der Stadthistoriker Lewis Mumford über die Aufteilung von Grundstücken in einem regelmäßigen Rastersystem:

„Die Haupteigenschaften des neuen Kaufmannsgeistes, nämlich einerseits die Betonung des Regelmäßigen und Berechenbaren und andererseits des spekulativen Abenteuers und der kühnen Expansion, fanden idealen Ausdruck in den neuen Erweiterungsbauten der Stadt. Die Grundzüge waren uralt und vertraut. Der aufsteigende Kapitalismus des 17. Jahrhunderts behandelte aber das einzelne Grundstück ebenso wie Block, Straße und Avenue als abstrakte Einheiten, die man ohne Rücksicht auf historische Verwendung, landschaftliche Verhältnisse und soziale Notwendigkeiten kaufte und verkaufte. Soweit nicht alte feudale Rechte oder königliche Prärogativen* diesen Prozess bremsten, verlor die Stadtgemeinde die Kontrolle über den Boden, den sie für ihre eigene Entwicklung benötigte.
Wenn die Stadtplanung unter allen menschlichen Bedürfnissen und Verrichtungen allein auf die des Geschäftslebens Rücksicht nimmt, so lässt sich die Anlage einer Stadt vereinfachen. Für den Geschäftsmann ist diejenige Planung ideal, die sich am schnellsten auf monetäre Einheiten zum Zwecke des Kaufs und Verkaufs reduzieren lässt. Die Grundeinheit ist nicht mehr die Nachbarschaft oder der Bezirk, sondern das einzelne Baugrundstück, dessen Wert man nach der Länge der Straßenfront berechnen kann.
Am vorteilhaftesten ist dann ein Rechteck mit schmaler Front und großer Tiefe, das den Gebäuden, zumal den Wohnhäusern, die sich ihm anpassen, ein Minimum an Licht und Luft lässt. Solche Grundstücke erwiesen sich gleichermaßen vorteilhaft für den Landmesser, den Grundstücksspekulanten, den Bauunternehmer und den Rechtsanwalt, der den Kaufvertrag aufsetzte. Ferner begünstigten diese Grundstücke

* Vorrechte

Stadterweiterung nach dem Plan von Hobrecht 1862: Rot: neue Straßen; schwarz: übernommene Planungen

den rechteckigen Häuserblock, der wiederum für die Erweiterung der Stadt zur Grundeinheit wurde.
(...)
Solche Pläne dienten ausschließlich dazu, den Boden schnell aufzuteilen, Bauernhöfe rasch in Bauland zu verwandeln und schnell zu verkaufen. Gerade weil jegliche Anpassung an die Landschaft oder an menschliche Bedürfnisse fehlte, wurde der Plan eben durch seine Unbestimmtheit und seinen Mangel an Form dem Handel umso dienlicher. Genau wie die Arbeitskraft wurde jetzt auch städtischer Boden zur reinen Ware, und sein Marktwert wurde sein einziger Wert überhaupt. Eine Stadt, die man sich als eine reine äußerliche Ansammlung von vermietbaren Häusern vorstellte, konnte sich nach allen Seiten hin ausbreiten, wobei nur massive äußere Hindernisse und das Bedürfnis nach schnellen Verkehrsmitteln Grenzen zogen. Jede Straße konnte eine Verkehrsader werden, jeder Stadtteil ein Geschäftsviertel."

Lewis Mumford: Die Stadt. München 1979, S. 490 f.

Überall in Berlin wurde gebaut , Foto: Heinrich Zille, Ausschnitt.

Dokument 2

Der Stadtbauhistoriker Vittorio Magnago-Lampugnani über die politischen Voraussetzungen der Entwicklung Berlins zur Millionenstadt:

„Nach dem Sieg im deutsch-französischen Krieg von 1870/71 hatte das neu gegründete Deutsche Reich einen gewaltigen wirtschaftlichen Aufschwung erfahren, und bereits um die Jahrhundertwende wetteiferte es mit den führenden Industrienationen Europas, England und Belgien. Unmittelbar vor dem Ersten Weltkrieg lagen die Import- und Exportquoten des wilhelminischen Deutschland über jenen Belgiens, Englands, Frankreichs und sogar der Vereinigten Staaten von Amerika. Die verspätete Hauptstadt eines verspäteten Kolonialreichs hatte sich in eine gegenüber London oder Paris nicht minder verspätete, dafür jedoch expandierende Industriegroßstadt verwandelt. Produktion, Wirtschaft, Finanzwesen, und mit ihnen Naturwissenschaften und Medizin, erlebten eine große Blüte.
(...)
Den stärksten Anstoß zum Wachstum der Stadt gab indessen der Wohnungsbau. Die Massen von Menschen, die vom Land in die Stadt strömten, um dort in den Fabriken zu arbeiten, brauchten Wohnraum. Ebenso die Angestellten, die in den verschiedenen Konzernen und Kontoren tätig waren und neben dem Proletariat eine neue, demografisch und politisch beträchtlich ins Gewicht fallende Schicht bildeten. Hinzu kamen all diejenigen, die in den Infrastrukturen beschäftigt waren, die Arbeiter, Angestellte, aber freilich auch Fabrikanten, Wirtschaftsleute und Intellektuelle benötigten. Die private Spekulation, aber auch die Laissez-faire-Politik der Stadtregierung führten bei der ebenso gigantischen wie rasant vor sich gehenden Berliner Stadterweiterung zu einer extremen Bebauungsdichte. Denn der Fluchtlinienplan, den James Hobrecht 1862 erstellt hatte, hatte lediglich die Grenzen zwischen öffentlichen Durchgangsstraßen und privater Bebauung vorgegeben; die innere Erschließung der großflächigen Blöcke durch Anliegerstraßen und Fußgängerwege sollten, um die Stadt finanziell zu entlasten, die privaten Bauherren übernehmen. Diese aber dachten nicht daran, kostbaren und vor allem rentablen Baugrund zu verlieren, verzichteten weitestgehend auf blockinterne Erschließungsräume und überzogen die Parzellen mit einer mehrgeschossigen geschlossenen Bebauung, die in der Regel lediglich von engen, zuweilen mehrfach hintereinander geschalteten Lichthöfen unterbrochen wurde. So entstand das, was (der Stadtkritiker, Anm. d. Verf.) Werner Hegemann 1930 als ‚das steinerne Berlin', ‚die größte Mietskasernenstadt der Welt' bezeichnen sollte."

Vittorio Magnago Lampugnani: Moderne, Lebensreform, Stadt und Grün. In: Thorsten Scheer u. a. (Hrsg.): Stadt der Architektur der Stadt. Berlin 1900–2000. Nicolai'sche Verlagsbuchhandlung Berlin 2000, S. 29 ff.

Dokument 3

Die Bauweise in Berlin mit den so genannten „Mietskasernen" und den zahlreichen Hinterhöfen war das Ergebnis von baupolizeilichen Bestimmungen – in anderen Städten und Ländern des Reiches galten meist andere, aber gleichermaßen zu dicht bebauten Quartieren führende Vorschriften. Über die Baupolizeiordnung von 1853 in Berlin heißt es:

„Für die Festlegung der Baulinie als der bedeutsamsten Bebauungsmarkierung war allein die Behörde zuständig. ‚Die Fluchtlinie für Gebäude und bauliche Anlagen an Straßen und Plätzen wird von dem Polizeipräsidium bestimmt, (§ 10). Zur Überbauung der Grundstücke heißt es: ‚Gebäude dürfen nur auf Grundstücken an öffentlichen Straßen und Plätzen mit einer hinreichenden Zufahrt von mindestens 5,54 Meter Breite errichtet werden' (§ 26). ‚Auf jedem Grundstück muss bei der Bebauung ein freier Hofraum von mindestens 5,34 auf 5,34 Metern verbleiben' (§ 27). ‚Neue Vordergebäude dürfen überall 11,30 Meter hoch gebaut werden, bei 2,51 Meter im Lichten Mindeststockwerkshöhe also vier Geschosse hoch; an Straßen von 11,50 bis 11,95 Meter Breite ist eine Gebäudehöhe 1¼ der Straßenbreite zulässig, also mit fünf Geschossen. Bei noch breiteren Straßen besteht keine Höhenbeschränkung' (§ 28). (...) Bei den Wohnräumen begnügte sich die Bauordnung mit einer Mindesthöhe von 2,51 Metern im Lichten und der allgemeinen Forderung nach ‚hinlänglich Luft und Licht' (§ 87 und 88).
Wie diese bei den zulässigen Gebäudehöhen und Innenhofabmessungen erfüllt werden sollte, blieb das Geheimnis der staatlichen Baukontrolleure. Geradezu demaskierend für das Wohnverständnis der Baurechtsschöpfer sind die Auslassungen zu den Kellerwohnungen. Diese durften eingerichtet werden, wenn die Decke wenigstens 94 Zentimeter (3 Fuß) und der Sturz des Fensters 62 Zentimeter (2 Fuß) über dem Niveau der Straße lagen (§ 89)."

Walter Kieß: Urbanismus im Industriezeitalter. Berlin 1991, S. 227 f.

Dokument 4

Die Baupolizeiordnung betraf die einzelnen Häuser. Der nach seinem Verfasser benannte „Hobrechtplan" aus dem Jahre 1862 prägte die Stadterweiterung von Berlin:

„Für die Aufteilung der Baublöcke scheint Hobrecht die Anweisung des zuständigen Ministeriums gehabt zu haben, sich nach den Abmessungen in der Friedrichstadt zu richten. Das hätte Quartiergrößen von etwa 75 auf 120 Metern ergeben. Dem Polizeipräsidium erschienen diese Maße aber zu gering, und so wurden wesentlich größere Quartiere mit Längen von 250 Metern und mehr geplant. Hinter dieser Großrasterung stand die Absicht, die Blöcke bei der Bebauung durch private Wohnstraßen weiter zu unterteilen, ein Wunschdenken, dem sich später nicht nur die Spekulanten, sondern auch die Stadtverordneten widersetzten. Diese Vorliebe für die ungewöhnlichen Quartiertiefen mochte wiederum eine andere Vorgabe beeinflusst haben.
In Berlin dominierte schon seit Jahrzehnten der Mietshausbau. Die Praxis, schmale und tiefe Baugrundstücke stark zu überbauen, hatte längst zu einem Mietshaustyp mit Vorder- und Hinterhäusern und verbindenden Seitenflügeln geführt. Von dieser Hausform (...) war auszugehen, und der Bebauungsplan hatte auf alle Fälle die Realisierung dieses Typs zu ermöglichen.
Zu allem Unglück mussten die Straßen nach den Vorschriften überdies eine Mindestbreite von 19 Metern aufweisen, wodurch nach der Bauordnung von 1853 eine vier- bis fünfgeschossige Überbauung sanktioniert war. Diese Festlegung verhinderte jede weitere Differenzierung des Straßensystems: Reine Wohnstraßen erhielten viel zu weite, Durchgangsstraßen mit starkem Verkehr jedoch zu enge Abmessungen."

Walter Kieß: Urbanismus im Industriezeitalter. Berlin 1991, S. 232 f.

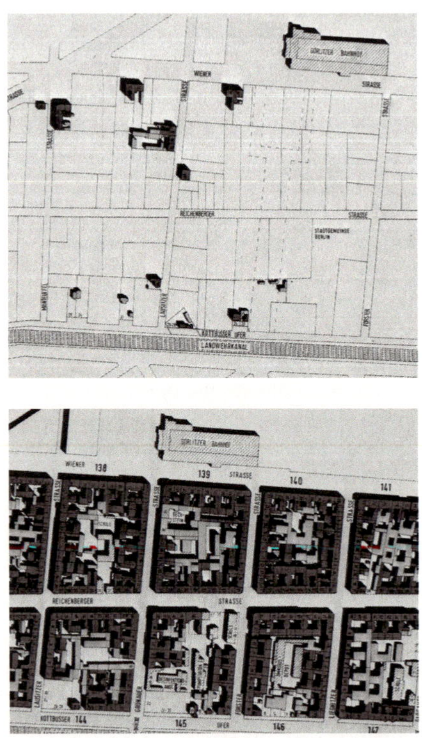

Teilausschnitt des Stadtplanes von Kreuzberg: a = Zustand 1861, b = Zustand 1912

Dokument 5

Der Verfasser des Berliner Bebauungsplanes selbst, James Hobrecht, und eine Kritik des Stadtplaners Rudolf Eberstadt dazu:

„‚Unsere Art zu wohnen steht – wie bekannt – in einem *prinzipiellen* Gegensatz zu der englischen. In einer so genannten Mietskaserne befindet sich im I. Stockwerk eine Wohnung zu 500 Talern Miete, im Erdgeschoss und II. Stockwerk je zwei Wohnungen zu 200 Talern, im III. Stockwerk je zwei Wohnungen zu 150 Talern, im IV. drei Wohnungen à 100 Taler, im Keller, auf dem Bodenraum, im Hinterhaus oder dergleichen noch mehrere Wohnungen à 50 Taler. In einer englischen Stadt finden wir im Westend oder irgendwo anders, aber zusammenliegend, die Villen und einzelnen Häuser der wohlhabenden Klasse, in den anderen Stadtteilen die Häuser der ärmeren Bevölkerung, immer in Gruppen nach dem Vermögen der Besitzer zusammenliegend, ganze Stadtteile dabei lediglich von der Arbeiterbevölkerung bewohnt. Wer möchte nun bezweifeln, dass die *reservierte* Lage der je wohlhabenderen Klassen und Häuser Annehmlichkeiten genug bietet, aber – wer kann auch sein Auge der Tatsache verschließen, dass die ärmere Klasse vieler Wohltaten verlustig geht, die ein Durcheinander-

Bürger und Militärpersonen vor dem Denkmal Kaiser Wilhelms I., um 1910, Foto: Heinrich Zille

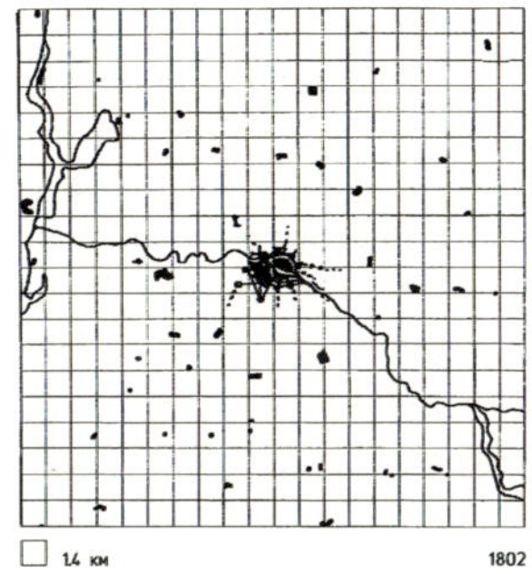

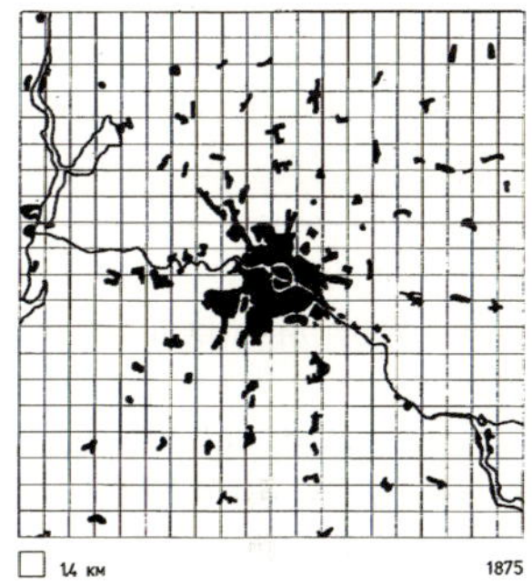

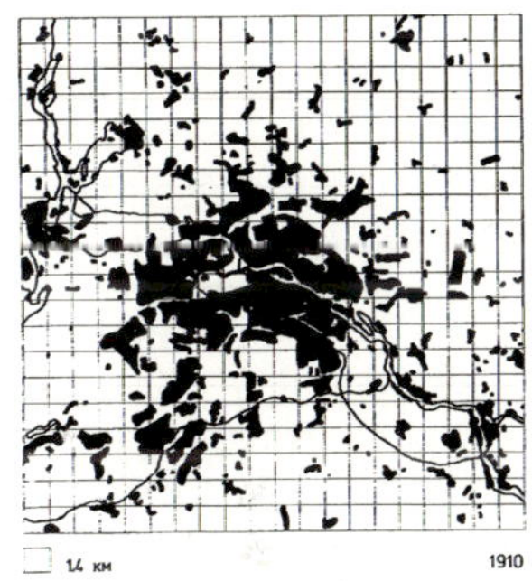

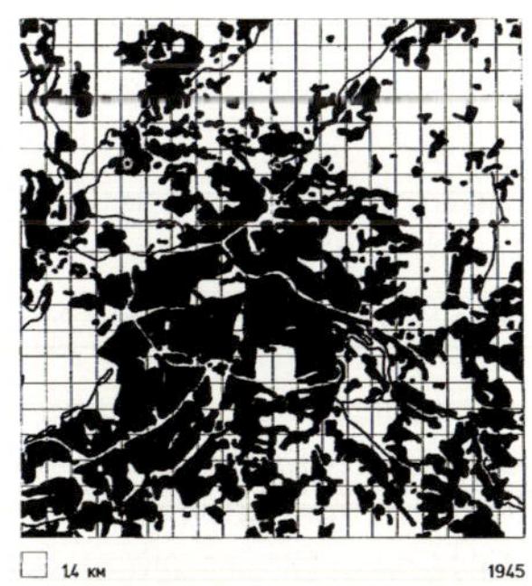

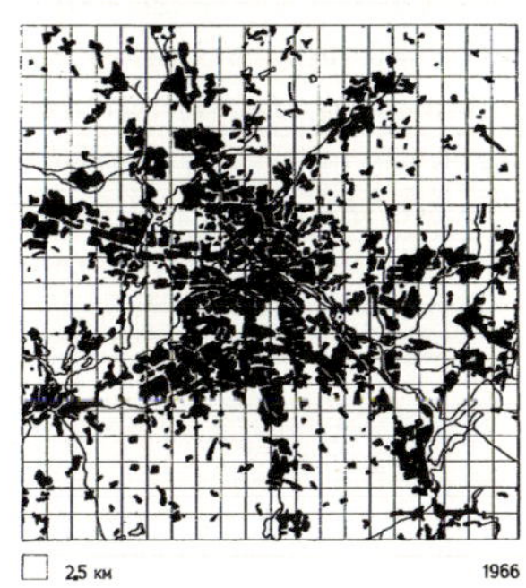

Stadtwachstum Berlins zwischen 1802 und 1966

wohnen gewährt. Nicht ‚Abschließung', sondern ‚Durchdringung' scheint mir aus sittlichen und darum aus staatlichen Rücksichten das Gebotene zu sein. In der Mietskaserne gehen die Kinder aus den Kellerwohnungen in die Freischule über denselben Hausflur wie diejenigen des Rats oder Kaufmanns auf dem Weg nach dem Gymnasium. Schusters Wilhelm aus der Mansarde und die alte bettlägerige Frau Schulz im Hinterhaus, deren Tochter durch Nähen oder Putzarbeiten den notdürftigen Lebensunterhalt besorgt, werden in dem I. Stockwerk bekannte Persönlichkeiten. Hier ist ein Teller Suppe zur Stärkung bei Krankheit, da ein Kleidungsstück, dort die wirksame Hilfe zur Erlangung freien Unterrichtes oder dergleichen, und alles das, was sich als das *Resultat* der gemütlichen Beziehungen zwischen den gleich gearteten und wenn auch noch so verschieden *situierten* Bewohnern herausstellt, eine Hilfe, welche ihren veredelnden Einfluss auf den Geber ausübt. Und zwischen diesen *extremen* Gesellschaftsklassen bewegen sich die Ärmeren aus dem III. und IV. Stock. Gesellschaftsklassen von der höchsten Bedeutung für unser Kulturleben, der Beamte, der Künstler, der Gelehrte, der Lehrer usw. In diesen Klassen wohnt vor allem die geistige Bedeutung unseres Volkes.'
(...)

Über diese Verteidigung der Berliner Mietskaserne schrieb Rudolf Eberstadt: ‚Eine schärfere Verurteilung der Mietskaserne lässt sich kaum finden, als sie in den Worten des Verteidigers ausgesprochen ist, mit ihrer knappen Charakterisierung des Bausystems und ihrer ungeheuerlichen Verkennung und Herabdrückung des Standes der werktätigen Bevölkerung. Eine minderwertige Bauform für untergeordnete Kostgänger aus dem Hinterhaus – das sollte die Mietskaserne nach den Absichten ihrer Urheber sein, und das ist sie geworden. Bei der Herrschaft solcher Auffassungen bedarf es allerdings keiner weiteren Erklärung für die Herbeiführung der in Berlin herrschenden politischen Zustände.'"

Beide zitiert nach: Werner Hegemann: 1930 Das steinerne Berlin. Ullstein Berlin Frankfurt Wien 1963, S. 232 f.

Dokument 6

Die Großstadt des späten 19. Jahrhunderts und besonders Berlin wurde von Anfang an als etwas Besonderes gesehen – die einen begrüßten das Heranwachsen eines „neuen Menschentypus'", die anderen kritisierten die Zusammenballung der Menschen. Ablehnung oder Kritik gingen quer durch alle politischen Lager. Der Autor beschreibt (bereits 1903!) eine soziale Besonderheit der Großstadt, nämlich den gegenüber der „alten" Stadt veränderten Umgang der Menschen miteinander:

„Stadtluft macht frei, hieß es im Mittelalter. Das Wort gilt auch heute wieder von der Großstadt, in anderer Bedeutung freilich. Denn was zieht wohl die Leute magisch in ihren Bann? Zugegeben, in erster Linie die Aussicht auf wirtschaftliche Erfolge und daneben die kindliche Hoffnung auf ungekannte Genüsse, von denen man in der Ferne hat munkeln hören. Daneben aber doch auch noch etwas Höheres, wie jüngst mit Recht schon von anderer Seite betont worden ist: das Bedürfnis nach individueller Freiheit, das Sehnen nach ungebundener Betätigung der Persönlichkeit, nach Unabhängigkeit von Sippe und Nachbarschaft und Herrschaft. Wer hätte in der Großstadt noch nicht den eigenen Reiz empfunden, sich im Unendlichen zu verlieren und dabei sich selber erst recht zu finden? Der moderne Student weiß davon zu erzählen. Und wäre die heutige Frauenemanzipation ohne die Großstadt auch nur denkbar? Über der Freiheit aber kommt noch ein anderes Prinzip zu seinem Rechte, das allen Emporstrebenden teuer ist: die Gleichheit, so wenig dies angesichts der die Großstadt beherrschenden Klassengegensätze auf den ersten Blick auch einleuchten mag. Und dennoch! Wie schrumpfen hier die alten ländlichen Standesunterschiede zusammen, die in manchen Gegenden auch bei uns noch so mächtig sind. Die große Zahl ist es, die sie erdrückt. Und über der starren Geburtsaristokratie erheben sich unmerklich die neuen beweglichen des Geistes, des Geldes, der Arbeit.
(...)
Kein Zweifel, die Großstadt erzeugt neue Menschen, Wesen, deren hervorstechender Charakterzug höchste geistige Wachheit, deren Daseinsprinzip größte Lebensintensität in Arbeit und Genuss geworden ist. Denn, was die Existenz unserer Vorfahren so maßgebend bestimmte und sie in engen Schranken hielt, die Distanz des Raumes, in der Großstadt scheint sie überwunden, wo die Güter der ganzen Welt ausgebreitet liegen, sodass man nur die Hände danach auszustrecken braucht, und wo die wundersamsten Verkehrsmittel dem in die Fernen strebenden Geiste Flügel verleihen."

Heinrich Waentig: Die Großstadt. Vorträge und Aufsätze zur Städtebauausstellung 1903, zitiert nach: Jürgen Kuczynski: Geschichte des Alltags des deutschen Volkes, Bd. 4. Bonn 1993, S. 220 f.

Dokument 7

Die Kluft zwischen Stadt und Land wurde schon 1894 kritisch betrachtet:

„Das fabelhaft rasche Anwachsen unsrer größeren Städte geschieht nicht durch einen Überschuss an Geburten, sondern durch einen Überschuss der Einwanderung. Das Land und die kleine Stadt wandert aus nach der Großstadt. Die überwiegende Masse dieser Einwanderer besteht aber aus einzelnen Leuten, die noch keinen festen Beruf, kein eigenes Hauswesen haben, die in der großen Stadt erst ihr Glück machen wollen. Es ist ihnen daheim zu langsam vorwärts gegangen, in der großen Stadt aber hoffen sie ernten zu können, ohne gesät zu haben. (...) Nicht durch die sesshafte, sondern durch die flutende und schwebende Bevölkerung werden unsre Großstädte so ungeheuerlich. Schon diese einzige Tatsache sollte den Sozialpolitiker stutzig machen. Luxusarbeiter, Spekulanten, Lehrlinge, Gehilfen, Dienstleute, Taglöhner usw. sind es, die den Bevölkerungsziffern jener Städte so viele Nullen ansetzen. Das Proletariat ist es, das von den kleinen Städten in die großen flutet, um von dort aus Stadt und Land zu beherrschen. (...) Am stärksten aber nehmen zu Taglöhner und Gesinde.
Die ländliche Bevölkerung lebt größtenteils familienweise zusammen, die städtische dagegen zu einem starken Teile vereinzelt. Diese Vereinzelung nimmt zu, je mehr die größeren Städte Großstädte werden. Schon hier ist eine sehr bedeutende Kluft zwischen Stadt und Land gesetzt, die sich leider durchaus nicht verringert, sondern vielmehr zusehends erweitert. (...)
Das allgemeine Stimmrecht würde die bereits angebahnte Übermacht der großen Städte über das Land vollenden, während ein auf Sesshaftigkeit, eigenen Hausstand und Besitz gegründetes Stimmrecht das moderne Überwiegen der Stadt über das Land so ziemlich wieder ausgleichen würde. Die Herrschaft der Großstädte wird zuletzt gleichbedeutend werden mit der Herrschaft des Proletariats. Schon im Jahre 1840 war der 45. Preuße ein Berliner, der 35. Franzose ein Pariser und von je 15 Engländern wohnte je einer in London. In diesen Ziffern der Einwanderer vom Lande zur Großstadt liegt eine weit größere Summe von Gefahren für die individuelle Entwicklung unseres gesamten Volkslebens versteckt, als in den Ziffern der Auswanderer nach fernen Weltteilen, die freilich dem Volkswirt unheimlicher ins Ohr tönen mögen. (...)"

Wilhelm Heinrich von Riehl: Land und Leute. Stuttgart 1894/2. Zitiert nach: Jürgen Kuczynski: Geschichte des Alltags des deutschen Volkes, Bd. 4. Bonn 1993/4, S. 186

Dokument **8**

Rainer Maria Rilke:
Aus dem Stundenbuch, 1903:

Denn Herr, die großen Städte sind
verlorene und aufgelöste;
wie Flucht vor Flammen ist die größte, –
und ist kein Trost, dass er sie tröste,
und ihre kleine Zeit verrinnt.

Da leben Menschen, leben schlecht und schwer,
in tiefen Zimmern, bange von Gebärde,
geängsteter denn eine Erstlingsherde;
und draußen wacht und atmet deine Erde,
sie aber sind und wissen es nicht mehr.

Da wachsen Kinder auf an Fensterstufen,
die immer in demselben Schatten sind,
und wissen nicht, dass draußen Blumen rufen
zu einem Tag voll Weite, Glück und Wind, –
und müssen Kind sein und sind traurig Kind.

Da blühen Jungfraun auf zum Unbekannten
und sehnen sich nach ihrer Kindheit Ruh;
das aber ist nicht da, wofür sie brannten,
und zitternd schließen sie sich wieder zu.
Und haben in verhüllten Hinterzimmern
die Tage der enttäuschten Mutterschaft,
der langen Nächte willenloses Wimmern
und kalte Jahre ohne Kampf und Kraft.
Und ganz im Dunkel stehn die Sterbebetten,
und langsam sehnen sie sich dazu hin;
und sterben lange, sterben wie in Ketten
und gehen aus wie eine Bettlerin.
(...)
Die großen Städte sind nicht wahr; sie täuschen
den Tag, die Nacht, die Tiere und das Kind;
ihr Schweigen lügt, sie lügen mit Geräuschen
und mit den Dingen, welche willig sind.
(...)
Die Städte aber wollen nur das Ihre
und reißen alles mit in ihren Lauf.
Wie hohles Holz zerbrechen sie die Tiere
und brauchen viele Völker brennend auf.

Und ihre Menschen dienen in Kulturen
und fallen tief aus Gleichgewicht und Maß,
und nennen Fortschritt ihre Schneckenspuren
und fahren rascher, wo sie langsam fuhren,
und fühlen sich und funkeln wie die Huren
und lärmen lauter mit Metall und Glas.

Es ist, als ob ein Trug sie täglich äffte,
sie können gar nicht mehr sie selber sein;
das Geld wächst an, hat alle ihre Kräfte
und ist wie Ostwind groß, und sie sind klein
und ausgeholt und warten, dass der Wein
und alles Gift der Tier- und Menschensäfte
sie reize zu vergänglichem Geschäfte.

Rainer Maria Rilke: Gesammelte Gedichte. Frankfurt/Main 1962, S. 101 ff.

Müllhalde in Charlottenburg; die schnell gebaute Stadt im Hintergrund (um 1910), Foto: Heinrich Zille

Arbeitsanregungen

- **Welche gesellschaftlichen Entwicklungen führten zum schnellen Wachstum der Städte?**
- **Welche wirtschaftlichen Faktoren waren für die Art des Stadtwachstums entscheidend und wie drückten sie sich in der Stadt aus (z. B. Mietskasernen?)**
- **Eine städtebauliche Ordnung schafft Orientierung in einer Stadt. Sie beinhaltet aber auch immer eine gesellschaftliche Ordnung – *eine* Ordnung und eine *Ordnung*. Wie sah die in der Stadt des späten 19. Jahrhunderts aus? Wie kann die in einer demokratischen Gesellschaft aussehen, die die individuelle Verwirklichung so hoch einschätzt wie die unsere?**
- **Rainer Maria Rilkes Gedicht ist die Klage eines bürgerlichen Dichters. Kann man daraus über die Klage hinaus weiterführende Konzepte ablesen?**

Weitere Aufgabenstellungen und ausführlichere Dokumente unter www.akh.de, www.aknw.de und www.denkmalschutz.de im Internet.

1.5 Kurze Geschichte der Stadtentwicklung in Deutschland

Die Stadt nach dem Zweiten Weltkrieg

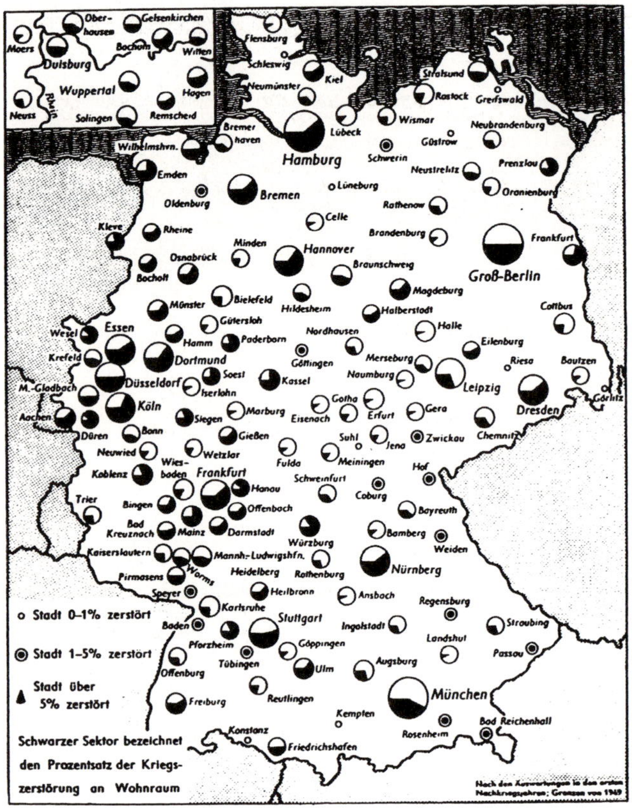

Karte der Kriegszerstörungen der deutschen Städte

In Ost und West waren nach 1945 die Städte zerstört, hatten die Bomben vor allem dicht besiedelte Wohngebiete getroffen und vernichtet; rund 600 000 Tote hatte es als unmittelbare Folge der Bomben gegeben. 400 Millionen Tonnen Trümmerschutt waren zu beseitigen, von 18,8 Millionen Wohnungen vor dem Krieg waren 4,8 Millionen total zerstört. Fast 50 Städte Deutschlands hatten mehr als 50 % ihres Wohnraumes verloren.

Die Überlegungen zum Neuaufbau waren in der Bundesrepublik wie in der DDR in mancher Hinsicht ähnlich: Die dichte Bebauung des 19. Jahrhunderts, die die Angriffsfläche für den Bombenkrieg geliefert hatte, wurde abgelehnt, Grund und Boden mussten für einen neuen Städtebau verfügbar gemacht werden: Die Formulierungen über die Sozialverpflichtung des privaten Eigentums waren in der Verfassung der Bundesrepublik und der DDR praktisch wortgleich.

Der „Kalte Krieg“ aber, der Gegensatz eines kapitalistischen westlichen und eines sozialistischen östlichen Wirtschafts- und Ideologiesystems mit je einem mächtigen „Brudervolk“, führte schnell zu unterschiedlichen Lösungen. Im Westen war das die „organische Stadt“, die weitläufige „Stadtlandschaft“ mit ihren frei schwingenden Straßen, im Osten hingegen

Das zerbombte Hamburg im Juni 1947.
Die von den Trümmern geräumten Straßen werden zu „Wohngrundstücken“ für Behelfswohnungen.

Gegenüberstellung von alt und neu als Argumentation für den neuen Städtebau

sollten auf der ästhetischen Grundlage „nationaler Traditionen" (Arbeiter-)Wohnungen in den Zentren gebaut werden; dort wurden mit Blockrand- und Straßenrandbebauung Elemente eines konservativen Städtebaus fortgeschrieben.

Es wurde von den Stadtplanern nicht erkannt, dass das Problem der Stadt im 19. Jahrhundert, gegen die sich beide Konzepte richteten, nicht primär die städtebauliche Form war, sondern die wirtschaftliche Grundlage: Bei einem höheren Einkommen und damit einem sinkenden Anteil, der für Miete benötigt wird, sinkt die Belegungsdichte von Wohnungen und Stadtvierteln automatisch, ohne dass sich etwas am Stadtgrundriss ändern müsste.

In dem Augenblick andererseits, in dem das Recht aller Menschen auf eine menschenwürdige Wohnung anerkannt wird, führen die zu schaffenden Wohnflächen zu einer nie gekannten Ausdehnung der Stadt: Die Wohnfläche pro Person liegt in Deutschland bei knapp 43 m^2, in Spanien bei 23 m^2! Wer „Urbanität" mit vielen Menschen auf den Straßen gleichsetzt, muss das gedanklich berücksichtigen.

Die Beispiele Sennestadt und Eisenhüttenstadt: Zwei deutsche Idealstädte nach 1945?

Die Aufbruchsstimmung nach 1945 und der Ost-West-Konflikt wird am Bild zweier Stadtgründungen nach 1945 sichtbar gemacht.

Die Sennestadt, heute ein Stadtteil von Bielefeld, auf der einen, Eisenhüttenstadt auf der anderen Seite stehen exemplarisch für unterschiedliche Konzepte. Beide Städte sind weitläufig bebaut; das Schlagwort im Westen war das von der „gegliederten und aufgelockerten Stadt", die in „organische" Nachbarschaften unterteilt sein sollte. Eisenhüttenstadt war in „Wohnkomplexe" gegliedert, die zwar eine andere architektonische Form hatten als die in der Sennestadt, denen aber das gleiche Gliederungsprinzip in ablesbare Gemeinschaften zugrunde lag.

Sennestadt

(Stadtplanung Hans Bernhard Reichow, Fritz Eggeling 1955–1965)

Beim Bau einer neuen Stadt für 20000 bis 30000 Einwohner in der Nähe von Bielefeld entwickelten die Stadtplaner ein Konzept einer „autogerechten Stadt" mit einer „organischen" Gliederung der Straßen, die abgestuft von der Fernstraße bis zum Wohnweg kreuzungsfrei den Verkehr bewältigen sollten.

Die Wohnbauten standen, nach der Himmelsrichtung und damit der richtigen Belichtung der Wohnungen orientiert, in Zeilen locker im Gelände; ihre Architektur entspricht einem bescheidenen, die fünfziger Jahre prägenden, noch recht konventionellen Stil: Nur im Zentrum gibt es einige Hochhäuser – Zeichen einer neuen Zeit.

Was von den Stadtplanern der Moderne des 20. Jahrhunderts an der Stadt des 19. Jahrhunderts zu Recht kritisiert wurde, war die Gesundheit gefährdende Enge. Was heute an der Sennestadt oder vergleichbaren Städten und Quartieren kritisiert wird, ist deren zu große Weitläufigkeit – beide Konzepte haben nicht funktioniert. Das Problem der Enge hat sich durch den wachsenden Wohlstand für alle gelöst, der dazu führte, dass die Wohnungen nicht mehr so dicht belegt werden mussten. Zudem wurden die Familien kleiner. Es waren also ökonomische und soziale Entwicklungen, die unabhängig von Architektur und Städtebau wirksam waren und diesen in der wahrgenommenen Qualität veränderten.

Das Zentrum von Sennestadt Mitte der 1950er Jahre

Eisenhüttenstadt
in den 1950er Jahren

Eisenhüttenstadt

(Stadtplanung: Kurt W. Leucht 1953–1964)

Eisenhüttenstadt, ehemals Stalinstadt, ist der erste und einzige Versuch, eine sozialistische Stadt auf deutschem Boden zu planen. „Sozialismus", das wurde nach dem Zweiten Weltkrieg – noch vor der Erfahrung mit der DDR – als Ideal von vielen Menschen ernst genommen und umzusetzen versucht. Diese neue Gesellschaft brauchte auch eine neue Stadtform als gebautes Symbol gesellschaftlichen Zusammenlebens – ein Ideal nach der Katastrophe des Nationalsozialismus.

Geplant wurde eine „Arbeiter-Idealstadt", der gebaute Versuch, die Überlegenheit des sozialistischen Systems zu zeigen – ein Modell im Wettkampf der Systeme, der von Beginn an die beiden deutschen Staaten prägte.

Das Bild der Stadt ist einfach zu lesen: Die Nord-Süd-Magistrale verbindet das Eisenhüttenkombinat (dessentwegen die Stadt überhaupt gebaut wurde) mit dem Zentralen Platz, eine Ost-West-Achse Bahnhof und Kulturpark. In den vier Feldern liegen die Wohnkomplexe 1 bis 4*: Blockrandbebauung aus drei- bis fünfgeschossigen Wohnbauten mit großzügigen, durchgrünten Innenhöfen und einem durchgehenden Fußwegsystem, das die Höfe zu halböffentlichen Bereichen macht. Der Blick die Straßen entlang wird am Stadtrand durch öffentliche Bauten wie Schulen und Krankenhäuser gefangen. Allerdings: Die Qualität der zuerst gebauten „Arbeiterpaläste" als Wohnungen konnten nicht durchgehalten werden, der Zentrale Platz wurde nie mit den geplanten gesellschaftlichen Bauten bestückt – es zeigte sich, dass der Sozialismus mehr Anspruch als Wirklichkeit blieb.

* Der 4. Wohnkomplex wurde später gebaut als die ersten drei.

Bilanz 1945

Dokument 1

„Am Ende des Krieges waren 13 Millionen Menschen in Deutschland obdachlos, hatte es knapp 600 000 Tote durch die Luftangriffe gegeben; es gab 400 Millionen Kubikmeter Trümmer; von 18,8 Millionen Wohnungen waren 4,8 Millionen zerbombt.
(…)
Ein Land, ein Volk in Trümmern. 3 Millionen tote Soldaten, knapp drei Millionen Vermisste, über eine halbe Million Opfer des Bombenkrieges. Ein bis zwei Millionen Menschen starben auf der Flucht, verhungerten, wurden verschleppt oder nach der Kapitulation noch getötet. Eine historisch nie gekannte gigantische Völkerwanderung: Zwölf Millionen Flüchtlinge suchten eine neue Heimat, davon acht Millionen im Gebiet der westlichen Besatzungszonen (…).
Staatliche Zukunft? Neues Bauen? Alles zunächst einmal keine Themen: ‚Man muss solchen Illusionen gegenüber feststellen, dass (…) (Deutschland) in fünfzig Jahren kaum noch dreißig Millionen Einwohner zählen wird. Denn die Älteren sterben vorzeitig (…), die Zahl der Neugeborenen wird abnehmen, denn wer mag Kinder zeugen, wenn ihnen das Leben keine Chance mehr bietet, dezimierend werden auch die unzulänglichen Wohngelegenheiten, die Seuchen und Ernährungsschwierigkeiten wirken' schrieb ein Städtebautheoretiker; er dürfte damit die Mehrheitsmeinung getroffen haben."

Gert Kähler: Ein JahrHUNDERT BAUTEN in Deutschland. dva Stuttgart 2001, S. 104, 110

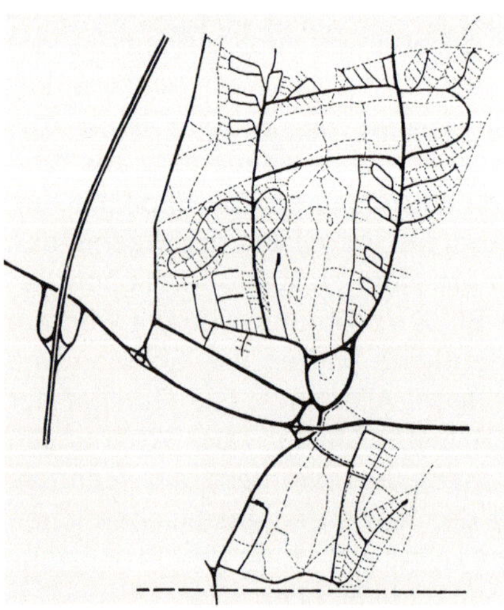

Straßenplan von Sennestadt, der die Differenzierung verschiedener Straßen – von der Autobahn bis zur Wohnstraße – zeigt. Die versetzten Kreuzungen sollten Unfälle im Sinne einer „autogerechten Stadt" vermeiden.

Die neue Stadt im Westen – Sennestadt

Dokument 2

Die „gegliederte und aufgelockerte Stadt" bildete das städtebauliche Ideal der 1950er Jahre, eine „Stadtlandschaft" sollte das Ergebnis sein – weg von der „Mietskasernenstadt" des 19. Jahrhunderts:

„Die mangelhafte Durchlüftung des geschlossenen umbauten Blocks, die schlechte Belichtung und die ungünstigen Grundrisse der in den Ecken liegenden Wohnungen geben bald Anlass, den rings umbauten Block zu öffnen (…). Mit der Lösung der Wohnbebauung von der Straße, der Einführung des Zeilenbaus und der einseitigen Erschließung der Zeilen ist auch der leiseste Anschein ‚umbauten' Straßenraumes und der letzte Rest des ‚Baublocks' aufgelöst; die wichtigsten Formelemente des überlieferten Städtebaues haben sich aus rein rationalen, ‚praktischen' Überlegungen heraus als ungeeignet für moderne Wohnbebauung erwiesen. (…) Zwischen den frei stehenden Zeilen strömt nun das Grün in die Stadt, nicht mehr in einzelne Höfe eingesperrt oder auf ‚öffentliche Parks' beschränkt, sondern als zusammenhängender grenzenloser Landschaftsraum, in dem die einzelnen Wohnhäuser als frei stehende Körper aufgehen. Diese Neuerung, die ein ganz neues Raumgefühl voraussetzt und verwirklicht, ist für alle Hausformen – vom Einfamilienhaus bis zum Hochhaus – von gleicher grundsätzlicher Bedeutung."

Roland Rainer: Die Behausungsfrage. Wien 1947, S. 18 f.

Dokument 3

„Die Trennung der Verkehrswege zwischen Fußgänger und Auto, die kreuzungsfreie Führung der Straßen, die Anordnung der Wohnbauten nach der Himmelsrichtung, nicht nach der Straßenführung, das differenziert ‚verästelte' Straßensystem – alles das sollte die demonstrative Abkehr von einer ‚Herrschaftsachse', die Ablehnung des ‚unhygienischen' Blocks markieren, sollte Offenheit und soziale Verantwortung durch Betonung des ‚normalen' Wohnungsbaus symbolisieren, sollte eine ‚demokratische Stadt' bilden.
Es ging, man kann es nicht genug betonen, nicht um die Zerstörung des Städtischen, sondern um eine neue Stadt für neue Menschen in einer demokratischen, auf gleichberechtigter Teilhabe aller beruhenden Gesellschaft! Ihr Symbol war der Volkswagen – bescheiden, praktisch, dauerhaft."

Gert Kähler: Ein JahrHUNDERT BAUTEN in Deutschland. dva Stuttgart 2001, S. 104, 114

Dokument 4

„Der Minimalkonsens der gelockerten und gegliederten Stadt schien eminent vernünftig, und dennoch hat er rasch zu einer neuen Fehlentwicklung beigetragen. Schon in den Jahren, da der Wiederaufbau in den Innenstädten erst begann, diente er als Rechtfertigung für den Drang von wirtschaftlichen Interessen, den Aufbau vom Zentrum in die Trabantenstädte zu verlegen. Große Hoffnungen knüpften sich damals noch an die Trabantenstädte, die sich an den neuen englischen Städten inspirierten (…) Um zu große Verdichtung in den Innenstädten zu vermeiden, wurde Verdichtung in den Peripherie-Suburbien vorangetrieben und das Signal zu übereilter Zersiedlung der Landschaft gegeben. Der sonntägliche Ausflugsstrom in die Vorstädte war wohl schon damals eine Illusion."

Klaus von Beyme: Der Wiederaufbau. R. Piper Verlag München 1987, S. 74

Rathaus und zentraler See von Sennestadt heute

Wohnquartier heute

Die neue Stadt im Osten – Eisenhüttenstadt

Dokument 5

Der Historiker Klaus von Beyme vergleicht zunächst die rechtliche Voraussetzungen West und Ost:

„Schienen die Startbedingungen in der DDR auch angesichts der länger andauernden Demontagen anfangs noch ungünstiger als im Westen, so hatte sie in der rechtlichen Regelung der Städtebaupolitik gewisse Vorteile durch die Option für ein sozialistisches Bodenrecht, von dem im Westen auch nichtmarxistische Stadtplaner nur träumen konnten. Der Unterschied der beiden deutschen Staaten tritt kaum zu Tage, wenn man nur die Kurzformeln über die ‚Sozialpflichtigkeit des Eigentums' in den beiden Verfassungen von 1949 vergleicht: Der Wortlaut unterschied sich kaum: Art. 14,2 GG erklärte: ‚Eigentum verpflichtet. Sein Gebrauch soll zugleich dem Wohle der Allgemeinheit dienen.' Art. 24,1 der DDR-Verfassung von 1949 paraphrasierte: „Eigentum verpflichtet. Sein Gebrauch darf dem Gemeinwohl nicht zuwiderlaufen.' Mit der negativen Formulierung klang die DDR-Version sogar weniger entschlossen in der Bodenfrage als der Wortlaut des Grundgesetzes.
Erst im folgenden Absatz offenbarten sich die unterschiedlichen Vorstellungen der Verfassungsgeber. Im Grundgesetz wird die Enteignung an ein Gesetz gebunden. Ein weiteres Gesetz muss die Entschädigung regeln. In der DDR hingegen war die entschädigungslose Enteignung für den Fall, dass ‚Missbrauch des Eigentums zur Begründung wirtschaftlicher Machtstellung' vorliegt, vorgesehen. ‚Eigentum von aktiven Nationalsozialisten, Monopolorganisationen und Großgrundbesitz über 100 ha' waren von der Eigentumsgarantie ausgenommen. Einschränkungen des Individualeigentums konnten durch einfache Gesetzgebung oder Verordnungen vorgenommen werden."

Klaus von Beyme: Der Wiederaufbau.
R. Piper Verlag München 1987, S. 273 f.

Dokument 6

Die Gründung von Eisenhüttenstadt, das ursprünglich Stalinstadt hieß:

„Eine ganz neue Stadt war die ab 1951 gebaute Stalinstadt, seit 1961 Eisenhüttenstadt genannt. Sie galt als erste sozialistische Wohnstadt der DDR und war für die Werktätigen des Eisenhüttenkombinats J. W. Stalin, ab 1961 Eisenhüttenkombinat Ost, gedacht. Dabei handelte es sich um eine geschlossene, an Vorbildern barocker Stadtbaukunst erinnernde Anlage für ungefähr 30 000 Einwohner. Ein großer zentraler Platz bildete den Mittelpunkt. Die Magistrale verband die Stadt mit dem Werk. Eine geschlossene Blockbebauung mit geräumigen Wohnhöfen dominierte. In einem der Wohnhöfe befand sich ein Kindergarten. Doch schon in den sechziger Jahren wurde das für Eisenhüttenstadt ursprünglich entwickelte Konzept einer zentrierten Stadt aufgegeben und vermehrt das Umland in die Bebauung einbezogen. Aus der angepeilten Anzahl von 30 000 BewohnerInnen waren 1968 schon 42 500 geworden. In den siebziger Jahren mussten weitere Wohnzeilen errichtet werden, was mit einer zunehmenden Verdichtung der Bewohnerzahl pro Fläche verbunden war."

Adelheid von Saldern: Häuserleben.
J. H. W. Dietz Nachfolger Bonn 1995, S. 320

Dokument 7

Der Historiker Christoph Kleßmann beschreibt, welche Fortschrittsgedanken sich mit dem Aufbau Stalinstadts verbanden:

„Der Aufbau von Stalinstadt gehört in den Kontext des ersten Fünfjahrplans, der 1950 verabschiedet wurde und in einer großen Kraftanstrengung die Überwindung der Kriegsfolgen mit der Grundlegung einer neuen Gesellschaft als Antwort auf die angebliche ‚Spaltungspolitik der Imperialisten' verbinden sollte. Städtebauplanung war aber noch kaum wirklich in diesen Fünfjahrplan integriert. Die ebenfalls 1950 auf der Basis sowjetischer Erfahrungen verabschiedeten ‚16 Grundsätze des Städtebaus' boten nur vage Orientierung. Der Druck zum großzügigen Neubau von Städten und Trabantenstädten war angesichts der demographischen Entwicklung in der DDR deutlich geringer als in der Bundesrepublik. Andererseits faszinierte die politische Möglichkeit zum sozialistischen Experiment. Das Bodenrecht erleichterte solche Experimente, die ideologisch in die Tradition der progressiven Rolle gehörten, die Karl Marx wie ebenso Lenin der Stadt zugewiesen hatten (...) Walter Ulbricht formulierte diese Fortschrittsphilosophie am 7. Mai 1953, dem Tag, an dem die Wohnstadt des EKO den Namen Stalinstadt erhielt: ‚Mehr Eisen und Stahl durch die Arbeit im Kombinat bedeutet, dass wir mit der Produktion von Mähdreschern, Rübenkombines usw. beginnen werden, das bedeutet, dass wir es fertig bringen, die fortschrittlichste Bodenbearbeitung durchzuführen und die kapitalistischen Länder in zwei bis drei Jahren zu überholen.'"

Christoph Kleßmann: Zwei deutsche Städte – zwei deutsche Nachkriegsgesellschaften.
In: Rosmarie Beier (Hrsg.): aufbau west aufbau ost. Die Planstädte Wolfsburg und Eisenhüttenstadt in der Nachkriegszeit.
Gerd Hatje Ostfildern 1997, S. 28 f

Dokument 8

Der Name der neuen Stadt sollte zunächst „Friedensstadt" sein, bevor er in „Stalinstadt" geändert wurde. Er ist auch propagandistisches Instrument, wie überhaupt der Bau der neuen Stadt als Sieg des Sozialismus begleitet wurde; erst nach dem Arbeiteraufstand am 17. Juni 1953 konnte Kritik auch offiziell geäußert werden:

„Ruhig und raumgreifend ist der Schritt, mit dem er das große neue Werktor hinter sich lässt, dessen Stirnseite in goldenen Buchstaben die Inschrift: ‚Eisenhüttenkombinat J.W. Stalin' trägt. Seit heute steht diese Inschrift dort, seit dem 7. Mai 1953. Sieghaft grüßt hoch von der Spitze des Tores der fünfzackige rote Stern. Rote Sterne grüßen am herrlichen Festtag der Namensgebung für Westeuropas modernstes Hüttenwerk auch von den vier Hochöfen, die dichte weiße Wolken in den Himmel stoßen. Der Wind treibt sie schließlich fern ab vom Werk, fern ab von der Wohnstadt. Es ist eine doppelte Feier. Auch diese Stadt erhält den Namen Stalins.
Etwas langsamer, ruhiger schreitet der Mann in das weite Gelände des jungen und doch schon riesigen Werkes hinein. Der feierliche Ernst seiner Gesichtszüge ist einem gütigen, väterlichen Ausdruck gewichen. Zart spielt der Wind mit den Silberfäden seines Haupthaares. Grünumgebene Frühlingsblumen heben ihre Köpfe höher, die Amseln im nahen Forst schlagen heller: Stalin schreitet durch das Kombinat."

Günter Hartwig: Eisenhüttenkombinat J.W. Stalin. Neuer Tag vom 7.5.1953

Namensverleihung „Stalinstadt" durch Walter Ulbricht und sowjetische Gäste (7. Mai 1953)

Dokument 9

Bericht über eine Stadtverordnetenversammlung am 7.7.1953 (nach dem Arbeiteraufstand am 17. Juni, der sich auch auf Eisenhüttenstadt auswirkte):

„Helmut Dahinten, 1. Kreissekretär der Sozialistischen Einheitspartei Deutschlands:
– Die Stalinstadt ist weiter nichts als eine Ansammlung von Häusern, es fehlt aber alles das[,] was zu einer Stadt gehört. Durch die Presse ist uns bekannt, dass Studiengruppen in der Sowjetunion waren, die den Städtebau dort studierten. Was haben diese Menschen dort drüben studiert, hier merkt man nichts davon. 20 000 Menschen sitzen hier auf einem Fleck und sind angewiesen auf die Kneipen der umliegenden Dörfer und die paar zweifelhaften Lokale in Fürstenberg. Warum haben wir kein Kulturhaus[,] und wenn es auch nur improvisiert ist?
Das Schlangestehen der Bevölkerung beim Einkaufen ist schon zur Regel geworden. Bei uns in der Stadt gibt es weiter nichts als eine Ladenstraße; dort spielt sich das ganze Leben ab. Diese Ladenstraße besteht aber aus 5 Geschäften, vor deren Türen sich riesige Menschenschlangen bilden, die dort einkaufen.
Die Beratungen[,] die wir in Berlin geführt haben[,] waren vollkommen sinnlos. Die Pläne kommen nachher hier anders an[,] als wie wir sie in Berlin vorgeschlagen und beraten haben. (…)
Ein Arbeiter, der als Gast anwesend war, sagte:
– (…) In der ganzen Stadt gibt es außerdem einen einzigen Briefkasten[,] und ebenso fehlen die öffentlichen Bedürfnisanstalten. Wenn jemand austreten will in der Stadt, und das ist ja immerhin bei 20000 Menschen und bei den sich sonst am Tage von auswärts aufhaltenden Arbeitern keine Seltenheit, dann muss man irgendwo in eine Wohnung gehen und fragen, ob man austreten kann. (…)
Ein Stadtverordneter, Oberrat der Volkspolizei[.] sagte u.a.:
– Wenn über der Stalinstadt ein Gewitter ist, dann gehen die Menschen in den Häusern in die Keller. Zweimal hat es schon eingeschlagen. Es gibt in der ganzen Stadt nicht einen einzigen Blitzschutz[,] und die Flachdächer bieten gerade bei Gewitter eine ernste Gefahr. (…)
Die anwesenden Frauen brachten zum Ausdruck, dass sie manchmal tagelang saure Milch bekommen und nicht wissen, was sie ihren Kleinstkindern zu trinken geben sollen. (…)"

Rosmarie Beier (Hrsg.): aufbau west aufbau ost. Die Planstädte Wolfsburg und Eisenhüttenstadt in der Nachkriegszeit. Gerd Hatje Ostfildern 1997, S. 166

Magistrale von Eisenhüttenstadt, Projekt von 1957

Städtebau in Ost wie West in der Kritik

Dokument 10
Der Bauhistoriker und Architekturkritiker Bruno Flierl betrachtet den Wandel im Städtebau der DDR von der eher traditionellen Blockbebauung zum industrialisierten Plattenbau. In einem 1990 erstmals veröffentlichten Text schrieb er:

„In den verschiedenen Etappen ihrer Entwicklung gab es in der DDR oft sehr unterschiedliche, ja gegensätzliche Haltungen zum Umgang mit dem Alten: nacheinander, aber auch gleichzeitig. Am Anfang war in den 16 ‚Grundsätzen des Städtebaus' (1950) die Rede von der ‚Berücksichtigung der historisch entstandenen Struktur der Stadt bei Beseitigung ihrer Mängel' (Grundsatz 5). Gleichzeitig wurde das Lied gesungen: ‚Weg mit den Trümmern und was Neues hingebaut!' Was da jeweils als ‚Mängel' und als ‚Trümmer' angesehen werden sollte, war natürlich auslegbar. (...) Immerhin: In den 50er Jahren war mit der Orientierung auf den *Wiederaufbau und eine Architektur der nationalen Traditionen* – nicht zuletzt gerade wegen des im Krieg eingetretenen Verlustes an historischer Bausubstanz – bei allem Streben nach selbstbewusster Setzung des *Neuen,* die Sorge um die Kontinuität der Stadt noch lebendig. Das wurde in den 60er Jahren anders, als im Glauben an den *wissenschaftlich-technischen Fortschritt* und an den *Sieg des Sozialismus* im Städtebau der DDR – besonders bei der forcierten Umgestaltung der Stadtzentren – die Inszenierung des *Neuen* gegen das *Alte* zur städtebaulichen Devise wurde und nicht selten auch zur Beseitigung des Alten führte.
Dies geschah – von Fällen der Inkompetenz abgesehen – in der Regel nicht aus Bösartigkeit und Kulturlosigkeit, sondern aus bornierter Fortschrittsideologie, die sich der Vergangenheit so sehr überlegen fühlte, dass sie ihrer materiell und ideell nicht mehr bedurfte und also die Vorbereitung der Zukunft bedenkenlos mit dem Verschwinden der Vergangenheit bezahlte. Das gab es in diesem Jahrzehnt in anderen Ländern auch."

Bruno Flierl: Gebaute DDR. Über Stadtplaner, Architekten und die Macht. Verlag für Bauwesen Berlin 1998, S. 9

Dokument 11
Ja, das möcht'ste – Der Frankfurter Stadtbaurat Hanns Adrian beschrieb 1972 die Not der Städtebauer angesichts der widersprüchlichen – hier karikaturistisch überzeichneten – Wünsche ihrer Bürger wie folgt:

„‚Das Leitbild, das wir von einer Stadt haben, ist eine mittelalterliche Stadt mit Fernheizung, aber ohne kirchliche oder feudale Herrschaft, eine bürgerliche Repräsentationsstadt des 19. Jahrhunderts ohne Hinterhäuser, eine Stadt mit Autofahrverbot für die jeweils anderen, eine Stadt ohne Industrie, ohne Banken, ohne Beton, ohne Büros – allerdings mit gleichmäßig hohem Einkommen für alle.' So kennzeichnet Frankfurts Stadtbaurat H. Adrian 1972 die Not der Städtebauer angesichts der Wünsche ihrer Bürger und zeigt damit, dass Leitbilder für eine moderne Stadtentwicklung nicht aus vermeintlichen Vorteilen historischer Städte aufsummiert werden können."

Zitiert nach: Jürgen Hotzan: dtv-Atlas zur Stadt. München 1994, S. 63

Arbeitsanregungen

- **Kann man eigentlich das „Sozialistische" oder das „Kapitalistische" an den beiden Städten ablesen? Woran?**
- **Wenn man sich die Beispiele vom Mittelalter bis heute ansieht: Kann man erkennen, wie eine demokratische Stadtplanung als gezeichneter Plan heute aussehen muss? Oder geht es nicht vielmehr um demokratische Planungs- und Entscheidungsprozesse?**
- **Muss man sich eine Stadt so vorstellen, dass jede Zeit eine ihrer Gesellschaftsform entsprechende Stadtplanung addiert? Wie fügt diese sich dann an vorhergehende Epochen an? Oder muss man heute akzeptieren, dass man das geschichtliche Erbe – Lübeck mit seinen engen Straßen, Karlsruhe mit seiner Ausrichtung auf einen Herrscher – eben bewahren muss, was konkret heißt: Wir Heutigen müssen eben Kompromisse eingehen?**
- **Kann man die Kritik von Hanns Adrian an den utopischen und sich widersprechenden Wünschen der Bürger und den Anforderungen nachvollziehen, die sie an „ihre" Stadt stellen? Welche grundlegenden Bedürfnisse muss eine Stadt erfüllen – und widersprechen die sich vielleicht sogar?**
- **Heute kämpfen viele Städte, nicht nur in Ostdeutschland, mit dem Problem sinkender Bevölkerungszahlen und den Folgen für die Stadt. Auf der anderen Seite steht der ungebrochene Trend vieler Familien mit Kindern, an den Stadtrand zu ziehen – mit allen Folgen für die notwendige Infrastruktur und die ökologischen Folgen: Pendler, Bodenversiegelung etc. Stellen Sie in Form einer Tabelle die Vor- und Nachteile der Stadtkonzepte zusammen.**

Weitere Aufgabenstellungen und ausführlichere Dokumente unter www.akh.de, www.aknw.de und www.denkmalschutz.de im Internet.

Weitere Beispiele

Sanierung Marburg:
Augustinergasse 1,
vor und nach der Sanierung

Umgang mit der alten Stadt: Rothenburg o. d. Tauber

Rothenburg ob der Tauber ist eine Große Kreisstadt in Bayern. Die Stadt ist bekannt für ihre gut erhaltene Altstadt aus dem Mittelalter mit vielen verschachtelten Gässchen und kleinen Plätzen, umstanden von Fachwerkhäusern – der Inbegriff der „mittelalterlichen Stadt“. Sie ist ein Anziehungspunkt für Touristen und dient als Vorbild für eine „typische deutsche Stadt“ (ihre Motive werden vor allem gerne in asiatischen Filmproduktionen verwendet). Die Stadt hat rund 11 000 Einwohner und 430 000 Übernachtungen von den rund 2 Mio. Touristen im Jahr, lebt also vorwiegend vom Tourismus. Weil das so ist, wird die Altbausubstanz – unter strenger Denkmalschutzkontrolle – ständig gepflegt. Dabei besteht die Gefahr, dass das Bild, das wir uns heute von der mittelalterlichen Stadt machen, deren tatsächliche Substanz überdeckt (Beispiel: Wenn der ursprünglich vorhandene Putz von den Fassaden geschlagen wird, weil das darunter liegende Fachwerk viel „echter“ aussieht).

Rothenburg o. d. Tauber

Umgang mit der alten Stadt: Sanierung, Marburg

(GEWOS; Freie Planungsgruppe Berlin; Stadt Marburg [Konzeption und Planung]; versch. Architekten seit 1968)

Wenn die alten Stadtviertel nicht mehr als unbrauchbar und unsozial abgerissen werden, weil man ihren speziellen Wert erkennt, zudem die rechtlichen Schutzmöglichkeiten vorhanden sind, dann steht der Denkmalschutz bei jeder Sanierung eines Teils einer Stadt auf dem Plan, obwohl beide – Sanierung und Denkmalschutz – nicht identisch sind.
Eines der ältesten und komplexesten Sanierungsvorhaben ist das der Marburger Altstadt, das schon seit 1968 verfolgt wird. Dabei ging es nicht nur um die Reparatur historischer Bausubstanz, sondern um eine umfassende Revitalisierung eines ganzen Stadtviertels mit dem Erhalt der vorhandenen Nutzungsmischung und Bewohnerstruktur. Neben dem Plan für eine schrittweise, über viele Jahre geplante Verbesserung der Bausubstanz, die nach technischen, baurechtlichen und ökonomischen Gesichtspunkten den Abriss von 73 % der Altstadt gerechtfertigt hätte, gab es von vornherein einen „Sozialplan“, der die Bedürfnisse von Alten, Familien mit Kindern, Studenten, Gewerbetreibenden, Haus- und Grundbesitzern und Mietern versuchte, ins Gleichgewicht zu bringen. Darüber hinaus wurde ebenfalls sehr früh bereits eine Bürgerinformation und Öffentlichkeitsarbeit betrieben, die die Sanierungsschritte nachvollziehbar machen sollte, um für deren Akzeptanz zu werben. 1968 war das neu und für viele Verwaltungen revolutionär, heute ist das Vorgehen in fast jeder Stadt selbstverständlich und im Städtebauförderungsgesetz förmlich geregelt.

Marktplatz Hildesheim – öffentlicher Raum

Die Stadt Hildesheim wurde im Krieg schwer zerstört, einschließlich des Marktplatzes, der von mittelalterlichen Fachwerkbauten umstellt war, deren eines das bedeutende „Knochenhaueramtshaus“ war. In den 1950er Jahren wurde nach heftigen Diskussionen gegen einen Wiederaufbau entschieden und der Platz auf das Doppelte vergrößert; die neue Bebauung atmete den Geist der 1950er Jahre. Sie konnte nie die Gemüter der alteingesessenen Bürger gewinnen, die sich – wie die Dresdner nach der Frauenkirche – immer nach dem alten Platz und den alten Häusern sehnten. Schließlich wurde Anfang der 1980er Jahre nach mehreren Wettbewerben und heftiger Diskussion eine Lösung gefunden, die zwar die Bürger und Touristen zufrieden stellte, von den meisten Architekten und Denkmalpflegern jedoch heftig abgelehnt wurde: Die alte Platzform wurde wieder hergestellt, ein Hotelbau der 1950er Jahre abgerissen, an dessen Stelle wurde das Knochenhaueramtshaus nach Fotos rekonstruiert, ein weiteres Fachwerkhaus wurde als Attrappe vor die Fassade der Sparkasse geblendet.

Hildesheimer Markt nach der Umgestaltung

Das Neue Hamburg (Stadt der 1920er Jahre)

Die Architekten und Stadtplaner nach dem Ersten Weltkrieg wandten sich – mit unterschiedlichen Konzepten – gegen die Stadt des 19. Jahrhunderts. Der Hamburger Oberbaudirektor Fritz Schumacher wollte als Stadtplaner nicht die Großstadt abschaffen; er wollte sie reformieren durch neue, durchgrünte und durchlüftete Stadtquartiere, die sich je um einen eigenen Kern gruppieren. So wurden neue „Inseln" durch neue Wohnquartiere geschaffen, die eine neue Wohnqualität für eine große Breite der Bevölkerung schufen. Architektonisch allerdings wurden diese durchaus abgesetzt von der Bebauung des 19. Jahrhunderts, indem ein roter Klinker als einheitliches Material von unterschiedlichen Architekten verwendet wurde – eine Moderne mit traditionellem Einschlag.

Laubenganghäuser Hamburg-Dulsberg (Paul A.R. Frank, 1928/29)

Frankfurt-Römerstadt (E. May, H. Boehm, W. Bangert 1927/28)

Prinzipalmarkt Münster – öffentlicher Raum

Das Zentrum der Stadt Münster war im Krieg stark zerstört worden. Eine intensive Diskussion um die Frage entbrannte, ob und in welcher Form das alte Straßennetz übernommen und die Häuser in ihrer alten Gestalt wieder errichtet werden sollten. Die Entscheidung fiel zugunsten einer Lösung, die Straßen und Bauhöhen aufnahm, die Bauten selbst aber nur in ähnlichen, gegenüber den historischen stark reduzierten Formen neu baute. Die Denkmalschützer kritisierten diese Lösung, weil sie nicht klar genug zwischen „echter" und „falscher" Historie unterschied. Ein anderes, noch problematischeres Beispiel ist Mainz, wo bei der Platzrandbebauung vor dem Dom „historische" Fassaden frei erfunden wurden – das Problem: Heute vermag das niemand mehr zu erkennen, weil die Patina des Alters auch diese neu-alten Bauten vereinnahmt hat – der heutige Besucher hält die Bauten für „historisch".

Der Prinzipalmarkt in Münster nach dem Wiederaufbau

Das Neue Frankfurt (Stadt der 1920er Jahre)

Die Wohnungsnot nach dem Ersten Weltkrieg führte dazu, dass sich zum ersten Mal der Staat für die Schaffung von Wohnraum für alle verantwortlich fühlte: Ein durch eine „Hauszinssteuer" teilweise finanzierter Wohnungsbau für breite Teile der Bevölkerung kam in Gang, der der Zahl der Wohnungen nach mit der Vorkriegszeit vergleichbar, der Qualität nach jedoch unvergleichlich besser war: im Hinblick auf die Ausstattung, die hygienischen Bedingungen, vor allem durch die geringere Belegung. Regional gab es aber ganz unterschiedliche Konzepte: Ein „neues Jerusalem", eine strahlend weiße Stadt der Verheißung eines besseren Lebens am anderen Ufer der Nidda – so stellen sich die Siedlungen des *neuen bauens* in Frankfurt am Main in den historischen Fotos dar – Ausdruck dessen, dass die neue Stadt als geschlossene Einheit gesehen wird, die sich gegen die schreckliche, chaotische Stadt des 19. Jahrhunderts abgrenzen muss. Für die Bewohner war das Neue aber durchaus nicht immer akzeptabel – die wollten nicht in einem „gebauten Manifest" wohnen (oder gar in einer „Versuchssiedlung"), die wollten einfach: wohnen (Stadtplanung: Ernst May).

2 Wohnungsbau oder das Selbstverständliche bewahren?

2.1 Schwerpunkte der Wohnbaugeschichte in Deutschland

Dorf und Bauernhaus – für heute brauchbar?

Im Zusammenhang mit der Behandlung des Lebens im Mittelalter kann man an der Fortschreibung bis in die Gegenwart hinein belegen, wie das Gestern Teil des Heute wurde. Der Zeitsprung zwischen Mittelalter und heute, zwischen Dorf und Pendlersiedlung verweist zudem auf die geänderten soziologischen Verhältnisse.

Fachwerkbauten als typische Bauweise – die Ausfachungen gemauert oder mit Weidengeflecht und Lehm hergestellt

Es gab und gibt eine Vielzahl unterschiedlicher Dorfformen. Falsch ist die Vorstellung, Dörfer und Städte des Mittelalters seien „natürlich gewachsen"; sie waren vielmehr in ihren unterschiedlichen Formen die Antwort auf gesellschaftliche Strukturen, funktionale Anforderungen, klimatische und geografische Bedingungen, gebaut im Rahmen des technisch Möglichen.

Der Begriff des Dorfes selbst war nicht von der Zahl der Einwohner abhängig; vielmehr kennzeichnete ein Dorf die gemeinsame wirtschaftliche Grundlage der Bewohner in der landwirtschaftlichen Produktion: Die Einwohnerschaft bestand mehrheitlich aus Bauern, die sich als Teile einer Gemeinschaft mit gleichen Fragen und Problemen begriffen – *alle* Bauern waren gleichermaßen von den klimatischen Bedingungen abhängig.

Ebenso ist die Entwicklung unterschiedlicher Typen von Bauernhäusern keine Frage von „Geschmack" oder dem Gefühl für „Schönheit", sondern eine der Zweckmäßigkeit im Gebrauch, der Rücksicht auf geografische und klimatische Bedingungen, der wirtschaftlich verfügbaren Ressourcen und der Möglichkeit, diese mit einfachen handwerklichen Mitteln zu verarbeiten. Erst mit der zunehmenden gesellschaftlichen Differenzierung bildeten sich Spezialisten für bestimmte Aufgaben aus, Handwerker, die auch komplizierte Aufgaben beim Hausbau bewältigen konnten. Die Bauern waren es gewohnt, handwerkliche Arbeiten selbst ausführen zu können; eine arbeitsteilige Gesellschaft von „Spezialisten" ist ein städtisches Phänomen.

Ein Dorf als gebautes Bild von gemeinsamen Grundlagen

In der Typologie gab es große Unterschiede: Im norddeutschen Raum von Westfalen bis Mecklenburg wohnte die bäuerliche Familie mit dem Vieh unter einem Dach („Wohn-Stall-Haus"), in Mittel- und Süddeutschland waren Viehhaltung und Wohnung meist getrennt (Ausnahme war das „Schwarzwaldhaus"); schon im frühen Mittelalter wurden dort mehrgeschossige Bauten hergestellt, die kleinere Grundflächen haben konnten. Ein Grund für die zwei unterschiedlichen

Linke Seite:
Rolf Disch: Wohnbebauung
„Am Lindenwäldle", Freiburg 1986

Bau- und Lebensprinzipien dürfte sein, dass „auf dem platten Land“ große, ebene Grundstücksflächen zur Verfügung standen. Die Gruppierung eines Bauernhofes in bergigem oder hügeligem Gelände ist bei mehreren Einzelbauten (Wohnhaus, Speicher, Stall) einfacher, weil man auf die Topografie Rücksicht nehmen kann.

Die Bauernhäuser wurden in den meisten Regionen als Fachwerkbauten konstruiert, teilweise mit einem steinernen Sockel: Wald für die Balken war überall vorhanden, und das Holz konnte man leichter bearbeiten als den Stein. Der Bau einer Behausung mit Hilfe eines Fachwerks gehört zu den ältesten Techniken der Menschheit. Überall, wo es Holz gab, wurden – im Einzelnen sehr unterschiedliche – Fachwerkkonstruktionen entwickelt, wobei Mitteleuropa und Deutschland eine besonders eindrucksvolle Bandbreite unterschiedlicher Formen und Konstruktionen aufweisen.

Das grundlegende Prinzip besteht darin, dass ein tragendes Gerippe aus Holz aufgestellt wird, dessen „Gefache“, die Wandflächen, mit einem nicht tragenden Material – vom Lehm bis zum Ziegel – ausgefüllt wird. Die konstruktiven Teile sind auch bei unterschiedlichen regionalen Ausprägungen des Fachwerks in der Regel gleich: Auf das Fundament werden Schwellen („Bundschwellen“) gelegt, die die Grundfläche des Hauses definieren. Darin eingezapft werden Ständer, also senkrechte Stützen. Den oberen Abschluss eines Geschosses bildet der den Schwellen entsprechende Rahmen („Rähm“), auf dem die Deckenbalken aufliegen. Um die Konstruktion bei seitlichem Druck, zum Beispiel durch Windlasten, zu stabilisieren, werden diagonale Aussteifungen eingefügt („Fuß-“ oder „Kopfbänder“).

Die Fachwerkkonstruktion hat sich als äußerst stabiles statisches System erwiesen, eben weil die Verbindungen nicht vollständig steif sind – das Holz kann sich Setzungen im Fundament oder unterschiedlichen Belastungen anpassen, was man an vielen „schiefen“ alten Fachwerkhäusern sehen kann („Holz arbeitet“). Die ältesten erhaltenen Fachwerkbauten in Deutschland reichen ins 13. Jahrhundert zurück! Ein falsches Verständnis wäre es aber, den Fachwerkbau als Schönheitsideal der Bürger zu verstehen („Wir bauen mit Fachwerk, weil wir das schön finden!“). In einigen Regionen war im Gegenteil das Fachwerk gar nicht sichtbar, weil der gesamte Bau verputzt war – als Schutz der Balken oder auch, weil man den Eindruck erwecken wollte, der Erbauer könne sich ein steinernes Haus leisten. Heute schlägt man den Putz ab, weil wir das alte Fachwerk schöner finden – die Denkmalschützer finden das unangemessen; außerdem gibt es Probleme mit der Haltbarkeit.

Viele Menschen träumen heute vom Leben auf dem Lande. Sie meinen damit nicht ein Leben als Bauern, sondern den Umbau eines alten (Bauern-)Hauses für ihre modernen Wohnzwecke und eine Lage unweit der Stadt, in der sie arbeiten. Entsprechend haben sich viele Dörfer im Umkreis der großen Städte inzwischen zu „Pendler-Vorstädten“ entwickelt – übrigens eine Tendenz, die überall in Mitteleuropa verbreitet ist, weil die Zahl der landwirtschaftlichen Betriebe abnimmt und die Bauern Arbeit in der Stadt suchen müssen. Die traditionsreichen Bauernhöfe – Wohnhäuser, Ställe, Scheunen – werden durch die Wohnnutzungen der neuen Eigentümer erhalten.

Die Nutzung eines alten (Fachwerk-)Hauses ist nicht nur eine Frage der konstruktiven Beständigkeit – die ist vielfach das geringste Problem. Viel schwerer sind die neuen technischen Anforderungen zu lösen: Wie geht man mit Wärmedämmung und modernen Fensterkonstruktionen um, wie mit Leitungsführungen für Wasser, Heizung und Strom, wenn man so viel wie möglich vom ursprünglichen Charakter bewahren will, um dessentwillen man das Haus ja erworben hat?

Eines sollte man sich immer vor Augen führen: Die Erbauer des ursprünglichen Hauses waren Pragmatiker mit Sinn für einfache, sinnfällige und schöne Lösungen. Sie haben sich nie gescheut, bei anderen Anforderungen andere Lösungen zu verwirklichen.

Quedlinburg, Weingarten 22: Behindertenwohnungen
Die Laubenganggalerie aus Glas und Holz wurde im Jahr 2001 vor die drei nebeneinander stehenden alten Fachwerkhäuser geblendet. Von dort sind die abgeschlossenen Wohneinheiten für Behinderte bequem zugänglich. Die ältesten Fachwerkdetails an dem Bautenensemble sind 400 Jahre alt. (Arch.: Ulrich von Damaros)

Ein Beispiel: Das ehemalige, in seinem Bestand gefährdete Bauernhaus in Herbrechtingen-Eselsburg wurde von neuen Eigentümern erworben und in vorbildlicher Weise als Denkmal bewahrt. Der einfühlsame Umgang mit der Originalsubstanz, insbesondere innerhalb des bäuerlichen Wohnbereichs, sowie ein Anbau, der dem ursprünglichen Grundriss entspricht, haben entscheidend dazu beigetragen, dass die Authentizität des Gebäudes bewahrt und an historisch richtiger Stelle erlebbar bleibt. Dass der Anbau in einer zeitgemäßen Architektursprache ausgeführt wurde, macht die besondere Qualität des „Weiterlebens" des Gebäudes aus.

Umnutzung und Anbau an ein Bauernhaus in Herbrechtingen-Eselsburg
(Arch.: Günter Schmitt + Ptn. / Biberach a. d. Riss)

Bäuerliches Wohnen und Arbeiten in vorindustrieller Zeit

Bäuerliches Leben im Winter
(Stundenbuch des Simon Bening, Anfang 16. Jh.)

Dokument 1

Keine Frage – ein direkter Vergleich zwischen dem Wohnen vor dem Dreißigjährigen Krieg und dem heute verbietet sich; der Vergleich des Wohnhauses eines Bauern und eines Städters müsste zeitgleich stattfinden. Dennoch vermittelt eine Beschreibung wie diese über das Mobiliar eines Bauernhauses einen Eindruck von der Härte des Landlebens:

„Das dürftige Mobiliar des Bauernhauses ist bald aufgezählt. Ein Gerüst zum Trocknen von Wäsche und Kleidern, das Ofenrick, das an der Stubendecke in der Nähe des Ofens angebracht ist und aus ein paar Stangen besteht, lernen wir durch Bilder des 15. und 16. Jahrhunderts kennen, es findet sich wenig verändert auch in der bürgerlichen Haushaltung; schlichte Bretter an den Wänden der Stube und Kammer und der Aufsatz über der Tür dienen, den kleinen Hausrat, Schüsseln, Näpfe und Krüge darauf zu stellen; an Holzpflöcken, in der Wand angebracht, hängen Kleider, ländliches Werkzeug und Waschfass samt Handtuch. Hauptmöbel aber der Stube bilden Tisch und Bänke. Der Tisch ist nicht das leichte Speisegestell der kleineren Tischgesellschaften in vornehmen Haushaltungen, sondern so groß, dass die gesamte bäuerliche Familie darum Platz hat, ruht auf vier Stollen oder häufiger auf einem Gestell mit schräg gekreuzten Beinen, daher er den Namen Schragen empfängt, und steht entweder fest in der Mitte der Stube, denn die Bauern tanzen darum, oder er ist, wie spätere Bilder gewöhnlich zeigen, in eine Ecke gerückt und leicht zu entfernen. Als gewöhnlichstes Sitzgerät dienen die Bänke, auf denen man auch liegt, auch Schemel (...)
Ein Hauptmöbel ist das Bett, das uns in mehrfacher Art, schlichter und reicher, entgegentritt. Die Bettstelle kann (...) ein einfaches Brettergerüst sein, pritschenartig, mit Bettstücken belegt (...). Die Bettstücken sind Strohbreite oder Strohsack, Polster und Kissen, sowie Zudecke, Decklaken; die Bettwäsche aber ist in den bäuerlichen Haushaltungen nicht immer vorhanden, obwohl sie umso nötiger war, als man gänzlich unbekleidet schlief. Wenn das bäuerliche Bett sich so an Bequemlichkeit dem der anderen Kreise nähert und bei der weit verbreiteten Gänsezucht namentlich ein Reichtum an Federbetten den Stolz der Bäuerin ausmacht, so muss sich doch bäuerliches Gesinde und bäuerliche Armut mit viel dürftigerem Nachtlager begnügen, mit dem bloßen Strohsacke, der auf die Erde gelegt wird, selbst mit einfachem Stroh, und ihre Bettdecken bilden alte Säcke. Geringen Gästen wird die Ofenbank in der Stube als Nachtlager angewiesen; aber auch vornehme müssen mit einem Strohlager vorlieb nehmen."

Moritz Heyne, zitiert nach: Jürgen Kuczinsky: Geschichte des Alltags des deutschen Volkes, Bd. 1. PapyRossa Verlag Köln 1991, S. 332

Dokument 2

Aus einer Ortschronik, die noch etwas vom Leben in vorindustrieller Zeit vermittelt:

„Zur Bedeutung der Landwirtschaft schrieb 1817 Ortsvorsteher Christoph Böhlen: ‚Außer einigen Handwerkern als Schmiede, Schneider, Schuhmacher und Maurern besteht alles in Ackerleuten und Tagelöhnern ...‘ Fast alle Dorfbewohner, auch Lehrer und Pfarrer, lebten in irgendeiner Weise von der Landwirtschaft.
Die Ländereien waren 1818 zu drei Vierteln in Privat- und zu einem Viertel in Gemeindebesitz. Der Gemeindebesitz teilte sich auf in Bruch, Koppelweide sowie ‚Driesch‘. Sommerfrucht, Winterfrucht und Brache wechselten jährlich. Die Gemeindewiesen nutzten alle gemeinsam als Viehweide. Einen Teil ihrer Einnahmen erzielte die Gemeinde durch gemeinsame unentgeltliche Bewirtschaftung ihrer Ländereien und Verkauf der Erträge. Für diesen Zweck wurde 1778 von Eissen eine Gemeindescheune gekauft.
Immer wieder kam es durch Viehseuchen wie Bräune, Fäule und Drüsenkrankheit und durch Missernten (schlechtes Wetter, Mäusefraß, Kartoffelkrankheit) zu großer Armut. 1856 zerstörte das bislang schwerste Hagelunwetter innerhalb von fünf Minuten die gesamte Ernte. Pfarrer Lünz berichtet: ‚... so schrecklich, dass man nicht mehr am anderen Morgen [erkennen konnte], was auf den Feldern gestanden hatte.‘ “

http://www.warburg.net/doessel/expo/landwirt/htm

Dokument 3

Dass trotz der neuen Nachfrage gerade in so genannten strukturschwachen Gebieten viele alte Dörfer und Höfe verfallen oder gar abgerissen werden, beschreibt ein Denkmalpfleger:

„Jedes Jahr werden allein in Bayern zwischen 3 und 8 Prozent der historischen Bauernhäuser abgebrochen. Die Dunkelziffer ist hoch, denn vieles geschieht illegal. Wenn wir so weiter machen, ist der Tag nicht weit, wo unser Land ein uninteressantes Neuland werden muss, ein Land ohne Unterschiede, ohne Gesicht und ohne Geschichte, vom Grauschleier einer uniformen Häuserkolonie überzogen. Ist es so gleichgültig, ein Zuhause abzustreifen, wie man die Tracht abgelegt hat, wie Truhen und Kästen in den Ofen wanderten? Ist Wohnen nur noch eine Äußerlichkeit? Eine Mode? – War nicht immer für den Bauern nur das Beste gut genug, und wenn es bloß um den Kauf einer Sense ging? – Beim eigenen Haus tut es plötzlich auch das Mittelmäßige. Wenn die munteren Vertreter von cleveren Haustürfirmen im Hof stehen und rustikales Glück und pflegeleichte, ewig junge Wohnkultur versprechen, dann ist die geschnitzte Eichentür, die sieben Generationen schon dem Haus dient, nur noch graues Aschenputtel gegen das künstliche, pseudokostbare Geglitzer der 100 000 mal gesehenen Fabriktür aus dem Katalog.
Wo ist der Bauernstolz geblieben, die Freude am schönen Besitz? – Ist der Hof nicht täglicher Arbeitsplatz der ganzen Familie – ist nicht der Bauer der letzte in der modernen Industriegesellschaft, der keine Nummer ist in einem Betrieb, sondern rund um sein Haus wirtschaften kann? Der seine eigene Welt bestellt und bestimmen kann, wie sie aussieht (...)?“

Dieter Wieland: Bauen und Bewahren auf dem Lande. Deutsches Nationalkomitee für Denkmalschutz, Bonn 1996(9), S. 7

Der Abtritt in einem Bauernhaus

Hier war einmal ein Dorf.
Jetzt liegt hier eine Durchfahrtsstraße.

Das unveränderte Alte ist heute ein Fall für die Freilichtmuseen (Gutachhaus im Schwarzwald).

Arbeitsanregungen

- **Was spricht dafür, was dagegen, alte Gebäude, die längst nicht mehr modernen Standards entsprechen, zu erhalten? Damit zusammenhängend:**
- **Was mögen Motive dafür sein, dass ein neuer Eigentümer eine alte Scheune, ein altes Haus erwirbt, obwohl die doch „unmodern“ besonders in technischer Hinsicht sind?**
- **Was kann einem privaten Eigentümer an Lasten aufgebürdet werden, die aus einem gesellschaftlichen, einem öffentlichen Interesse entspringen (nämlich bei der Verpflichtung des Eigentümers zum Erhalt und der denkmalpflegerisch sorgfältigen, möglicherweise aber teureren Erneuerung)?**
- **Welche Motive mag es dafür geben, warum die ursprünglichen Eigentümer die Häuser oft wesentlich rigoroser „modernisieren“ und damit verschandeln als die Städter, die die Häuser zweckentfremdet, nämlich nicht mehr als Bauernhaus nutzen?**

Weitere Aufgabenstellungen und ausführlichere Dokumente unter www.akh.de, www.aknw.de und www.denkmalschutz.de im Internet.

2.2 Schwerpunkte der Wohnbaugeschichte in Deutschland

Bürgerliches Wohnen – Arbeiterwohnen: Leben in der Stadt, 2. Hälfte des 19. Jahrhunderts

Die so genannten „Gründerzeitviertel" der Stadt aus der Zeit um 1900 zählen heute zu den beliebtesten Stadtquartieren – schöne Wohnungen, zentrale Lage: Aus heutiger Sicht scheint es unverständlich, warum die Stadtplaner des 20. Jahrhunderts und die Architekten der Moderne diese so vehement abgelehnt haben. Um das zu verstehen, muss man sie aus der damaligen Realität heraus betrachten: Es ging um das Wohnen einer Klassengesellschaft mit extremen gesellschaftlichen Unterschieden.

Gründerzeitquartier Hamburg, um 1910

Die in der ersten Hälfte des 19. Jahrhunderts rasch fortschreitende Industrialisierung mit der Ablösung der Manufaktur durch die Fabrikarbeit ließ eine Verbindung von Arbeiten und Wohnen in einem Haus schon praktisch nicht zu; der Kaufmann hatte zu viele Waren, die hätten im Haus gelagert werden müssen, Fabrikbesitzer, Bergwerksdirektor, Reeder oder höherer Beamter hatten jetzt zur Arbeit zu gehen: Ihre Arbeitsplätze wurden in neuen Bautypen – Kontorhäuser, Verwaltungsbauten – gebündelt. Es entstanden „reine" Wohnviertel und Quartiere der Arbeit – die „City" für die Büros, die Fabrikareale für die Arbeiter.

Die Dominanz des durch den öffentlichen Stadtraum (Straße und Platz) geprägten Baukörpers über den Zuschnitt einzelner Räume einer Wohnung ist eines der Hauptmerkmale des Mietwohnhauses im 19. Jahrhundert. Denn dieses Haus war ein Ergebnis städtebaulicher Zielvorstellungen: Erst wurden die Straßen und Plätze festgelegt, denen dann die Häuser zu folgen hatten. Das Ergebnis war die von Fassaden gesäumte Straße mit ihrem charakteristischen, geschlossenen Profil. Sie war Zeichen für eine eindeutige Abgrenzung von privatem und öffentlichem Raum, was man schon daran erkennen kann, dass die Häuser zur öffentlichen Straße hin reich verziert waren, zum privaten Hof aber meistens nur schlicht verputzt – Repräsentation, Darstellung von gesellschaftlichen Unterschieden nach außen, zu dieser Gesellschaft hin!

Den typologischen Kern der bürgerlichen Wohnung im mehrgeschossigen Haus, in Größe und Lage je nach Einkommensverhältnissen differenziert, bildete die Repräsentation. Was sich die Arbeiterfamilien nicht leisten konnten, was sie aber auch nicht zur Selbstdarstellung in der Gesellschaft benötigten, bildete einen wichtigen Teil des bürgerlichen Lebens. Dabei spielte die Lage des Stadtviertels – die „Adresse" – ebenso eine Rolle wie die Fassade, der Hauseingang, das Treppenhaus und die Abfolge von zur Straße gelegenen, meist durch Schiebetüren verbundenen Zimmern. Räume wie Esszimmer, Salon, Herrenzimmer waren streng funktionalisierte Einheiten, denen auf der Rückseite des Hauses Schlafräume und der Personalteil mit der Küche gegenüberstanden – die waren nicht wichtig und lagen nach hinten.

Der Anlass der Repräsentation, ihr Ausdruck war nicht das tägliche Leben einer bürgerlichen Familie, bei dem der Familienvorstand zur Arbeit ging, die Frau des Hauses den Haushalt organisierte und das Dienstmädchen auf die Kinder aufpasste und kochte – sofern man keine eigene Köchin hatte. Vielmehr waren die zur Straße gelegenen, meist drei durch Schiebetüren zu verbindenden Räume der gutbürgerlichen Wohnung ihr eigentlicher Kern und wurden streng funktional genutzt; das Fest, die Einladung von Gästen, das Vorzeigen von Wohnung und Familie nach außen hin waren das Wichtigste und definierte den gesellschaftlichen Wert: Wenn Besuch kam, wurde er an der Haustür empfangen, im Vorraum entledigte er sich seiner Garderobe, wurde dann ins Empfangszimmer geleitet, wo man bei einem Aperitif stand, bis zum Essen im nächsten Raum gerufen wurde. Nach dem Essen trennten sich Männer von Frauen; die Männer rauchten und redeten über Geschäfte, die Frauen übers Personal. Dass heute die Neutralität dieser Räume besonders geschätzt wird – man kann „alles" mit ihnen machen –, ist eine ironische Verkehrung deren eigentlichen Zweckes.

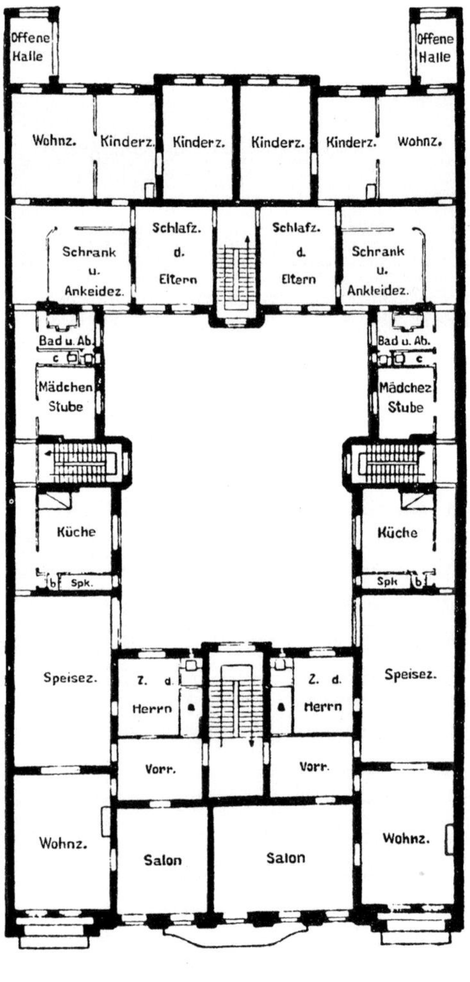

Grundriss eines bürgerlichen Mietshauses (2. Hälfte des 19. Jh.)

Da es keinen staatlich organisierten Wohnungsbau gab, wurde der von privaten Investoren geleistet, die maximalen Gewinn erzielen wollten. Sie zielten mit ihren Angeboten auf die unterschiedliche Klientel – Terraingesellschaften erschlossen ganze Villenquartiere, während innerstädtisch eher das mehrgeschossige Mietshaus des „Rentiers" im Vordergrund stand, das seinem Nachbarn ähnlich, aber nicht gleich sah. Die Arbeiterquartiere wurden in der Regel möglichst billig gebaut; der „Trockenmieter" bekam seine abfällige Bedeutung (das waren Arbeiterfamilien, die Wohnungen für geringe Mieten bezogen, die noch nicht einmal ausgetrocknet und beheizt waren). Die Mieten waren im Verhältnis zu den Löhnen hoch, die Fluktuation groß.

Das Wohnen des Proletariats, der Arbeiterschaft, unterschied sich grundlegend vom bürgerlichen Wohnen – genauso, wie ihr gesellschaftliches Verhalten. Die Arbeiter hatten nichts zum Repräsentieren, ganz einfach, weil sie nichts oder nur sehr wenig besaßen. Ob sie sich allerdings nicht genauso verhalten hätten wie die bürgerlichen Schichten, wenn sie es sich hätten leisten können – das ist eine andere Frage; die Einrichtung einer „guten Stube", die nur bei Besuch oder zu Weihnachten benutzt wurde, war bei Facharbeiterfamilien durchaus üblich; dafür rückte man dann in der Küche zusammen …

Die Belegungsdichte in den Arbeiterquartieren war nach heutigen Maßstäben unvorstellbar: Die Familien hatten viele Kinder, die Miethöhe erzwang, dass sie eng zusammenwohnten, und wenn man jene nicht aufbringen konnte, mussten noch Untermieter aufgenommen werden. Ein Zimmer für jedes Kind – davon konnte man damals nur träumen; ein Schlafzimmer für die ganze Familie war keineswegs ungewöhnlich. Warmes Wasser? Badezimmer? Häufig lagen die Toiletten nicht innerhalb der Wohnung, sondern auf dem Treppenpodest oder gar auf dem Hof; gewaschen wurde sich an der Wasserstelle in der Küche. Die Folge dieser ungesunden Verhältnisse waren typische Arbeiterkrankheiten wie Tuberkulose, Rachitis oder Rheuma. Deshalb gab es in wilhelminischer Zeit Bestrebungen zur Verbesserung der Hygiene und zur Belüftung der Städte. Deren Motiv war aber weniger philanthropischer Natur; vielmehr fürchtete der Staat um die Wehrfähigkeit seiner jungen Männer.

Übrigens: Auch heute noch kann man, nach Stadtvierteln unterteilt, unterschiedliche Chancen gesunden Lebens feststellen: So hat eine Untersuchung ergeben, dass man in den gehobenen Vorstadtvierteln Berlins eine um fünf Jahre höhere Lebenserwartung hat als in Kreuzberg oder im Wedding!

Berlin: Arbeiterwohnen – Bürgerwohnen: Immobilienspekulation als ideale Wohnform?

Die „Mietskasernenstadt", mit der meistens Berlin verbunden wird, zählt heute zu den beliebtesten Wohngegenden. Sie war zum Zeitpunkt ihres Entstehens eine höchst komplexe, wenn auch stark durch Bauvorschriften wie gesellschaftliche Normen reglementierte Wohnform, mit deren Hilfe viel über das Leben im Wilhelminismus vermittelt werden kann.

Die Schaffung von Wohnraum, soweit er nicht dem eigenen Bedarf dient, war bis 1918 immer ein Spekulationsobjekt. Private Bauherren bauten für einen freien Wohnungsmarkt, um Gewinne zu erzielen. Es ist eigentlich erstaunlich, dass diese Wohnungen und Wohnquartiere heute so außerordentlich beliebt sind – und zwar beide: die bürgerliche Wohnung und die Arbeiterwohnung, Berlin-Charlottenburg und Berlin-Kreuzberg. Das hat auf der einen Seite damit zu tun, dass aufgrund anderer wirtschaftlicher Verhältnisse die Belegung eine völlig andere ist; wo früher 10 Personen gewohnt haben mögen, sind es heute oft nur noch zwei; dennoch gibt es viele Wohnquartiere jener Jahre, die – zumindest unsaniert – heute günstige Mieten bieten. Es liegt aber auch daran, dass diese Quartiere eine klare städtebauliche Ordnung vermitteln, ohne dass sie monoton wirkten: Die Straße, der öffentliche Raum ist eindeutig definiert, die Fassaden der einzelnen Häuser auf ihren gleich großen Parzellen sind einheitlich, aber nicht gleich. Außerdem liegen diese Quartiere günstig zu den Stadtzentren. Und schließlich bieten die Wohnungen selbst große, individuelle Gestaltungsmöglichkeiten.

Bürgerliche Villa in Berlin (A. Messel 1899–1901)

Wohnzustände um 1890 – die Villa

Dokument 1
Theodor Fontane beschreibt in seinem in Berlin spielenden Roman eine großbürgerliche Villa, wie sie ein neureicher Industrieller sich gebaut hatte:

„Die Treibel'sche Villa lag auf einem großen Grundstück, das, in bedeutender Tiefe, von der Köpnicker Straße bis an die Spree reichte. Früher hatten hier in unmittelbarer Nähe des Flusses nur Fabrikgebäude gestanden, in denen alljährlich ungezählte Zentner von Blutlaugensalz und später, als sich die Fabrik erweiterte, kaum geringere Quantitäten von Berliner Blau hergestellt worden waren. Als aber nach dem Siebziger Kriege die Milliarden ins Land kamen und die Gründeranschauungen selbst die nüchternsten Köpfe zu beherrschen anfingen, fand auch Kommerzienrat Treibel sein bis dahin in der Alten Jakobstraße gelegenes Wohnhaus (...) nicht mehr zeit- und standesgemäß und baute sich auf seinem Fabrikgrundstück eine modische Villa mit kleinem Vorder- und parkartigem Hintergarten. Diese Villa war ein Hochparterrebau mit aufgesetztem ersten Stock, welcher Letztere jedoch, um seiner niedrigen Fenster willen, eher den Eindruck eines Mezzanin[1] als einer Beletage[2] machte. (...)
Die Nähe der Fabrik, wenn der Wind ungünstig stand, hatte freilich auch allerlei Missliches im Geleite; Nordwind aber, der den Qualm her antrieb, war notorisch selten, und man brauchte ja die Gesellschaften nicht gerade bei Nordwind zu geben. Außerdem ließ Treibel die Fabrikschornsteine mit jedem Jahre höher hinaufführen und beseitigte damit den anfänglichen Übelstand immer mehr.
Das Diner war zu sechs Uhr festgesetzt; aber bereits eine Stunde vorher sah man Huster'sche Wagen mit runden und viereckigen Körben vor dem Gittereingange halten. Die Kommerzienrätin, schon in voller Toilette, beobachtete von dem Fenster ihres Boudoirs aus all diese Vorbereitungen und nahm auch heute wieder, und zwar nicht ohne eine gewisse Berechtigung, Anstoß daran. ‚Dass Treibel es auch versäumen musste, für einen Nebeneingang Sorge zu tragen! Wenn er damals nur ein vier Fuß breites Terrain von dem Nachbargrundstück zukaufte, so hätten wir einen Eingang für derart Leute gehabt. Jetzt marschiert jeder Küchenjunge durch den Vorgarten, gerade auf unser Haus zu, wie wenn er miteingeladen wäre. Das sieht lächerlich aus und auch anspruchsvoll, als ob die ganze Köpnicker Straße wissen solle: Treibels geben heut ein Diner. Außerdem ist es unklug, dem Neid der Menschen und dem sozialdemokratischen Gefühl so ganz nutzlos neue Nahrung zu geben."

Theodor Fontane: Frau Jenny Treibel oder „Wo sich Herz zum Herzen find't". Stuttgart 1973, S. 14

1 Mezzanin: Zwischengeschoss mit geringerer Höhe in einem mehrstöckigen Gebäude
2 Beletage: 1. Obergeschoss, das als vornehmstes galt

Dokument **2**

Wohnzustände um 1890 – bürgerliches Wohnen auf der Etage

Die beschriebene Villa war der Wohnort weniger Reicher. Bürgertum und Arbeiterschaft wohnten im mehrstöckigen Mietshaus, bei sehr großen Unterschieden im einzelnen. Die Historikerin Adelheid von Saldern beschreibt:

Salon einer großbürgerlichen Sieben-Zimmer-Wohnung

„Nicht nur die Lage, sondern auch das Stockwerk gab Aufschluss über die Bonität der Familie. Denn die Größe der Wohnungen korrespondierte meist mit bestimmten Stockwerken. Der erste und der zweite Stock umfassten nicht selten Siebenzimmerwohnungen, während sich im dritten und vierten Stock die Drei- und Vierzimmerwohnungen befanden. Die Beletage zeichnete sich zudem durch einen herrschaftlichen Treppenaufgang aus. Marmorwände, Konsolen und ein roter Läufer, der sich die Treppen hinaufwand und an jeder Stufe mit Messingstangen festgehalten wurde, galten als repräsentativ. Das Treppenhaus war nur für die Familie, die in der Beletage wohnte, benutzbar. Zufällige Kontaktmöglichkeiten mit den anderen Mietern im Hause waren nicht erwünscht.
Wer genau hinschaute, dem verrieten auch die Außenfassaden den sozialen Status der Familien, die dahinter wohnten. Je reich gegliederter das oft asymmetrisch gestaltete Fassadenbild war, als desto besser situiert galten die Mieter. Je weiter man auf der sozialen Stufenleiter nach unten rückte, desto weniger aufwendig erschienen die Häuser, bis hin zu monoton wirkenden Rasterfassaden.
(...)
Überhaupt unterlag die gesamte Wohnungsaufteilung einem hierarchischen Ordnungsdenken über die Wertigkeit der einzelnen Zimmer und ihrer Bewohner. Der Repräsentationsraum, der Salon, sowie Wohn- und Esszimmer befanden sich deshalb stets an der Vorderfront des Etagenhauses mit Blick auf die Straße. Der Salon stellte mehr denn je das Zentrum der Geselligkeit dar. Er war zumeist in der Mitte der Hausfassade untergebracht, und seine Lage war auch von außen erkennbar; entweder durch einen Erker oder durch besonders große Fenster.
Durch entsprechende Grundrisse konnten zudem ganze Teilbereiche der Wohnung voneinander separiert werden. So wurden die Herrschaft von den Dienstboten getrennt, ferner die Arbeitsräume von den Repräsentationsräumen und das Zimmer für den Hausherrn von jenem für die Dame des Hauses, schließlich die Repräsentationsräume vom Privatbereich. Schlafzimmer, Kinderzimmer, Küche, Bad und Mädchenzimmer machten den rückwärtigen Teil der Wohnung aus, wobei die Räume nicht selten mit Fenstern versehen waren, die auf einen dunklen Hinterhof schauen ließen."

Adelheid von Saldern: Im Hause, zu Hause. In: Jürgen Reulecke (Hrsg.): Geschichte des Wohnens, Bd. 4. dva Stuttgart 1997, S. 174 ff.

Normales Arbeiterwohnen mit Wohnraum und Küche

Wohnzustände um 1890 – Arbeiterwohnen

Dokument 3

Adelheid von Saldern beschreibt die ökonomischen Bedingungen des Entstehens der „Mietskasernen":

„Für den durch den Urbanisierungsprozess rapide gestiegenen städtischen Wohnraumbedarf reichten die vorhandenen Unterkunftsangebote bei weitem nicht mehr aus. Neue Wohnhäuser wurden gebraucht. Der Markt reagierte in klassischer Weise: Gebaut wurde nur dann, wenn sich dies rentierte, wobei die Bauherren nicht selten sogar kurzfristige Spekulationsgewinne erwarteten. Arbeiterhäuser waren wegen der befürchteten Mietausfälle und dem häufigem Mieterwechsel keine begehrten Investitionsobjekte. Wer sich überhaupt auf diese Art Geschäft einließ, wollte wenigstens möglichst zahlreiche Wohnungen in einem Haus bzw. auf einem Grundstück untergebracht sehen. Da die einzelne Arbeiterfamilie nur eine begrenzte Mietsumme aufbringen konnte, war eine größere Anzahl von Mieterfamilien pro Haus ‚nötig', um zu der gewünschten Höhe an Einkünften zu kommen. Eine hohe Bebauungsdichte, das heißt die maximale Ausnutzung der Grundstücke, sowie eine hohe Behausungsdichte, das heißt die maximale Ausnutzung des Hauses durch Mehrgeschossigkeit, waren die Folgen dieses ökonomischen Kalküls. (…) Anders als in England gab es in Deutschland allerdings eine in die Zeit vor der Hochindustrialisierungs- und Urbanisierungsphase zurückreichende Tradition, mehrstöckige Mietshäuser zu bauen. Dies führte dazu, dass bereits Anfang der 1860er Jahre der Anteil der Einfamilienhäuser am Wohnungsbestand im Berliner Stadtgebiet unter einem Prozent lag."

Adelheid von Saldern: Häuserleben. Zur Geschichte städtischen Arbeiterwohnens vom Kaiserreich bis heute. Verlag J.H.W.Dietz Nachf. Bonn 1995, S. 42

Dokument 4

Der Begriff der „Mietskasernenstadt" entstand in Berlin, weil die größte deutsche Stadt unübersehbare Stadtviertel mit diesen neuen Wohnhäusern in dichter Bebauung hatte. Rudolf Eberstadt war einer der bekanntesten frühen Stadtplaner, die diese kritisierten:

Die Mietskaserne „bezeichnet (…) die in Berlin entwickelte Bauweise, die infolge der mit ihr verbundenen außerordentlichen Spekulationsgewinne sich einen großen Teil Deutschlands erobert hat. Der treffende Ausdruck für diese Hausform ist in Berlin geprägt; das Sprachgefühl hat auch hier die kennzeichnende Eigenschaft richtig herausgefunden. Der Begriff ‚Kaserne' enthält die Aufhebung des Einzelwesens und des Einzelwillens, und die Unterwerfung unter einen übergeordneten Zweck. Für das Wohngebäude, das jede Individualität der Bewohner verwischt und das Wohnungswesen durchaus den Zwecken der Spekulation unterwirft, konnte deshalb in der Tat keine treffendere Bezeichnung gefunden werden als die der Mietskaserne. Der Ausdruck bezeichnet den Haustypus, der in Hofwohnungen, Seitenflugeln, Quergebauden eine unterschiedslose Masse von Wohnräumen umschließt. Durch die Größe des Grundstücks, dessen Abmessungen die Wohnhausform vollständig abgestreift haben, und zugleich durch den Hausgrundriss, in dem die Einzelwohnung völlig verschwindet, ist die Mietskaserne gekennzeichnet."

Rudolf Eberstadt: Die Spekulation im neuzeitlichen Städtebau. Jena 1910, S. 183

Städtische Mischung um 1910 – Rum zum Frühstück, das Beerdigungsinstitut daneben …
Foto: Heinrich Zille.

Dokument 5

Ein Reichstagsabgeordneter der SPD beschreibt im Jahre 1890 die Lage in einem Quartier der Ärmsten:

„Auf jeden Treppenpodest gingen drei Türen, die meisten mit mehreren Schildern oder Karten behängt. In diesem Quergebäude gab es fast nur zweiräumige Wohnungen, aus Stube und Küche bestehend. Viele Mieter teilten ihre Räume noch mit Schlafburschen oder Logiermädchen.
Die Patientin meines Freundes, die Frau eines Gelegenheitsarbeiters, hatte der furchtbaren Hitze wegen die Tür der Küche, in der sie lag, und die Tür nach dem Treppenhause hin offen gelassen. Sie ruhte auf einem jammervollen Bett, das eigentlich nur aus einem Haufen zerrissenen Zeuges auf einer knarrenden, buckligen Matratze bestand.
(...)
Nur wenig ärmlicher Hausrat fand sich in dem unwohnlichen Raum. Auf der kleinen eisernen Kochmaschine standen ein paar Töpfe, die nach dem letzten Gebrauch noch nicht gereinigt waren; den einzigen Tisch bedeckten ein paar Teller und Gläser, Zeitungsblätter, Kamm, Bürste und Seifenschale, eine Schachtel mit Salbe zum Einreiben, Teller mit Speiseresten und andere Gegenstände. Der geringe Kleidervorrat der Familie hing an den Wänden; ein paar halb verblasste Familienbilder und ungerahmte Holzschnitte aus einer illustrierten Zeitung bildeten den einzigen Schmuck. Außer der Frau und ihrem Manne lebten in dieser Küche noch drei Kinder, von denen das älteste, ein Mädchen, 14 Jahre, die beiden Knaben etwa 7 und 4 Jahr alt waren, Das Bett der Kranken, die einzige sichtbare Schlafgelegenheit, war etwas quer geschoben, sodass sie von ihm aus, ohne sich zu erheben, den Wasserzapfhahn erreichen konnte; hinter dem Bett eine Kommode; in der Ecke ein Korblehnstuhl, sonst nur zwei hölzerne Schemel ohne Lehne.
(...)
In der jetzigen Wohnung hausten sie schon über sechs Monate: das sog. ‚Zimmer' war abvermietet worden, die Küche kostete ihnen danach noch ungefähr 8–9 Mark im Monat.
Wie die Familie schlief? Mann und Frau in dem einzigen Bett. Die Kinder wurden auf ausgebreiteten Kleidungsstücken untergebracht und durften erst dann ins Bett kriechen, wenn Vater und Mutter – gewöhnlich vor 5 Uhr morgens – aufgestanden waren. Die kleinsten Kinder waren jeweils in einem Korbe, gelegentlich auch, wenn die Frau zu irgendeinem Gange das Zimmer verlassen musste, in einem halbaufgezogenen Schub der Kommode gebettet gewesen.
(...) Den ganzen Hausstand musste das 14-jährige Mädchen besorgen, das stundenweise als Ausläuferin beschäftigt war. Die Frau flehte den Arzt an, sie in ein Krankenhaus schaffen zu lassen und die Kinder in das Waisenhaus zu bringen; als er ihr die Unmöglichkeit der Erfüllung dieses Wunsches klarmachte und auch darauf hinwies, dass dies doch gar nicht zu ihren sonstigen Äußerungen der Furcht vor dem ‚Spital' stimme, erklärte sie ihm, dass sie es in dem fürchterlichen Massenmietshaus kaum noch aushalten könne: Der entsetzliche Lärm, die Hitze, das Geschiebe und Gedränge der Menschen, das Poltern und Schimpfen über ihr und neben ihr und unter ihr und doch auch wieder das Gefühl der vollständigen Vereinsamung in dieser Karawanserei sei in den letzten Tagen so übermächtig in ihr geworden, dass sie fürchte den Verstand zu verlieren und sich aus dem Fenster zu stürzen. Wenn nicht ihr Blick auf die spielenden Kinder gefallen wäre, hätte sie das vielleicht schon getan. (...)"

Reichstagsabgeordneter Albert Südekum (SPD) um 1890; in: Jens Flemming u. a.(Hrsg.): Quellen zur Alltagsgeschichte der Deutschen 1871–1914. Darmstadt 1997

Der Schlafbursche. Zeichnung von Heinrich Zille (um 1910).

Dokument 6

Die Wohnungen der Arbeiterschaft – auch diese entsprechend den unterschiedlichen Einkommen mit einer großen Bandbreite – unterschieden sich von den bürgerlichen nicht in erster Linie durch ihre Fassadenästhetik oder die Grundrisse, sondern vor allem durch die Größe und die Belegung. Adelheid von Saldern beschreibt die Unterschiede im Selbstverständnis des Proletariats:

„Auch waren Öffentlichkeit und Privatheit, im Unterschied zu den Verhältnissen bei besser gestellten Facharbeiterfamilien, nicht voneinander getrennt. Es gab keine abgegrenzte Privatsphäre, keine hinter verschlossenen Türen gelebte Sexualität, da man viel zu dicht beieinander wohnte. Wie die fehlende Intimität und Privatheit selbst erfahren wurde, ist schwer zu sagen; allerdings sollte nicht vergessen werden, dass Intimität und Privatheit historisch gewachsene Bedürfnisse und nicht natürliche Konstanten sind. Das Bedürfnis nach Intimität und Privatheit entwickelte sich in den einzelnen Klassen und Schichten historisch gesehen sowieso in ungleichzeitiger Weise.

Umzug einer Arbeiterfamilie um 1910. Foto: Heinrich Zille, Ausschnitt

In einer Zeit, in der das Bürgertum sowie die gehobenen Facharbeiterfamilien an solche Bedürfnisse bereits gewöhnt waren, lebte die untere Arbeiterschicht in einer völlig anderen Alltagswelt.
Zur ‚Kultur der Armut' gehörte auch eine sozial vermittelte Feindseligkeit gegenüber dem Bürgertum und der Staatsgewalt. Dies lag zum einen an den Konflikten, die sich durch die kleinkriminellen Formen der Selbstbehauptung (Diebstähle etc.) ergaben, zum andern aber auch an ihrer bloßen Existenz als einer sozialen Gruppe, die anders war, anders lebte, und sich anders artikulierte, als die ‚Hüter der Ordnung' dies für notwendig erachteten. Ein besonderes Ärgernis stellte der Hang zur Gewalttätigkeit dar."

Adelheid von Saldern: Häuserleben.
Zur Geschichte städtischen Arbeiterwohnens vom Kaiserreich bis heute.
Verlag J.H.W. Dietz Nachf. Bonn 1995, S. 83

Dokument 7

Die Folgen solcher Wohnbedingungen für die gesamte Gesellschaft beschreibt der Stadtplaner und Stadtkritiker Werner Hegemann im Jahre 1911 – es war der Versuch, die bürgerlichen Schichten aufzurütteln:

„Ein Mensch jedoch, der dauernd so lebt oder sich gar an diesen Zustand gewöhnt, und sich in ihm wohl befindet, schlägt den selbstverständlichen Forderungen der Hygiene ins Gesicht, er ist krank oder muss es werden; da er dadurch seine schon ohnedies geringen Erwerbskräfte noch weiter herabdrückt, ist keine Möglichkeit vorhanden, dass er für die Kosten seiner Krankheit selber aufkommt. Er ist oder wird also, schon rein materiell, eine Bürde, ein Schädling für seine Mitmenschen. Kinder, die in solchen Verhältnissen geboren und groß werden, sind von vornherein der öffentlichen Fürsorge in irgendeiner Form geweiht. Aber in einem noch ganz anderen Sinne sind die Opfer schlechter Wohnungsverhältnisse im höchsten Grade gemeingefährlich. Da ihnen nichts genommen werden kann, sondern da im Gegenteil selbst das Zuchthaus kein unkomfortableres, im Gegenteil ein gesundheitlich weit vorzuziehendes Unterkommen verglichen mit ihrer jetzigen Wohnlage bedeuten muss, bilden sie eine Armee von Desperados, einen sozialen Sprengstoff, dessen Gefahren mit seiner Anhäufung wachsen. Die körperlich und geistig demoralisierenden Folgen der heillosen Wohnungsverhältnisse wachsen aber nicht im selben Verhältnis wie etwa die Zahl der überfüllten Wohnungen, sondern, man möchte sagen, in quadratischer Steigerung, genau wie etwa die Sprenggewalt einer Dynamitbombe schneller wächst als ihre Größe."

Gustav Schmoller nach: Werner Hegemann: Der Städtebau nach den Ergebnissen der Allgemeinen Städtebau-Ausstellung in Berlin (1911), zitiert nach: Jürgen Kuczynski: Geschichte des Alltags des deutschen Volkes, Bd. 4. Bonn 1993/4, S. 214 f.

Arbeitsanregungen

- **Welche Ursachen und Bedingungen haben zum Entstehen der Großstadt um 1900 geführt (vor dem Hintergrund der Kapitel 1.3 Stadtentwicklung und 2.2 Wohnen im wilhelminischen Kaiserreich)?**
- **Der Begriff der „Mietskaserne" hat einen militärischen Unterton. Mit welchen Assoziationen verband er sich vor dem Hintergrund der militaristisch orientierten Gesellschaft im Kaiserreich unter dem Aspekt, dass er von Autoren wie Rudolf Eberstadt oder Werner Hegemann kritisch gemeint war?**
- **Welche Ursachen und Bedingungen mussten sich ändern, um diese Stadt für uns heute so attraktiv zu machen?**
- **Welches sind die „attraktiven" Bestandteile dieser Stadt, die in Teilen noch bis zur Mitte der 1970er Jahre von der Flächensanierung bedroht war?**
- **Wohnungsbau wie in Berlin-Kreuzberg oder in anderen Gründerzeitvierteln war ein Objekt der Spekulation. Heute wohnen dort häufig bürgerliche Familien oder Singles, die die Stadtlage bevorzugen. Wie verändert sich dadurch das Quartier? Gibt es Beispiele für ähnliche Entwicklungen in der eigenen Stadt?**

Weitere Aufgabenstellungen und ausführlichere Dokumente unter www.akh.de, www.aknw.de und www.denkmalschutz.de im Internet.

2.3 Schwerpunkte der Wohnbaugeschichte in Deutschland

Die „Erfindung" des sozialen Wohnungsbaus in den 1920er Jahren

Der „soziale Wohnungsbau" war eine der zentralen Leistungen des Staates auf dem Wege zu einer Massendemokratie.

"Wir bauen eine neue Welt" – so hieß es auf einem Wahlplakat der SPD 1927. Da hatte die Partei als eigene Politik akzeptiert, was nach 1918 noch keineswegs selbstverständlich war: Nämlich dass es eine staatliche Wohnungspolitik und -subventionierung geben müsse, wenn man der Arbeiterschaft ein menschenwürdiges Wohnen erkämpfen wollte: die Geburt des „sozialen Wohnungsbaus", wie er durch das gesamte 20. Jahrhundert die Politik prägte und erst an der Schwelle zum 21. wieder abgeschafft wurde; eines Wohnungsbaus, der mit staatlicher Unterstützung Wohnungen in großer Zahl schuf, die für jede Familie bezahlbar sein sollten und bestimmte Mindeststandards an Qualität besaßen: Licht, Luft und Sonne für alle. Das war eine der größten, wenn nicht die größte soziale Errungenschaft des 20. Jahrhunderts: Zum ersten Mal in der Geschichte wurde das Recht auf eine menschenwürdige Wohnung für (fast) jede Familie verwirklicht!

Nach dem Ende des Ersten Weltkrieges und bei beginnender Inflation war der private Wohnungsmarkt aus ökonomischen Gründen vollständig zusammengebrochen: Wer sollte schon bauen, wenn Baukosten nicht kalkulierbar waren? Der bürgerliche Rentier, der sich seinen Lebensabend mit den Zinsen aus seinem Mietshaus verschönern wollte, hatte plötzlich wegen der Geldentwertung keine Einnahmen mehr.

Hinzu kam, dass es eine Machtverschiebung dadurch gab, dass jetzt jeder Mann und jede Frau eine Stimme und die Abgeordneten mehr Entscheidungsbefugnisse hatten; damit waren die Parteien gezwungen, etwas für „ihre" Klientel zu tun. Die „Wohnung für alle" wurde als Grundrecht in die Verfassung der Weimarer Republik aufgenommen – anders als heute!

Dieser staatlich subventionierte Wohnungsbau (es gab eine „Hauszinssteuer" die etwa zur Hälfte dafür verwendet wurde) richtete sich dezidiert an die Durchschnittsfamilie, die sich nach dem Weltkrieg als Kleinfamilie formierte; es ging vor allem um Zwei- bis Dreizimmerwohnungen. Anders als bei der bürgerlichen Wohnung des 19. Jahrhunderts wurde als Maßstab jetzt nicht mehr die gesellschaftliche Funktion für die Grundrissbildung herangezogen, sondern die physischen Funktionen: Wenn die Hausfrau nach Haus kommt, geht sie erst in die Küche; die liegt neben dem Essplatz und der beim Wohnzimmer der gesamten Familie.

Das Fließband, die Erfindung Henry Fords in den Detroiter Autofabriken, beeinflusste auch die Arbeit auf anderen Gebieten; die Tätigkeit der „modernen" Hausfrau wurde als „Arbeit" anerkannt, die Küche wurde zur „Fabrik des Hauses". Der Emanzipation der Hausfrauenarbeit fehlte allerdings eine Kleinigkeit: die Bezahlung.

Die Diskussion über Fragen des besten Wohnens ging quer durch alle Lager, von den konservativen bis zu den modernen Architekten. Sie war auch ein eminent wichtiges politisches Thema, das in Wahlkämpfen und Parteiprogrammen behandelt wurde. Dabei ging es weniger um die Ästhetik als um die Frage, was die „Wohnung für das Existenzminimum" umfassen müsse und wie man sie kostengünstig herstellen könne.

Die Tatsache, dass jetzt von großen, gemeinnützigen Wohnungsbaugesellschaften gebaut wurde, führte zum Bau größerer, zusammenhängender Siedlungen, für die nur am Rand der Städte Flächen zur Verfügung standen. Damit gab es Probleme mit der Erreichbarkeit der Arbeitsstätten; außerdem waren die Hausfrauen, die Kinderbetreuung und Hausarbeit zu übernehmen hatten, weitgehend isoliert, denn die Siedlungen bildeten – anders, als die Stadt des 19. Jahrhunderts – eine Monostruktur; allenfalls einige Läden, manchmal auch einen Kindergarten gab es, aber keine Arbeitsplätze – schon gar keine für Frauen.

Die Tatsache aber, dass der Wohnungsbau vom Staat gefördert wurde, dass Architekten, Wohnungspolitiker und Wohnungsreformer sich darum bemühten, aber auch, dass die Bewohner, häufig genug zum ersten Mal, eine menschenwürdige Wohnung beziehen konnten, führte dazu, dass das Wohnen zum allgemeinen Thema wurde. Wohnungsbaugesellschaften brachten Mieterzeitungen mit Ratschlägen zum Wohnen heraus, Architekten hielten Vorträge vor Hausfrauen, Hausordnungen reglementierten – durchaus im Einverständnis der Mieter – das Leben in der Siedlung.

Wahlplakat der SPD in Hamburg, mit dem die Wohnbauleistung propagiert wurde (1927)

Hamburg: Beginn des sozialen Wohnungsbaus: „Wohnen für alle" – aber wo und wie?

Die Aufgabe, Wohnraum für alle zu schaffen – bei einer Nachfrage, die 1918 bei rund 800 000 Wohnungen lag! –, war in allen Bundesländern Deutschlands die gleiche. Auch die finanzielle Grundlage mit der den Ländern zufließenden Hauszinssteuer war gleich. Je nach politischer Couleur, sozialer Überzeugung und Engagement der Wohnungspolitiker jedoch waren die Lösungen zum Teil sehr unterschiedlich, wobei man nur bedingt ästhetische Zuordnungen zu politischen Richtungen vornehmen kann.
In Hamburg ist bei einer großen Gesamtbauleistung im Wohnungsbau der 1920er Jahre etwas Besonderes gelungen: Es wurde, obwohl viele Architekten beteiligt waren, eine Einheitlichkeit des Wohnbauens nicht über den Stil, sondern über das Material gefunden, den roten Klinker der Fassaden. Die Quantität der Bauleistung mit ihren geschlossenen, großen Quartieren macht diese zu erkennbaren Fixpunkten in der Stadt. Es wurde also gezeigt: Hier geschieht etwas Neues, in städtebaulicher, architektonischer und, vor allem, wohnungsbaupolitischer Hinsicht. Das findet seinen eigenen Ausdruck: Anbindung an die Tradition (das Material war in der Region seit langem vertraut) und Modernität in einem.

Geburt des „sozialen Wohnungsbaus"

Dokument 1
Die Historikerin Adelheid von Saldern erklärt die Sozialverpflichtung, die die Weimarer Republik übernimmt – und damit die Eingriffe des Staates in den „freien Markt":

„Die Weimarer Republik wurde konzeptionell gesehen als moderner Sozialstaat aus der Taufe gehoben. Dazu gehörte auch der Wohnungsbau, der erstmals in der Geschichte zu einer öffentlichen Aufgabe erklärt und als Postulat in die Reichsverfassung aufgenommen wurde. So lautete Artikel 155: ‚Die Verteilung und Nutzung des Bodens wird von Staats wegen in einer Weise überwacht, die Missbrauch verhütet und dem Ziele zustrebt, jedem Deutschen eine gesunde Wohnung und allen deutschen Familien, besonders den kinderreichen, eine ihren Bedürfnissen entsprechende Wohn- und Wirtschaftsheimstätte zu sichern.'
Die Wende in der Sozialstaatspolitik erfolgte auf Grund der allgemeinen Erwartungshaltung nach den großen Opfern und Entbehrungen im Krieg, auf Druck der Arbeiterbewegung und ihrer – verglichen mit der Vorkriegszeit – größeren Machtposition in Staat und Gesellschaft, auf Verlangen bürgerlicher Sozialreformerinnen und -reformer, aber auch infolge der anfänglichen Sorge seitens des Bürgertums und der alter Eliten, dass anderenfalls eine soziale Revolution drohe. Durch den Bau gesunder Wohnungen sollte außerdem die Gesundheit der Bevölkerung verbessert und damit deren Arbeitsleistung gesteigert werden. Für viele bestand gerade in der Arbeitsleistung des Volkes das einzig übrig gebliebene zukunftsweisende Kräfte- und Aufstiegspotential Deutschlands nach dem verlorenen Krieg. Die Gesundheitspolitik und die Hygienebewegung wurden zu einem bedeutsamen Bestandteil der Gesellschaftspolitik, und davon profitierte auch der Wohnungsbau."

Adelheid von Saldern: Häuserleben.
Zur Geschichte städtischen Arbeiterwohnens vom Kaiserreich bis heute.
Verlag J. H. W. Dietz Nachf. Bonn 1995, S. 121

Dokument 2

In einem Text aus dem Jahr 1919 unterstreicht der Hamburger Stadtbaudirektor Fritz Schumacher (1869–1947) die Bedeutung der Wohnverhältnisse der Menschen für die Konstituierung des neuen, demokratischen deutschen Staates:

„Das große Ziel der Zeit kann nur sein, sich nicht zu begnügen mit einzelnen Inseln veredelter Kultur, die in unserer menschlichen Gesellschaft mehr oder minder weit greifend gepflegt werden, sondern die breite Unterlage einer gemeinsamen, das ganze Volk umfassenden Kultur zu gründen und allmählich in sorgsamer Arbeit auszubauen. (...)
Es ist ein Ziel, dem der Einzelne, mag er es noch so heiß mit seinem Sehnen umspannen, nur wenig näher zu rücken vermag: Es lässt sich nicht erreichen auf dem Wege des Geistes, wo Überzeugung Berge versetzen kann, sondern es ist gebunden an Wege realer Art, auf denen nur mit Hilfe der Gesamtheit Berge abgetragen werden können. Mit einem Worte, nur wenn mit den Mitteln des Volkswillens, der sich in gesetzgeberischen Maßnahmen äußert, die Vorbedingungen geschaffen sind, kann hier wirklich fruchtbare Arbeit einsetzen. (...)
Es gibt zwei Punkte, wo das zunächst mit voller, breiter Wirkung möglich ist: die Erziehungsfrage und die Wohnungsfrage. In ihnen liegt der Hebel zu grundlegender Arbeit. (...) Wenn wir die Wohnungsfrage von diesem Gesichtspunkte aus etwas näher ins Auge fassen wollen, so brauche ich nicht zu schildern, wie fruchtlos jedes Streben nach der ethischen, der geistigen oder der künstlerischen Seite bleiben muss, wenn es mit der unmittelbaren Umgebung, in die der Mensch gebannt ist, in schreiendem Widerspruch steht.
In übervölkerten Zimmern bleibt der Ton ethischen Gefühls machtlos, in lichtlose Wohnungen kann der Strahl des Geistes nur selten dringen, an öden Mauerwänden und flitterhaften Straßenzeilen zerstäubt der Hauch der Kunst. Moral, Bildung und Geschmackskultur – so gut und ehrlich sie gemeint sind – müssen alle drei verstummen, wenn man vor dem bedrückenden Eindruck großstädtischer Massenquartiere steht.
(...)
Was bedeutet das?
Als Erstes und Wichtigstes bedeutet es nichts anderes, als die Kleinwohnungsfrage in den Mittelpunkt alles großstädtischen Gestaltens zu stellen. Wenn eine Großstadt zu fünf Sechstel aller ihrer Wohnungen aus Kleinwohnungen besteht, so hängt ihr Wesen unausbleiblich von der Gestaltung dieser Aufgabe ab. Kleinwohnungen bilden den eigentlichen Leib der Großstadt, und nur wenn dieser Leib gesund ist, kann alles, was mit ihm zusammenhängt, gesund werden."

Zitiert nach: Kristiana Hartmann, Franziska Bollerey (Hrsg.): 200 Jahre Architektur 1740–1940. Bilder und Dokumente zur neueren Architekturgeschichte. Delft University Press 1987, S. 228

Dokument 3

Mechthild Stratmann verweist auf die Diskrepanz zwischen einer kapitalistischen Bauproduktion und dem sozialen Anspruch des Staates:

„Im Allgemeinen konnte die Schere zwischen den Kosten der Wohnungen und der Zahlungsfähigkeit der Mieter nicht geschlossen werden, da sich die staatlichen Eingriffe im Wesentlichen auf Finanzierungshilfen beschränkten, die Preise für die Herstellung von Baumaterial und für die Erstellung von Gebäuden aber nicht kontrolliert wurden, da diese Produktionszweige weiterhin in Händen der Privatunternehmer blieben. Diese produzierten – ohne Berücksichtigung des gesellschaftlichen Bedarfs – nur in dem Umfang, in dem sie einen profitablen Absatz ihrer Produkte gesichert sahen.
Die Wohnungsproduktion wurde also weiterhin kapitalistisch betrieben. Sie wurde nicht als öffentliche soziale Dienstleistung angesehen. Auch ‚gemischt- und gemeinwirtschaftliche' Unternehmen verhielten sich ähnlich wie private Wohnungsunternehmen – z. B. verzichteten sie nicht auf die Verzinsung ihres Eigenkapitals, was sich in der Höhe der Mieten niederschlug. Sie traten mit den privaten Unternehmen nicht in einen Preis-, sondern allenfalls in einen Qualitätswettbewerb. Der Weimarer Staat trat nur in wenigen Ausnahmefällen als Unternehmer in Form des öffentlichen Bauträgers und Produzenten auf."

Mechthild Stratmann: Wohnungsbaupolitik in der Weimarer Republik. In: Neue Gesellschaft für Bildende Kunst (Hrsg.): Wem gehört die Welt – Kunst und Gesellschaft in der Weimarer Republik. Berlin 1972, S. 48

Auch sparsame und einfache Möbel wurden empfohlen – weg von den Staubfängern des Wilhelminismus!

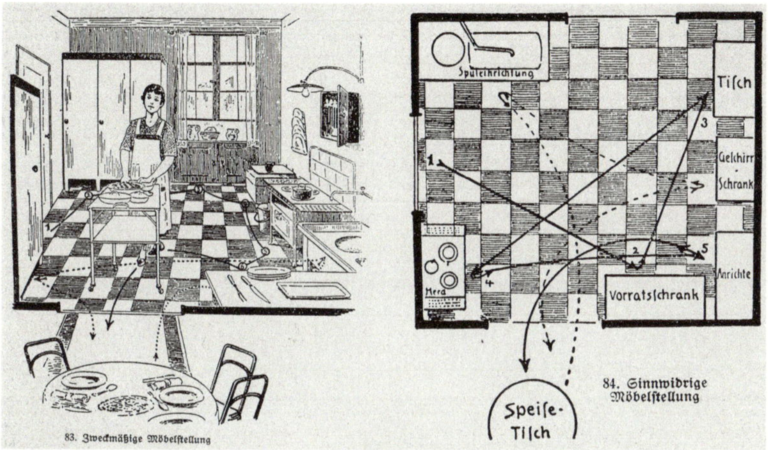

Ratschläge für die gute Hausfrau: Organisation der Küche

Dokument 4

Adelheid von Saldern bilanziert die soziologischen Aspekte des „Neuen Bauens" insbesondere in den neuen Siedlungen:*

„1. Bürgerliche Sozialreformer, progressive (aber auch zum Teil konservative) Architekten und Städtebauer, Sozialdemokraten und Gewerkschafter sowie Genossenschaftsprotagonisten – sie alle sahen mit unterschiedlichen gesellschaftspolitischen Zielsetzungen gerade in den Großwohnanlagen eine Möglichkeit zu zeigen, wie die Gesellschaft verändert werden könne und solle, ohne dass (vorher oder gleichzeitig) die Produktionsverhältnisse verändert werden. Die Neubauviertel sollten deutlich machen, welche Handlungschancen ein sozialorientierter moderner Interventionsstaat habe, wobei es nicht nur darum ging, dass dieser die so genannten ‚Basic needs' erfüllte, sondern dass mit Hilfe einer kommunikations- und umweltfreundlichen Architektur ein soziales Wohnen ermöglicht werde. (…) Unter Umständen konnte sich gerade in solchen Großwohnanlagen damals bei der Bewohnerschaft ein positives Lebensgefühl und ein verändertes Bewusstsein über Lebens- und Wohnqualität entwickeln, vor allem dann, wenn man an schlechtere Wohnverhältnisse gewöhnt war.

2. Mit der ‚Erziehung von oben' waren zum Teil weitgehende gesellschaftspolitische Bestrebungen gekoppelt. Gewerkschafter und Sozialdemokraten sahen in der Erziehung zum ‚neuen Menschen' einen wertvollen Baustein auf dem Wege zum Sozialismus. Sie forderten damals weniger Klassenbewusstsein und noch seltener Revolutionsbereitschaft als Voraussetzung für eine Umwälzung gesellschaftlicher Verhältnisse, sondern mehr die Erreichung eines kulturell höheren Gesamtniveaus der arbeitenden Bevölkerung, wozu sie auch die Wohnkultur zählten. (…)
Dass für alle Reformer/innen gerade die neuen Großwohnanlagen eine so wichtige Rolle spielten, lag vermutlich daran, dass die Quartiere ihnen die Chance boten bzw. zu bieten schienen, die Vergesellschaftung eines neu geschaffenen Teilraumes mit ‚sanfter Hand' zu steuern, um die Resultate dieses Vergesellschaftungsprozesses dann als Prototypen für die zukünftige gesamte urbane Wohnkultur hinstellen zu können. Der Vorbildcharakter der Neubauquartiere bzw. der darin lebenden Menschen bestand in ihren Augen vor allem im Wandel der Alltagskultur und der Wertehierarchie in Richtung einer modernen, rational-verregelten Lebensführung. Dabei handelte es sich eigentlich um eine säkulare Entwicklung, die an sich überhaupt nichts mit Großwohnanlagen zu tun hatte. Doch als die Neubauviertel dann im Zuge eines rationalisierten sozialen Wohnungsbaus geschaffen wurden, sahen die Reformer/innen darin eine große Chance, gerade hier ihre Normsetzungen und Verregelungen hinsichtlich der Haushaltsführung, der Sozialhygiene, der Wohn- und Gartenkultur sowie der ‚geschlossenen kleinfamilialen Lebensweise' (bei fortbestehender Geschlechterhierarchisierung und geschlechtlicher Arbeitsteilung) sozusagen in einer Art Kompaktsystem durchzusetzen, um somit die Vorbildwirkung auf jene Schichten (vor allem auf jene Arbeiterschichten) zu erhöhen, die noch nicht in solchen Neubauquartieren wohnen konnten.

3. Die tatsächliche Zusammensetzung der Bewohnerschaft in den Siedlungen signalisierte den Entwicklungstrend zu einem spezifischen sozialen Mischungsverhältnis im Wohnbereich. Wenn (…) gesagt wurde, dass außer den Mittelschichten allenfalls gehobene Facharbeiterfamilien in Neubauwohnungen ziehen konnten, so bedeutete dies eine wechselseitige sozio-räumliche Annäherung der genannten sozialen Gruppen. Gleichzeitig wuchs aber damit auch die räumliche Segregation solcher Facharbeiterfamilien von den breiten Arbeiterschichten, die ja noch vielfach in Teilen der Altstadt oder in den älteren Arbeitervierteln wohnten."

Adelheid von Saldern: NEUES WOHNEN. Wohnverhältnisse und Wohnverhalten in Großwohnanlagen der 20er Jahre. In: Axel Schildt, Arnold Sywottek (Hrsg.): Massenwohnung und Eigenheim. Campus Frankfurt/New York 1988, S. 127

* Mit dem Begriff „Neues Bauen" wird die deutsche moderne Architektur der 1920er Jahre bezeichnet.

Dokument 5

Adelheid von Saldern verweist auf den engen Zusammenhang zwischen verschiedenen ästhetischen Richtungen und politischen Konzepten, der in den 1920er Jahren besonders eng war:

„In keiner Phase der Architekturgeschichte lieferten sich die Verfechter einer traditionell-regionalen Formgebung solche ins Politische gehenden Gefechte mit den die Moderne repräsentierenden Funktionalisten wie gerade in den zwanziger Jahren. Abgesehen von den Kämpfen um Aufträge machten die Auseinandersetzungen deutlich, wie die unterschiedlichen gesellschaftspolitischen Zielsetzungen auch den ästhetisch-künstlerischen Bereich tangierten. Parteien, die das neue Bauen mittrugen, waren vor allem die Sozialdemokratische Partei und die liberale Deutsche Demokratische Partei; auch die katholische Zentrumspartei ließ sich in dieser Frage unter Umständen vom pragmatischen Gesichtspunkt einer möglichen Kostenersparnis leiten und bewahrte deshalb – ungeachtet ihres sonst ausgeprägten ‚Kulturkonservatismus' – dem Neuen Bauen gegenüber eine gewisse Offenheit. Gegen den Stil des Neuen Bauens kämpften vor allem Deutschnationale, aber auch ein Teil der Kulturkonservativen und der publizistischen Öffentlichkeit, nahezu quer durch die bürgerlichen Parteien hindurch; sie betrachteten sich selbst meist als durchaus aufgeschlossen gegenüber modernen Entwicklungen, bezeichneten indessen das Neue Bauen als ‚übertrieben modern' und deshalb als fragwürdig."

Adelheid von Saldern: Häuserleben. Zur Geschichte städtischen Arbeiterwohnens vom Kaiserreich bis heute. Verlag J.H.W.Dietz Nachf. Bonn 1995, S. 132

In Hamburg wurde der rote Klinker das vorherrschende Baumaterial der 1920er Jahre: Laubenganghäuser Hamburg-Dulsberg (Paul A.R. Frank, 1928/29)

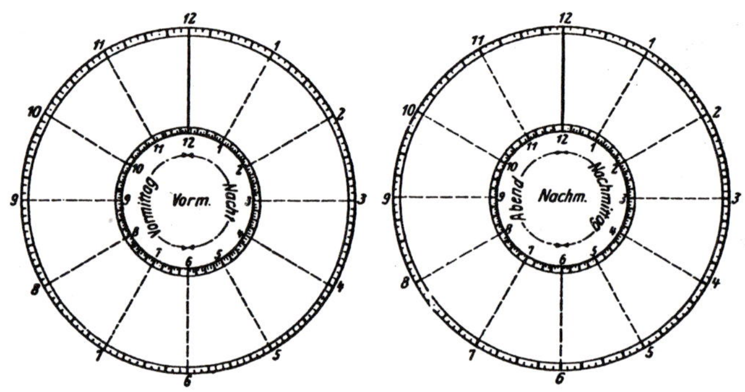

Tageseinteilungskarte der Hausfrau

Name ....

Adresse ....

....

Wochentag ....

Datum .... 192...

Jeder kleine Raum zwischen den Stunden der „Uhr" stellt fünf Minuten dar. Beginne diesen Tagesbericht, indem du in das Zifferblatt „Vormittags" von dem äußeren nach dem inneren Kreis einen Strich ziehst, der die Zeit des Aufstehens angibt. Nach Beendigung der nächsten Tätigkeit ist ein neuer Strich zu ziehen und in den so entstandenen Zwischenraum ist die verrichtete Tätigkeit einzufügen. Auf diese Weise ist fortzufahren und mittags zum Nachmittags-Zifferblatt überzugehen, wodurch die 24 Stunden voll erfaßt werden.

Anzahl der Personen

	Wohnung	Mahlzeiten (einschl. Frühstück außer dem Hause)		
		Frühstück	Mittagessen	Abendessen
Familie ...				
Gäste				
Pensionäre u. Mieter ..				
Haushalthilfe				
Landwirtschaftliche Hilfe ...				
Gesamt				

Bemerkungen

Erziehung der Hausfrau durch Selbstkontrolle

Aus dem Lebensalltag der 1920er Jahre

Dokument 6

Ein zeitgenössischer Bericht in einem populären Magazin beschreibt das Leben im „Reformwohnungsbau“:

„Das Haus, in dem Frau Müller wohnt, ist ein riesiger Neubaublock, eingerichtet für einhundertsechzig Mietparteien. Die Grundmauern bestehen aus gelbem, geschliffenem Sandstein. Darauf hat man vier Stockwerke gesetzt aus rotem Ziegelstein. Der Wohnblock hat ein flaches Dach, Flugzeuge könnten darauf landen. Die Ziegelsteinfassaden sind mit Zement verputzt und von Kieselsteinen aufgeraut.
Will man zu Frau Müller, muss man einen der drei gewaltigen Torbogen des Neubaues passieren. Vorbei an den Aufgängen zu den Wohnungen der Straßenfront betritt man den breit ausladenden Hof. (...) Grasflächen und Kinderspielplätze gibt es auf diesem Hofe sauber hergerichtet und abgezirkelt. Der Hinterhof hat hier nichts mehr von der traurigen und schäbigen Bedeutung der alten Mietskasernen. Keine Stickluft, kein Halbdunkel, kein Gestank. Die kleinsten Abwässer fließen sogleich unterirdisch fort, auch der Regen saust durch eine Rinne in die Tiefe, bleibt unsichtbar, staut sich nirgends an der Oberfläche, verursacht keinen Schmutz.
Den Bewohnern dieses Neubaublocks ist es aus hygienischen Gründen verboten, Wäsche zum Trocknen aus dem Fenster zu hängen. Auch darf kein Staub aus den Fenstern geschüttelt werden. Wer reinigen will, begibt sich nach vorheriger Vereinbarung mit dem Portier nach einem bestimmten Quadrat des Hofes. Hier kann man drei Stunden am Vormittag ausstauben und Klopfen, so viel man will. Es gibt gemeinsame große Waschküchen. Sie stehen allen Mietsparteien abwechselnd an bestimmten Tagen zur Verfügung. Die Ein- und Aufgänge der Wohnungen des Hinterhofes unterscheiden sich in keiner Weise von denen des Vorderhauses. Auf den Treppen sind so genannte Läufer ausgebreitet, bis hinauf zum vierten Stock.
(...)
Für Frau Müller und ihren Mann, einen Eisenbahnarbeiter, war es ein Lotteriespiel, ein Glücksfall, hier zu landen. Fünf Jahre hat die Familie gewartet, war sie eingetragen auf dem Wohnungsamt für eine Neubauwohnung. Immer wieder wurde sie vertröstet. Endlich setzte man den Namen Müller von der gewöhnlichen Eintragungsliste zu den anderen Müllers auf die Dringlichkeitsliste, von dort nach zwei Jahren auf die Vordringlichkeitsliste. Nach weiteren zwei Jahren kam der eine von den tausend Müllers in den Genuss dieser zweieinhalb Zimmer Neubauwohnung. Sie ist schon wirklich fabelhaft. Gar nicht zu vergleichen mit den elenden Mietslöchern im Zentrum, im Norden und Osten der Stadt. Da ist das Hauptzimmer von Tageslicht durchflutet, 25 m im Quadrat. Die Wände sind trocken, wenn auch nicht stark genug, keinen Schall hindurchzulassen. Nur die schlechten und alten Möbel passen nicht in diesen Raum. Sie sind von der alten Wohnung übernommen worden, eine Chaiselongue, ein Ausziehtisch, sechs Stühle, ein Büfett. Die Unkultur der Kleinbürger, die so genannten Nippesfiguren, sieht man nicht mehr. Auf dem Tisch steht ein großes Kristallglas mit Blumen. Die Tapete ist von hellem Farbton, mit reichlichen Schnörkeln und Verzierungen.
Das Schlafzimmer misst 20 m im Quadrat, mit Doppelbett und zwei Kinderbetten, einem funkelnagelneuen Kleiderwäscheschrank, von einem Warenhaus auf Abzahlung geliefert. Dieses Zimmer bekommt am Vormittag Sonne. Es gibt dann ein Badezimmer mit eingebauter Badewanne, warmem und kaltem Wasser, sehr schmal im Raum, sodass sich nur gerade eine Person bewegen kann. Im Badezimmer befindet sich das WC.
Komfortabel fast schaut die Küche aus, eingebaute Möbel an den Wänden. Die Kochgelegenheit ist zur Hälfte elektrifiziert, zur anderen Häfte mit Gas zu benutzen. Der Frau Müller steht ein elektrisches Bügeleisen für ihre Wäsche zur Verfügung. Die ganze Wohnung wird zentral geheizt, Röhrensystem. Die Beleuchtung geschieht

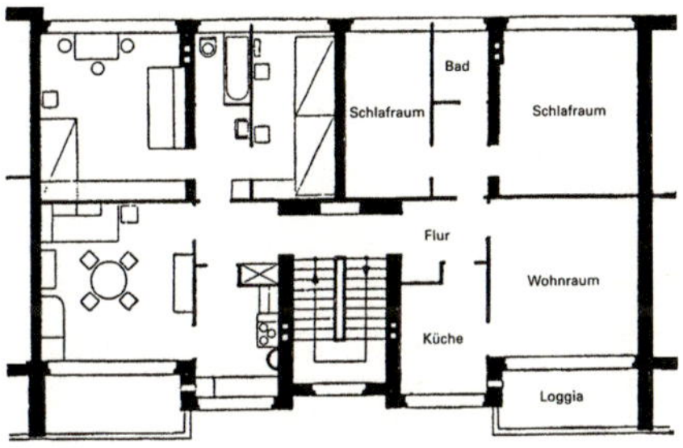

Typischer Wohnungsgrundriss der 1920er Jahre (Walter Gropius, Karlsruhe-Dammerstock 1929)

elektrisch. Die Wohnung besteht noch aus einem schmalen Korridor, fünfzehn Meter im Quadrat, und aus einem winzigen so genannten Kinderzimmer.
(...)
‚Sehen Sie‘, sagt Frau Müller, ‚das ist nun unsre neue Wohnung, freuen Sie sich mit uns, dass wir aus dem alten Loch heraus sind.‘ Ich frage nach dem Mietspreis. ‚Neunzig Mark im Monat, das ist noch sehr billig‘, beteuerte Frau Müller ‚und nur weil dieser ganze Block vom Unternehmer mit kommunalen Mitteln erbaut wurde und wir schon so lange vorgemerkt waren, ist man hereingekommen. Mein ganzer Lohn, viermal im Monat, geht allein drauf für die Miete. Ich bekomme 30 Pfennig pro Stunde, 9 Stunden mal 30 Pfennig! Das reicht am Ende noch nicht ganz, und unser ältester Junge muss von seinem Verdienst noch zulegen, damit wir pünktlich zahlen können. Mein Mann verdient wöchentlich im Akkord 44 Mark und 73 Pfennig. Wir kommen gerade noch so durch in der Familie und sind alle endlich sehr froh, dass wir gesund wohnen.‘“

Magazin für Alle, 4. Jahrgang, Heft 7, Juli 1929., zitiert nach: Neue Gesellschaft für Bildende Kunst (Hrsg.): Wem gehört die Welt. Kunst und Gesellschaft in der Weimarer Republik. Berlin 1977², S. 154

Hamburger Wohnungsbau und die Bauleistung in den 1920er Jahren

Dokument 7
Der damalige Oberbaudirektor Fritz Schumacher über die städtebaulichen Ambitionen:

„In diesen Stadtteilen, die ja nichts anderes sind als neue Kleinwohnungs-Städte, kündigt sich das Ringen an mit der großen Aufgabe unserer Zeit: eine breite neue Menschenschicht organisch einzugliedern in das Gefüge unserer Kultur. Diese Aufgabe besteht nicht nur in einem möglichst harmonischen Zusammenfügen von Häusern, sie verlangt, eine Form zu finden für die ganze Lebensführung großer Menschenmassen, die auf individuellem Wege eine solche Form nicht zu schaffen vermögen. Deshalb handelt es sich nicht nur um die in Häusern zusammengeschlossenen Wohnungen, sondern vielmehr um den Zusammenhang dieser Bauten mit ihren gemeinsam benutzten Höfen, mit Kinderspielplätzen und Grünzügen, mit Sportplätzen, Wiesen und.Wasserläufen.
In dieser städtebaulichen Auffassung der Aufgabe liegt ihre eigentliche Bedeutung. Es ist der Versuch, für die große Umschichtung unserer Zeit einen daseinswürdigen Ausdruck zu finden."

Fritz Schumacher: Das Werden einer Großstadt. Hamburg 1932, S. 8

Dokument 8
Kann sich der staatlich geförderte Massenwohnungsbau mit der ausschließlich privatwirtschaftlich geleisteten der Zeit vor dem Ersten Weltkrieg vergleichen?

„In der Stadt Hamburg wurden in den Jahren von 1919 bis Ende 1932 nach den Statistiken der Stadt 65 372 Wohnungen neu gebaut; davon wurden 63 987 Wohnungen von der ‚Beleihungskasse für Hypotheken' (d. h. indirekt vom Staat; Anm. d. Verf.) gefördert, also der ganz überwiegende Teil von fast 98 %. Der Rest dürften hauptsächlich Einfamilienhäuser gewesen sein. Unter zusätzlicher Berücksichtigung von Wohnungen, die durch ausgebaute Dachgeschosse, Unterteilung von großen Wohnungen oder durch andere Umbauten entstanden sind, und bei Abzug der in diesen Jahren weggefallenen oder abgerissenen Wohnungen ergibt sich ein Zugang von 65 745 Wohneinheiten.
Verglichen mit der Vorkriegszeit sind also trotz oder, wie die Konservativen sagten, w e g e n staatlicher Förderung in 14 Jahren so viele Wohnungen wie vor 1918 in etwa 5 oder 6 Jahren gebaut worden – ein, gemessen am Bedarf, bescheidenes Ergebnis.
Aber bei einem solchen Vergleich muss man die allgemeine wirtschaftliche Lage bedenken, die unabhängig von der Art der Förderung des Wohnungsbaus bestand; sie war nach dem verlorenen Krieg unvergleichlich schlechter als alle Jahre zuvor. Wenn man aber die Zahl der Wohneinheiten betrachtet, die außerhalb der Krisenjahre, also von 1923 bis 1929 gebaut wurden – da die Statistik fertig gestellte Wohnungen zählt, (...) so kommt man auf 54 449 Wohneinheiten. Das waren im Jahresdurchschnitt dieser ‚fetten Jahre' der Weimarer Republik fast 8000 Wohnungen. Diese Zahl entspricht annähernd dem Jahresdurchschnitt der Jahre von 1900 bis 1909 und ist damit einer rein privat finanzierten Wohnungsbauleistung durchaus vergleichbar. Unbestritten war die Qualität der Wohnungen nach 1918 höher als vor dem Krieg. Unbestritten war aber diese Bauleistung für den Bedarf immer noch viel zu gering."

Gert Kähler: Wohnung und Stadt. Hamburg Frankfurt Wien. Vieweg Braunschweig/Wiesbaden 1985, S. 111 f.

Denkmalschutz für Massenwohnungsbau?

Dokument 9
Manfred Fischer, damaliger Leiter des Hamburger Amtes für Denkmalschutz, greift das Thema des Wohnungsbaus der 1920er Jahre auf und befasst sich mit einem scheinbaren Detail, dem Ersetzen der kleinteiligen Sprossenfenster durch großformatige Kunststofffenster:

„Neue Anforderungen und Gesetze zur Energieeinsparung, zum Lärmschutz schaffen veränderte Normen, durch deren schematische Übertragung auf den Altbaubestand dessen Gestaltqualitäten schwer gefährdet sind. Die dafür bereitstehenden öffentlichen Mittel haben in der Zwischenzeit dazu geführt, dass schon mehr als ein Drittel der Quartiere der 20er und 30er Jahre ihre ursprünglichen Fenster durch Einfach- oder ungeteilte neue Standardfenster ersetzt bekommen haben. Zweierlei ist das Ergebnis: Das jeweils betroffene Einzelgebäude verliert einen zu seinem Wesen gehörenden Bestandteil seiner künstlerischen Gestaltung: An der Stelle einer sorgfältig geplanten Einheit von Großform und Detail, von gemeinsam wirkenden Außenfläche, treten amorphe und maßstablose Lochstrukturen. An die Stelle eines gleichmäßigen Rhythmus von Backsteingliederung und Sprossenfenster tritt häufig das ‚ungeschlachte Nebeneinander' asymmetrischer Ganzglasfenster. Die subtilen horizontalen Schichtungen der Fassaden durch Backsteinlagen und feine Quersprossen werden optisch vernichtet durch grobe Kunststoffrah-

„Jarrestadt" in Hamburg – ein geschlossenes Quartier der 1920er Jahre (versch. Architekten)

Wohnungsbau in Hamburg – Moderne mit traditionalistischem Einschlag (W. Behrens 1927/28)

men. Dadurch ist aber nicht nur die Einzelgestalt zerstört, sondern zugleich geht das mit dem Bau wie mit dem städtebaulichen System beabsichtigte Gesamtkunstwerk der alle Einzelleistungen verbindenden Backsteintradition verloren.
Darüber hinaus wird mit der einheitlichen Architektursprache auch der emotionale Wert der Bauten und Quartiere aufgegeben: Die Schönheit der Fassade von außen und das von ihr signalisierte Element der ‚Überlieferung' im Sinne Schumachers geht ebenso verloren wie das Gefühl der Geborgenheit im Innern, das ein traditionell geteiltes Fenster vermittelt.
Dieser negativen Entwicklung im Mietwohnungsbau steht die Beobachtung gegenüber, dass gerade gegenwärtig im Einzelhausbau das ungeteilte Großfenster außer Mode zu kommen scheint und das mit Sprossen geteilte Fenster zum Statussymbol vermögenderer Bevölkerungsschichten wird; auch wenn dies oft nur ein karikaturhaftes Zitat ist. Die Verarmung des Stadtbildes und der Einzelheiten in den Wohnquartieren der 20er und 30er Jahre erweist sich so als eine soziale Verarmung. Das ‚ästhetische Kapital', das den breiten Bevölkerungsschichten einst zugedacht war, wird ihnen jetzt entzogen."

Manfred F. Fischer: Siedlungen der 20er Jahre in Hamburg. In: Schriftenreihe des Deutschen Nationalkomitees für Denkmalschutz (Hrsg.): Siedlungen der 20er Jahre. Bonn 1985, S. 76

Dokument 10

Das Deutsche Nationalkomitee für Denkmalschutz hat sich bereits Mitte der 1980er Jahre mit der Frage des Erhalts der Siedlungen der 1920er Jahre befasst:

„Es geht um bedeutende kulturelle, soziale und wirtschaftliche Werte.
Die Siedlungen der 20er Jahre sind Dokumente einer von vielen Kräften getragenen engagierten Reformpolitik. Auf dem Gebiet des Städtebaus und der Architektur, der Wohnungspolitik und der Wohnungsfürsorge stellen diese Denkmal-Ensembles einmalige Zeitdokumente dar. Ihre Erhaltung, ihre Wiederherstellung und ihre behutsame Erneuerung sind eine Aufgabe der Gesellschafts- und Kulturpolitik von hohem Rang.
Das Reformkonzept ‚Siedlungsbau', das in Ansätzen schon aus der Zeit vor dem Ersten Weltkrieg stammt, begreift *Sozialpolitik* als eine *umfassende Aufgabe.*
Die mieterfreundliche Wohnbewirtschaftung (angemessene Miethöhe, ‚gesunde' Wohnungen, Gemeinschaftsbauten, Selbsthilfe, Genossenschaftsgedanken etc.), die hohe Freiraumqualität, die optische Raumwirkung, das ausgewogene Verhältnis von Freiraum und bebautem Raum, die sensibel, der Topographie nachempfundene Bepflanzung, der detailfreudige Ausbau zählen zum Gestaltungskonzept Siedlung.
Für mehr als zwei Millionen Bürger erfüllen diese Siedlungen noch heute ihren Zweck. Die Wohnquartiere gehören in der Regel zu den Gebieten mit hoher Wohnzufriedenheit und geringer Fluktuation. Sie bilden ein unverzichtbares Reservoir an Altbauwohnungen und erfüllen auch künftig ihren ursprünglichen Zweck, Bürgern mit bescheidenem Einkommen angemessenes Wohnen zu bieten.

Gerhard Rabeler: Arbeitsthesen zum Umgang mit Siedlungen der 20er Jahre. In: Schriftenreihe des Deutschen Nationalkomitees für Denkmalschutz (Hrsg.): Siedlungen der 20er Jahre. Bonn 1985, S. 81

Arbeitsanregungen

- **Der soziale (d.h. vom Staat finanziell geförderte) Wohnungsbau des 20. Jahrhunderts war – zum ersten Mal in der Geschichte – der Versuch, das „Recht auf Wohnung" für alle auch praktisch durchzusetzen; er war „gebaute Demokratie". Seine architektonischen Ergebnisse (wie die Trabantenstädte der 1970er Jahre oder der industrielle Wohnungsbau der DDR) werden heute häufig negativ bewertet. Sollte man sie dennoch schützen?**
- **In fast jeder deutschen Stadt gibt es Siedlungen der 1920er Jahre. Als Aufgabenstellung für eine einwöchige Projektarbeit der Klasse könnte man diese thematisieren: Gibt es noch Bewohner aus der Zeit der Fertigstellung? Was haben diese zu berichten? Welcher soziale Wandel hat sich heute ergeben? Welche städtebaulichen und ästhetischen Merkmale sind zeittypisch?**
- **Adelheid von Saldern weist darauf hin, dass sowohl Wohnungsplaner wie auch Architekten die Bewohner als „Objekt" sahen, dass sie sie „erziehen" wollten zu einer bestimmten Vorstellung vom Wohnen. Kann man derartige Absichten in der Ästhetik der Bauten ablesen? Ist die Absicht berechtigt, unter dem Aspekt, dass die Bewohner meist aus den Mietskasernen des 19. Jahrhunderts kamen?**
- **Der Wohnungsbau war immer Abbild einer Gesellschaft. Aber seine gesellschaftliche Bewertung hat sich im Laufe der Zeit, bei veränderten gesellschaftlichen Bedingungen, gewandelt. Kann man also das eine (die Architektur) vom anderen (die ursprüngliche Intention) trennen?**

Weitere Aufgabenstellungen und ausführlichere Dokumente unter www.akh.de, www.aknw.de und www.denkmalschutz.de im Internet.

Weitere Beispiele

Restaurierung eines Hauses in Quedlinburg: vorher und nachher

Stadthaus aus dem Mittelalter: Quedlinburg

(D. Kienast)

Für den eigenen Wohnbedarf, der gleichzeitig die Rettung und Wiederherstellung eines hochkarätigen Denkmals in der Weltkulturerbestadt Quedlinburg bedeutet, restauriert eine Familie seit Jahren einen der ältesten Fachwerkbauten der Stadt. Dabei steht die Bewahrung der Ursprünglichkeit des Hauses bei größtmöglicher Substanzerhaltung und die enge Abstimmung mit den Denkmalbehörden im Vordergrund. Denkmalgerechte Nutzung, Materialgerechtigkeit und handwerkliche Qualität führen zu dem Ergebnis, dass das alte Haus auch heute noch zeitgemäß bleibt.

Villa Hügel, Essen

(Marx+Koch 1870–1873)

Die Villa der zweiten Hälfte des 19. Jahrhunderts war ein spezifischer Bautyp des Großbürgertums, der sich überall dort entwickelte, wo die rapide wachsenden Städte Wohlstand hervorbrachten – im Ruhrgebiet ebenso wie in München, Dresden, Hamburg oder Berlin. Ihre Besonderheit – neben der Größe – ist die Lage außerhalb der Stadt und die funktionale Reduktion auf das Wohnen der Familie und die Repräsentation. Die architektonischen Formen orientierten sich noch lange an den Formen des Adelspalais: Portikus, Säule, Giebeldreieck, Symmetrie waren beliebt.
Die größte aller Villen, ein veritables Schloss, war die Villa Hügel in Essen der Familie Krupp, die 1873 bezogen wurde: 269 Räume, 8100 m² Wohn- und Nutzflächen, zwei große Hallen, die allein 432 m² messen! Luftig und hell sollte alles sein, entsprechend den Wünschen des Bauherrn, vor allem aber war es eines: nämlich groß. Das Bürgertum hatte den Adel an Bedeutung abgelöst; selbst der Kaiser besuchte Krupp in seiner Villa, die heute als Ausstellungs- und Veranstaltungsgebäude genutzt wird. Der Drang zur Villa ließ auch die Grundstücksspekulanten nicht ruhen; so gab es in der zweiten Jahrhunderthälfte zahlreiche Vorstadtgegenden, die für den Bau von Villen systematisch parzelliert wurden.

Die Krupp'sche Villa Hügel in Essen

Siedlung Eisenheim

Arbeiterkolonie „Eisenheim", Oberhausen

Das Ruhrgebiet entwickelte sich seit etwa 1830 zum wichtigsten Industriekern für Kohle und Stahl, weil die Kohle dort abgebaut wurde. Was fehlte, waren aber Arbeitskräfte. Die wurden angeworben, zum Teil aus dem Ausland. Und für diese musste Wohnraum geschaffen werden. Vielfach waren es die Unternehmen selbst, die Wohnungen in der Nähe der Fabriken bauten. So konnte man zwischen Lohn und Miete eine Relation herstellen – und dem Arbeiter bei Abwanderung sofort kündigen. Trotz dieser Eingriffsmöglichkeiten aber muss man feststellen, dass viele der Arbeitersiedlungen gerade im Ruhrgebiet – die erste, Eisenheim bei Oberhausen, stammt aus dem Jahre 1846 – unter Verzicht auf Gewinnmöglichkeiten von fortschrittlichen Unternehmern eingerichtet wurden. Gerade Alfred Krupp empfand Verantwortung für seine Arbeiter – auch, um sie von der Versuchung der Gewerkschaften und der Sozialdemokratie abzuhalten. Bis 1945 entstanden im Ruhrgebiet 311 363 Bergarbeiterwohnungen, die sich auch typologisch von anderen unterschieden; es gab nur wenig mehrgeschossigen Mietwohnungsbau, stattdessen Reihenhäuser nach dem Vorbild englischer Cottages, mit einem kleinen Garten, in dem man Tauben züchten konnte.
Heute sind die meisten Siedlungen privatisiert. Als Eisenheim der Verkauf drohte, gründete sich eine erfolgreiche Bürgerinitiative, die die Siedlung unter Denkmalschutz stellen wollte – jetzt klagen einige Bewohner, nach erfolgter Eintragung könne man ja nicht mehr alles verändern …

Reformwohnungsbau München: Wohnanlage Gunzenlehstraße

(Theordor Fischer 1911)

Die Gartenstadt Hellerau und ähnliche Gründungen zur gleichen Zeit – Karlsruhe-Rüppurr, Marga, Nürnberg, Wittenberg-Piesteritz, Essen-Margarethenhöhe und andere, zum Teil als Werkssiedlungen, zum Teil mit anderen Konzepten – sahen sich programmatisch als Teil einer Verbesserung der allgemeinen Wohnungssituation und einer Kritik an der Großstadt. Die Kritik hatte bereits in der Mitte des 19. Jahrhunderts theoretisch begonnen und wurde um 1900 von Genossenschaften und Gemeinnützigen Wohnungsbaugesellschaften praktisch umgesetzt. Dabei ging es nicht immer um die Auflösung der Großstadt, wie sie letztlich das Gartenstadt-Konzept vorsah: Der Reformwohnungsbau bildete vielmehr eine (zahlenmäßig marginale, typologisch jedoch einflussreiche) Alternative: Zum ersten Mal kümmerten sich auch renommierte Architekten um den Wohnungsbau der minder bemittelten Schichten. Theodor Fischer war einer davon; seine Wohnanlage in München bestand aus 44 Einfamilienhäusern im Zeilenbau und (nur zum Teil verwirklichten) Zentrum. Die Architektursprache ist gemäßigt konservativ und heute von den Eigentümern verschlimmbessert: Kann man mit seinem Eigentum innerhalb einer Gesamtanlage machen, was man will?

Siedlung Gunzenlehstraße, München

Hellerau bei Dresden
(Häuser von Richard Riemerschmid)

Gartenstadt Hellerau

(Planung und Architektur: u. a. H. Tessenow, H. Muthesius, R. Riemerschmid)

Die Wohnverhältnisse in den Großstädten des 19. Jahrhunderts waren so katastrophal, dass schon früh Reformvorschläge unterschiedlichster Art gemacht wurden. Eine der einflussreichsten Ideen, den Wohnungsbau für die breite Masse auf ein neues ökonomisches und städtebauliches Fundament zu stellen, war die der Gartenstadt des Engländers Ebenezer Howard (1850–1928). Er stellte in einem 1898 erschienenen Buch den Vor- und Nachteilen des Lebens auf dem Lande und denen in der Großstadt einen dritten „Magneten" gegenüber: die Gartenstadt, begrenzt in der Größe auf 32 000 Einwohner, umgeben von einem Grüngürtel, mit im Gemeinschaftseigentum befindlichen, günstig erworbenem Land. Howard hatte jedoch nicht berücksichtigt, dass es keine Arbeit in der Gartenstadt gab, weil die Industrie sich weigerte, aus der für sie günstigeren Großstadt auszuziehen.
In Deutschland wurde die Idee schnell aufgegriffen, aber im Sinne einer Werkssiedlung oder Trabantenstadt modifiziert. Die bedeutendste war die 1907 begonnene Gartenstadt Hellerau bei Dresden – eine den „Deutschen Werkstätten" angegliederte und von ihnen finanzierte Werkssiedlung mit einem lebensreformerischen Gesellschaftskonzept.
In Hellerau kamen moderne städtebauliche und architektonische mit sozialistischen, genossenschaftlichen und lebensreformerischen Ideen zusammen – eine Mischung, die kaum funktionierte, aber dennoch fasziniert. Von Anfang an zeigte sich, dass die ideologischen Gegensätze nicht gelöst werden konnten – trotz der schönen, betont einfachen Möbel der Deutschen Werkstätten. Die wurden von den Arbeitern weniger geschätzt als von den bürgerlichen Reformern, die sie ihnen andienten.

Alt Rehse

Alt Rehse

Was aussieht wie eine dörfliche Idylle wurde 1935 für die „Reichs-Ärzteführer-Schule" gebaut. Dort wurden im „Dritten Reich" unter Leitung und Führung der SS die Programme zur Euthanasie und zur Rassenhygiene entwickelt. Wie kann man damit heute umgehen – in einer landschaftlich reizvollen Umgebung, die nach einer touristischen Verwendung ruft? So tun, als ob nichts wäre, denn die Bauten können schließlich nichts für ihre Inhalte? „An der Historie können wir nichts ändern, aber wir haben gute Hoffnungen, dass sich doch endlich etwas entwickelt", sagte Alt Rehses Bürgermeister Martin Aug (parteilos). Unabhängig von der Geschichte sei die Immobilie vor allem touristisch sehr attraktiv. Recht hat der Mann – aber reicht das aus?

3

Besondere Bauten, besondere Orte

Was macht einen Bau zu einem „besonderen Bau", einen Ort zu einem „besonderen Ort"? Es scheint, als sei die Frage in früheren Jahrhunderten leichter zu beantworten gewesen – die aufragende gotische Kathedrale in einer gleichmäßig bebauten Stadt war unzweifelhaft ein „besonderer Bau". Sie war es durch ihre Größe, sie war es dadurch, dass die Bürger einer Stadt sich darüber verständigen konnten, sie solle gebaut werden – ihr Bau war ein echtes Gemeinschaftsprojekt, das sich über Jahrhunderte erstreckte. Sie war es, weil sich in ihr der gemeinsame Glaube einer Gesellschaft – und ihr Selbstbewusstsein! – ausdrückte. Schließlich war sie es dadurch, dass ihre Erscheinungsform wahrhaft „überirdisch" war verglichen mit den normalen Lebensumständen – man stelle sich vor, was die Menschen fühlen mussten in jenen Zeiten, da das Leben in den Häusern durch Dämmerlicht und Petroleumfunzeln geprägt war, wenn die Sonne durch die farbigen Fenster ihrer Kathedrale schien!

Grabmäler, Tempel, Paläste – das waren Bauten, die groß waren, aber es waren gleichzeitig welche, die eine große *Bedeutung* hatten – als Manifestationen von religiöser oder weltlicher Macht; die sieben Weltwunder der Antike zeugen davon:

Die Pyramiden von Gizeh
Die Hängenden Gärten der Semiramis
Das Bildnis des Zeus in Olympia
Der Artemistempel in Ephesos
Das Mausoleum von Halikarnassos
Der Koloss von Rhodos
Der Leuchtturm von Alexandria

Und heute? Welches sind die „Weltwunder", die man der Moderne zurechnen könnte? Ein Vorschlag, gefunden auf der Website von Wikipedia und noch nicht auf sieben reduziert, lautet:

CN Tower, Toronto, Kanada: Fernsehturm
Deltawerke, Niederlande: Hochwasserschutz
Eiffelturm, Paris, Frankreich: Aussichtsturm
Empire State Building, New York, USA: Bürohaus
Eurotunnel zwischen Großbritannien und Frankreich: Verkehrsverbindung
Freiheitsstatue, New York, USA: Denkmal
Golden Gate Bridge, San Francisco, USA: Verkehrsverbindung
Itaipu-Damm zwischen Brasilien und Paraguay: Wasserkraftwerk
Kreml und Roter Platz, Moskau, Russland: Stadtzentrum aus historischer Befestigungsanlage und Platz
Panamakanal, Panama: Verkehrsverbindung
Atomium, Brüssel, Belgien: Wahrzeichen

Der Tempel als Monument: auch in der heutigen Umgebung in Athen herausragend

Das liest sich dagegen relativ prosaisch – kein Grabmal, und mit dem Kreml allenfalls am Rande ein Sakralbau, dafür meistens – sicher spektakuläre – technische Bauten, dazu einige Denkmäler!

Offenbar gab es in früheren Zeiten eine Identität von Größe, herausragender Technologie, Material und gesellschaftlicher Bedeutung, die heute teilweise verloren gegangen ist. Ohne dass man eine der früheren Ideologien wiederbeleben müsste, kann man feststellen, dass das einen Verlust für eine Gesellschaft bedeutet; der betreffende Bau, mit dem sich alle identifizieren konnten, vermittelte Orientierung – im buchstäblichen wie im übertragenen Sinn; noch heute kann man ein Stadtzentrum anhand der Kirche finden.

Dass wir heute die alten Städte lieben, dass wir ein „Weltkulturerbe" für schützenswert halten – das hat auch damit zu tun, dass dieses die gebaute Umwelt leichter verstehbar macht. Beim Bau eines Fernsehturms, einer Brücke oder einer Fußballarena wird heute die gleiche herausragende technische Intelligenz gezeigt wie in früheren Bauten: Aber erkennt sich die Gesellschaft darin wirklich wieder im Sinne eines identitätstiftenden „Denk-Mals"? Ein neuer Kirchenbau, andererseits, bleibt heute meistens klein und bezieht sich nur auf ein städtisches Quartier; ob er dieses zu einer Gesellschaft zusammenfasst, bleibt eher zweifelhaft. Es ist keine Frage, dass eine demokratische, offene Gesellschaft andere Bauten als in den früheren Machtzentren braucht, in denen sie sich erkennen kann; das ist kein Plädoyer für eine ideologische Kehrtwende. Aber das Fehlen derartiger Bauten verwirrt – zumindest im Unterbewussten – die Bürger, die ein Gefühl von Heimat entwickeln müssen, von Vertrautheit mit einer Umgebung. Diese über Jahrhunderte gewachsene Sicherheit funktioniert heute nur noch bedingt.

Linke Seite:
Ein Krematorium als Monument: Axel Schultes, Charlotte Frank: Krematorium Baumschulenweg, Berlin 1998

Auch heute noch fügt sich das einfache Haus in die Landschaft.

Gleich, in welche Weltgegend wir blicken: Von den ersten Bauten bis vor etwa zweihundert Jahren – eine Zeitangabe, die vor allem für Europa gilt – gab es ein Bauen, das die Eingriffe in das Vorhandene minimierte. Der Iglu des Eskimos schmolz im Sommer, das Tipi des Indianers hinterließ kaum Spuren. Lehmhütten, Schilfbauten, Holzhäuser – das Bauen vor allem der ländlichen Bevölkerung nahm die Materialien aus der Umgebung und entwickelte daraus Bauformen, die ihren Zwecken und ihrem Klima gemäß waren. Sie bauten in von ihnen beherrschbaren Konstruktionen. Wir finden diese Häuser heute schön – sie wirken vertraut auf uns.

Aber dieses Bauen war ein Ergebnis von Notwendigkeiten im Hinblick auf die verfügbaren Mittel. Wenn die Bauern vor 200 oder 2000 Jahren überschüssige Ressourcen gehabt hätten, dann hätten sie vermutlich anders gebaut. Prächtiger – man kann es an heutigen Bauten auf dem Lande sehen, die keineswegs mehr den Vorgaben der Umgebung folgen (wenn sie auch noch extrem funktional sind). Das Schmücken des Hauses gehörte von Beginn an zum Bauen.

Diejenigen, die diese überschüssigen Ressourcen besaßen, durch Ausbeutung von anderen oder weil die gesellschaftlichen Konventionen sie ihnen zubilligten, bauten anders: Burg, Kirche oder Tempel waren immer besser gebaut, prächtiger geschmückt und überragten die Wohnhäuser – ganz buchstäblich durch Größe, aber auch durch Schmuckformen.

Der griechische Tempel, die ägyptische Pyramide, das römische Pantheon – sie alle stehen noch, weil sie haltbarer und in den Augen der Gesellschaft wertvoller waren als die Wohnhäuser. Aber diese Repräsentationsbauten der politischen und religiösen Herrscher waren *gegen* „das Vorhandene“ gebaut; sie kümmerten sich nur teilweise um geografische Lage, Klima und verfügbares Material. Am eindringlichsten ist das bei den Pyramiden zu sehen – die kristalline, geometrisch reine Form gegen die amorphe Wüste gesetzt – das war demonstrative Antithese.

Bauten wie diese waren Ergebnis gesellschaftlichen Reichtums, sonst hätten sie nicht gebaut werden können – die Steine schleppenden Sklaven mussten immerhin ernährt und behaust werden. Es waren aber auch Bauten, in denen sich eine Gesellschaft erkannte, mit denen sie sich identifizierte. Es waren Bauten, die eine Ordnung symbolisierten. Ganz unabhängig davon, ob wir die spezifischen „Ordnungen“ heute akzeptieren können, darf man feststellen, dass Ordnung etwas ist, das den Menschen hilft, sich in der Welt zurechtzufinden.

Welche Bauten aber könnten das heute, in einer offenen Gesellschaft ausdrücken? Eine Kirche? Das Parlament einer Demokratie? Ein Olympiastadion?

Es gibt auch heute noch derartige Bauten. Ein Bau wie die Oper in Sydney steht für eine Stadt, steht fast für einen ganzen Kontinent, obwohl nur die wenigsten seiner Bewohner jemals eine Oper darin gesehen haben und auch die gesellschaftliche Identifikation mit „Oper“ in Australien eher gering sein dürfte.

Wenn man sich Bauten ansieht, die mit einigem Recht eine gleiche Bedeutung für eine Region, ein Land für sich beanspruchen können, dann fallen zwei Merkmale auf, die wichtig sind; sie müssen nicht beide zusammenfallen. Das eine ist, dass diese Bauten eine besondere Geschichte haben müssen (die Oper in Sydney war Ergebnis eines weltweiten Wettbewerbes, galt als unbaubar, überzog jedes Kostenlimit, der Bau dauerte 17 Jahre und taugt schlecht für seinen Zweck, der Architekt wurde während des Baus entlassen, besuchte nie wieder Australien – und erhielt den höchsten australischen Orden für Ausländer). Das andere ist, dass diese Bauten auch heute noch als gesellschaftlich relevant gelten müssen. Das schränkt die Suche nicht auf Paläste, Grabmäler und Kirchen ein; heute gibt es andere Wertigkeiten. Ein Fußballstadion oder eine Oper können durchaus die gleiche Bedeutung bekommen (haben sie aber nicht *per se*!).

Die folgenden Beispiele zeigen, dass ihre Bedeutung ganz unterschiedlich ist – aber die Diskussion, der Streit über sie im Laufe der Geschichte war immer lebendig, war Teil des Diskurses unter den Bürgern, der deshalb entstand, weil diese es „für Wert“ hielten – bis hin zur Auseinandersetzung über die Frage, ob man einen Reichstag verhüllen kann oder ob das respektlos sei, ob und wie man ein altes Olympiastadion zu einer modernen Fußballarena umbauen kann, oder ob neue Hochhäuser den Kölner Dom seinen Status als Weltkulturerbe kosten.

3.1 Reichstag, Berlin: Wie viel Geschichte verträgt ein Bau?

Paul Wallot 1884–1989, Paul Baumgarten 1961–1973, Norman Foster 1995–1999

Der Reichstag ist auf einmalige Weise mit der deutschen Geschichte verbunden. Diese Geschichte findet ihren vorläufigen Höhepunkt in der Nutzung als Parlament eines demokratischen Rechtsstaates.

Wie sieht der Bau von Abgeordneten aus, die das Volk in seiner Gesamtheit repräsentieren? Der germanische Thing versammelte alle freien und volljährigen Männer (Frauen zählten nicht) zu politischer und rechtlicher Entscheidung auf einem Platz unter freiem Himmel – über der Versammlung schwebten nur noch die Götter.

Das ist bei den heutigen klimatischen Bedingungen schwer durchzuhalten, wenn auch im 1989 fertig gestellten Plenarsaal in Bonn (Architekten: Behnisch+ Partner 1986–1992) eine Glasdecke über den Abgeordneten die Andeutung dazu enthält: Wir sind freie Bürger, niemandem untertan. Das ist ein Stück „architecture parlante", „sprechende Architektur".

Der Bau für das heutige Parlament in Berlin geht sogar noch einen Schritt weiter, wenn auch seine Wurzeln in weniger demokratischen Zeiten liegen. Er formt ein Parlamentsgebäude um („Reichstag"), dessen Inschrift „Dem deutschen Volke" nur sehr widerwillig von Kaiser Wilhelm II. erst 1916 genehmigt wurde.

Der Architekt des Umbaus für den Umzug des Parlamentes von Bonn nach Berlin hatte im weltweit ausgeschriebenen Wettbewerb über dem kuppellosen, alten Gebäude einen gewaltigen, auf schlanken Stützen ruhenden Baldachin vorgeschlagen, unter dem eine Aussichtsterrasse für die Besucher gedacht war. Die sagte aus, die Bürger, die sich durch die Abgeordneten vertreten lassen, laufen über deren Köpfen her; diese sind unterhalb der auftraggebenden Bürger angesiedelt! Der ausgeführte Entwurf mit der für Besucher offenen Kuppel enthält dieses wichtige Element immer noch, wenn auch nur andeutungsweise; die Besucher können in einem kleinen Fensterband im Boden auf die Abgeordneten im Plenarsaal herabblicken – eine entfernte Erinnerung an den germanischen Thingplatz.

Die bewegte Geschichte des Reichstages als Parlament im Kaiserreich und in der Weimarer Republik, nach Reichtagsbrand 1933 und Kriegszerstörung 1945, wurde im Übrigen sorgsam dokumentiert und erhalten – bis zu den Graffiti sowjetischer Soldaten und den Brandspuren an den Wänden. Sie geben dem Haus eine historische Aura, obwohl der Bau im Inneren vollständig ausgekernt und neu gebaut wurde.

Der Reichstag, heute

Der „Erste“ Reichstagsbau

Philipp Scheidemann ruft die erste deutsche Republik aus

Dokument 1

Der Historiker Klaus von Beyme über das parlamentarische System des wilhelminischen Reichstages:

„Die meisten Parlamentsbauten entstanden im 19. Jahrhundert, als das Repräsentativsystem weder demokratisiert noch voll ‚parlamentarisiert‘ war. Minimalkriterium der Parlamentarisierung ist die politische Verantwortlichkeit der Minister, die zurücktreten müssen, wenn die Parlamentsmehrheit ihnen das Vertrauen entzieht. Deutschland und Schweden erreichten dieses Reifestadium erst gegen Ende des Ersten Weltkriegs. In einem System, in dem der Kaiser von seinem Parlament als ‚Reichsaffenhaus‘ sprach, war man vom demokratischen Parlamentarismus noch weit entfernt. (…) Der Kaiser wachte eifersüchtig darüber, dass dem Schloss durch den Reichstag und dessen Kuppel keine Höhenkonkurrenz entstehe.“

Klaus von Beyme: Parlament, Demokratie und Öffentlichkeit. In: Ingeborg Flagge, Wolfgang Jean Stock (Hrsg.): Architektur und Demokratie. Hatje Verlag Stuttgart 1992, S. 34

Dokument 2

Das Reichstagsgebäude des Architekten Paul Wallot war eine Mischung aus verschiedenen historischen Stilen und modernster Konstruktion. Diese Mischung wurde von vielen abgelehnt. Der Historiker Michael S. Cullen schreibt:

„Es kam selten vor, dass einer das ganze Gebäude mochte: Ältere Kritiker bevorzugten die Quader- und verabscheuten die Stahl-Glas-Konstruktion, die gewöhnlich für Interims- oder provisorische Bauten benutzt wurde. Die jüngere Generation bevorzugte gerade diese Konstruktion und konnte sich mit dem Neorenaissance-Bau nicht anfreunden. Von Anfang an war das Gebäude heftig umstritten. Mit der Zeit fielen die Urteile drastischer aus, wobei nicht sicher ist, ob dem Inhalt – Parlament, Parlamentarismus, Parlamentarier selbst – oder dem Gebäude die Kritik galt.

Michael S. Cullen: Dem Deutschen Volke. In: Ingeborg Flagge, Wolfgang Jean Stock (Hrsg.): Architektur und Demokratie. Hatje Verlag Stuttgart 1992, S. 146

Zeitleiste

1881–1884 Der Beschluss zum Bau eines Reichstages wird schon bei der Reichsgründung 1871 gefasst, ein Bauwettbewerb durchgeführt auf einem Grundstück, das letztlich nicht zur Verfügung stand. 1882 findet ein zweiter Wettbewerb auf einem neuen Grundstück statt, den Paul Wallot gewinnt.

1884–1894 Bauzeit nach mehrfacher Überarbeitung des Entwurfes in einem eklektischen Stil, aber mit einer Stahl-Glas-Kuppel, die technisch höchst modern ist

1916 Anbringung der Inschrift „Dem Deutschen Volke“, nachdem die SPD den Kriegskrediten zugestimmt hatte

1918 **9. November** Philipp Scheidemann ruft von einem Fenster des Reichstages die Republik aus.

1933 **27. Februar** Aufgrund von Brandstiftung brennt der Plenarsaal des Reichstages vollständig aus; der Niederländer Marinus van der Lubbe wird der Tat beschuldigt, verurteilt und hingerichtet. Das (im „Dritten Reich“ bedeutungslose) Parlament tagt von da an in der Kroll-Oper.

1945 **30. April** Der Reichstag wird von sowjetischen Truppen besetzt und die Flagge der Sieger auf der Kuppel gehisst.

1954 **22. November** Sprengung der Kuppel aus angeblich notwendigen statischen Gründen

1958–1971 Wiederaufbau (ohne Kuppel) durch Paul Baumgarten, der den Bau im Stil der 1950er Jahre verändert. Abgesehen von gelegentlichen Sitzungen des Deutschen Bundestages wird der Bau als Museum seiner eigenen Geschichte genutzt.

1991 Beschluss des Bundestages, nach Berlin als Hauptstadt umzuziehen. Im gleichen Jahr wird ein internationaler Architektenwettbewerb zur Umgestaltung des Reichstages ausgeschrieben, in dem der Brite Sir Norman Foster den Auftrag erhält.

1995 Kurz vor Baubeginn verhüllen die Künstler Christo und seine Frau Jeanne-Claude das gesamte Gebäude mit silberglänzenden Folien – ein großes Volksfest.

1999 **April** Der Reichstag wird wieder Sitz des Deutschen Parlamentes.

Reichstag um 1910

Dokument 3

Nach der Revolution 1918 sollte eine Nationalversammlung (also kein gewähltes Parlament) eine neue Verfassung ausarbeiten. Wie man weiß, wurde die nach Weimar benannt, obwohl doch ein „Reichstag" in Berlin vorhanden war …

„Die ersten Tage und Wochen der Revolution sahen eine Besetzung des Reichstags durch die Arbeiter- und Soldatenräte. Sie hielten dort Sitzungen ab, beschlossen weit reichende Maßnahmen und verteilten im Lesesaal Brot an die Besetzerkollegen. Der konservative Graf von Westarp lief durch die Wandelgänge ‚wie ein Gebilde aus Braunbier und Spucke'.
Dennoch konnte das Reichstagsgebäude der Nationalversammlung nicht als Sitzungsort dienen, die Volksvertreter hatten zu große Angst vor den aufgebrachten Volksmassen. Man beschloss, die Versammlung in Weimar abzuhalten. Die Regierung blieb in Berlin – übrigens wurde aus diesem Grunde die erste reguläre Luftpostverbindung in Deutschland geschaffen. Es war auch nicht verwunderlich, dass die Regierungsmitglieder auf eine Rückkehr nach Berlin drängten. Groß war ihr Erstaunen, als sie hörten, dass man das Haus für mindestens sechs Wochen schließen müsse, um es zu entlausen. Erst Ende September 1919 konnte die Nationalversammlung ihre Arbeit wieder im Reichstagsgebäude aufnehmen. 1920 wurde sie aufgelöst und ein neuer Reichstag gewählt."

Michael S. Cullen: Dem Deutschen Volke. In: Ingeborg Flagge, Wolfgang Jean Stock (Hrsg.): Architektur und Demokratie. Hatje Verlag Stuttgart 1992, S. 153

Dokument 4

Den Reichstagsbrand vom 27. Februar 1933 nutzten die Nationalsozialisten, um die Notwendigkeit eines „Ermächtigungsgesetzes" zu zeigen:

„Der Reichstagsbrand veränderte vieles, nicht nur für Berlin und Deutschland, sondern für die gesamte Welt. Das Feuer hat nicht alles zerstört, unter anderem blieben Bibliothek und Archiv intakt. Doch der Plenarsaal und einige umliegende Räume waren unbrauchbar geworden, sodass man die Sitzungen in der gegenüberliegenden ‚Kroll-Oper' abhalten musste, die dafür binnen zehn Tagen notdürftig umgerüstet wurde. Immerhin: Es war in der ‚Kroll-Oper' und nicht im ‚Wallot-Bau', wo für das Ermächtigungsgesetz gestimmt wurde. Und: Hitler hat weder als Kanzler noch als Reichstagsabgeordneter den Plenarsaal je betreten; sein einziger amtlicher Besuch im Reichstagsgebäude war am 3. Februar 1933 sein Antrittsbesuch vor dem Reichsrat."

Michael S. Cullen: Dem Deutschen Volke. In: Ingeborg Flagge, Wolfgang Jean Stock (Hrsg.): Architektur und Demokratie. Hatje Verlag Stuttgart 1992, S. 157

Plenarsaal nach dem Umbau durch Paul Baumgarten, 1975

Der „Zweite" Reichstagsbau

Dokument 5

Der Architekturkritiker Günter Kühne zur Arbeit Paul Baumgartens, des Architekten des Wiederaufbaus nach dem Zweiten Weltkrieg:

„Wollte schon Martin Wagner* 1929 – als ein Wettbewerb Pläne für die Erweiterung, insbesondere der Abgeordnetenräume, schaffen sollte – den Bau lieber abreißen und durch ein zeitgemäßes Werk ersetzen, so gab es nach 1945 viele Stimmen gegen eine Wiederherstellung: Sie sahen in den Resten des wilhelminischen Baues weniger ein Symbol der Demokratie als das der Herrschaft des „Eisernen Kanzlers". Doch die Kräfte, denen – quer durch die Parteien (…) – dieser Bau demokratische Traditionen zu verkörpern schien, setzten sich durch; der Reichstag wurde nach Plänen Paul Baumgartens wieder aufgebaut. In veränderter Form, gewiss: So wurde auf die Wiederherstellung der Kuppel verzichtet, Plenarsaal, Wandelgänge und Sitzungsräume erhielten ein völlig neues Aussehen. (…)
Die Frage nach der Funktion dieses Gehäuses ist gegenstandslos. Die Säle werden für Sitzungen mancherlei Art genutzt, in den Wandel- und Foyerräumen ist eine weit ausholende Ausstellung ‚Fragen an die deutsche Geschichte' zu sehen."

Günther Kühne. In: Bauwelt 29–30/1975, S. 848

* Berlins Stadtbaurat Ende der 1920er Jahre

Dokument 6

Nach langen Auseinandersetzungen – auch im Bundestag selbst, damals noch in Bonn – erhielten der Aktionskünstler Christo und seine Frau die Erlaubnis, das Reichstagsgebäude vollständig zu verhüllen („Wrapped Reichstag"). Zur allgemeinen Überraschung wurde daraus ein friedliches Event für hunderttausende Besucher:

„In der Bonner Republik blieb das Berliner Reichstagsgebäude halb vergessen als ungeliebte Erinnerung im Grenzgebiet an der Berliner Mauer. Nicht der Umzug des gesamtdeutschen Parlaments in dieses, sondern die parlamentarische Diskussion um dessen ‚Verpackung', die Realisierung des seit den siebziger Jahren geplanten Projekts ‚The Wrapped Reichstag' von Christo und Jeanne Claude im Jahr 1995 und vor allem der sich während der ‚Verpackungszeit' manifestierende Umgang der Bevölkerung mit Reichstag und Umfeld veränderten den ‚Reichstag' zum demokratischen ‚Bundestag'. Durch die international vielfältig kommentierte, temporäre Intervention Christos avancierten Reichstag und Umfeld während der Ausführungszeit zu einer Pilgerstätte, zu einem Ort mit Volksfestcharakter. Das Gebäude wurde unauslöschlich im kollektiven Gedächtnis mit dem künstlerischen Ereignis verbunden. Eine neue Sinngebung wurde durch die Aktion der Verpackung, die prospektiv Veränderung erlebbar machte, möglich, zumindest emotional verankert."

Gesa Mueller von der Haegen: Szenografie in architektonischen Zusammenhängen. In: Wolkenkuckucksheim, 9. Jg., Heft 1, November 2004 http://www.tu-cottbus.de/BTU/Fak2/TheoArch/Wolke/deu/Themen/041/Mueller-Haegen/mueller-haegen.htm

Verhüllter Reichstag

Der „Dritte" Reichstagsbau

Dokument 7

Der Architekturkritiker Gerhard Ullmann resümiert die verschiedenen symbolischen Ebenen des Gebäudes nach der Realisierung von Fosters Umbau:

„Geliebt wurde diese Gralsburg hart an der Grenze auch in Zeiten des Kalten Krieges nicht. Ein wunderliches Relikt, das durch die Teilung Berlins ins Abseits geraten war und nur in Zeiten politischer Turbulenzen die Öffentlichkeit auf ein ungelöstes Problem aufmerksam machte. Der Reichstag, ein hochpolitischer Ort, war Klagemauer und Beschwörungsstätte, eine Berliner Kultstätte für Freiheitsbekundungen, ein Ort, der den Politikern viel Freiraum für Rhetorik ließ. Ein trefflicher Ort für nationale Gefühle und große symbolische Gesten, der jederzeit der Politik zur Verfügung stand, wenn es galt, das ramponierte Selbstbewusstsein der Deutschen etwas aufzufrischen.
(…)
Monumente dieser Größe sind exzellente Seismographen für politische Befindlichkeiten. Vergleichbar einem mit Symbolen aufgeladenen Bilderreigen, der vom Flagge schwingenden Rotarmisten 1945 bis zur Reichstagsverhüllung Christos reicht, zeigt das Gebäude den Bedeutungswandel, dem funktionsenthobene Denkmäler unterliegen. Verhöhnt vom Kaiser, 1933 in Brand gesteckt und von Stalin als ein militärisches und politisches Ziel zur Demonstration der Niederlage Hitlerdeutschlands auserkoren, war der Reichstag von Anfang an ein symbolträchtiges Gebäude deutscher Geschichte – ein Bauwerk, das mehr für Niederlagen denn für einen demokratischen Neuanfang stand und sich als Kultobjekt für Kunst und Kultur bestens eignete, ein Gebäude, das im Laufe seiner Geschichte viele innere und äußere Veränderungen hinnehmen musste. (…)

Wenn trotzdem ein Rest von Bewunderung übrig bleibt, dann ist es Fosters Jonglieren mit den Bedeutungsebenen. Sein architektonisches Konzept besticht durch drei Komponenten: der monumentalen Fassadenfront ein zeitgemäßes Interieur gegenüberzustellen, den Raum für ein modernes Arbeitsparlament zu erweitern und mit Energiesparen seinen Technologiebegriff aufzufrischen. Das Ergebnis ist bekannt: ein ausgehöhlter Reichstag, der sein modernes Innenleben hinter einer monumentalen Fassadenordnung versteckt. Auf die alte, festgelegte Repräsentationsform antwortet der Architekt mit offenen Innenräumen. Fosters Demokratieverständnis basiert auf einer verstärkten Kommunikation, die sich sowohl in der elliptischen Sitzordnung als auch in ungewohnter Blickbeziehung äußert."

Gerhard Ullmann: Die Reichstagskuppel. In: db 12/97, S. 26

Dokument 8

Der israelische Journalist Daniel Dagan blickt auf das deutsche Reichstagsgebäude:

„Ich muss zugestehen, dass ich im Laufe der Jahre eine Beziehung zu diesem Gebäude entwickelt habe. Wie vielleicht auch viele andere Menschen, die sich mit Deutschland mehr oder weniger intensiv befassen. Zwar habe ich den Reichstag seit meinem ersten Besuch nur selten betreten. Aber ich habe immer wieder über ihn gelesen. Und oft genug habe ich ihn – wie wohl andere Berufskollegen – in Artikeln, Sendungen oder Debatten erwähnt. Begeistert hat mich dieser Bau noch nie. Wie konnte er das auch? Für mich stellte er allerdings zunehmend einen geografischen und geschichtlichen Mittelpunkt dar. Vor dem Fall der Mauer in seiner Funktion als markantes Symbol zwischen Ost und West. Danach als Verkehrsknoten und letztlich als Riesenbaustelle inmitten des neu zu gestaltenden Berlins.
Als der Verhüllungskünstler Christo den Reichstag in einem neuen Gewand zeigte, konnte ich nicht zu einer Reise nach Berlin überredet werden. Ich sah einfach keine Veranlassung, bloß wegen dieser überdimensionalen, auf den ersten Blick wahnsinnigen Verpackung auch meinen eigenen Koffer zu packen. Doch bald darauf bekam ich die lockere, volksfestähnliche Atmosphäre am Fuße des mit Stoff verhüllten Gebäudes hautnah zu spüren. Meine Kinder, die dort waren, riefen begeistert an, um von der Magie der Bilder und der Stimmung zu berichten.
Der Reichstag ist also nicht nur ein geschichts-, sondern auch ein emotionsgeladener Bau – zum Bösen und zum Guten. Dies wird selbst bei ausgewählten Besuchern und Beobachtern deutlich, von den Berlinern und den Deutschen insgesamt ganz zu schweigen. Ein so besonderer Ort bietet gewiss die Möglichkeit, aus der Geschichte nicht nur zu lernen, sondern sie auch zu spüren, zu fühlen und im besten Sinne des Wortes nachzuempfinden.
Die Rückkehr des deutschen Parlaments zum Reichstag geschieht unter einem guten architektonischen Vorzeichen, soweit man es jetzt schon beurteilen kann. Es wurde eine interessante, funktionelle Lösung gefunden, alt und neu in diesem geschichtsträchtigen Bau zu verbinden. So könnte es mit der parlamentarischen Arbeit selbst auch gelingen. Die Verknüpfung von manchen alten Ansätzen der deutschen Demokratie mit den guten bundesrepublikanischen Erfahrungen ist zugleich eine klare, überdeutliche Absage an alles, was im Dritten Reich geschah."

Daniel Dagan, zitiert nach: http://www.bundestag.de/bp/1999/bp9902/9902005.html

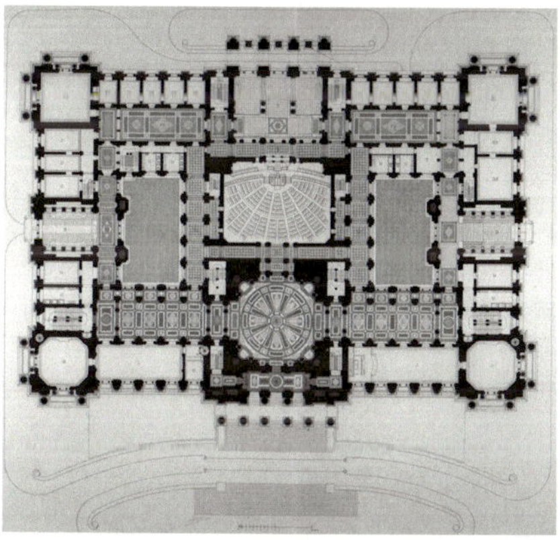

a

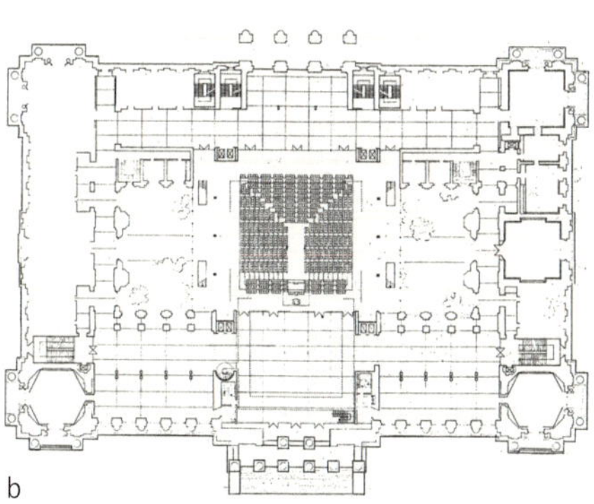

b

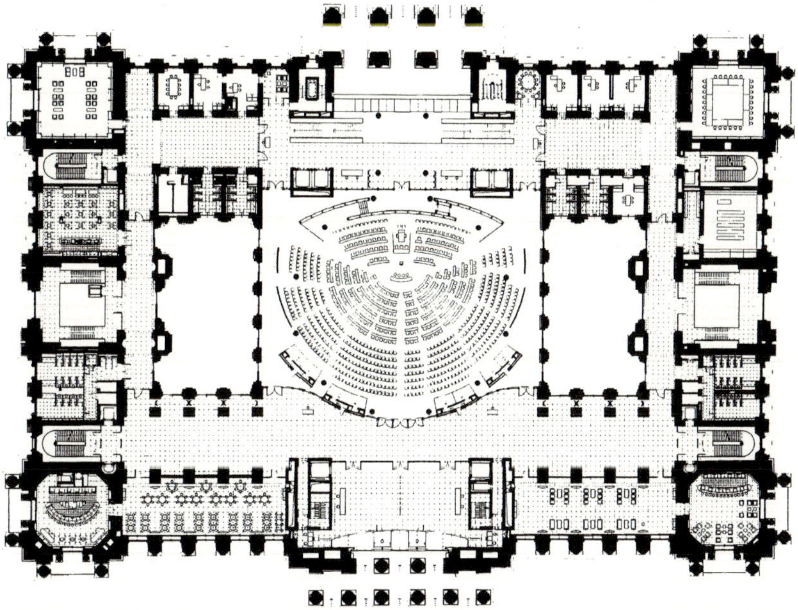

c

Drei unterschiedliche Grundrisse für drei Zeitzustände:

a Original
b Umbau Baumgarten
c Umbau Foster

Dokument 9

Der damalige Präsident des Deutschen Bundestages, Wolfgang Thierse, äußerte sich im Jahr 2000 in einem Interview über das Reichstagsgebäude:

„Zunächst hat er (Norman Foster; Anm. d. Verf.) die eigentlich historische Schicht wieder sichtbar gemacht. Der Wallot-Bau war hinter den Umbauten der sechziger Jahre kaum mehr zu erkennen. Zweitens hat er auch die russischen Inschriften von 1945 freigelegt. Dieses doppelte Bekenntnis zur Geschichte halte ich für rundum gelungen. Doch zugleich handelt es sich um eine moderne Neuinterpretation. Nicht nur für den Plenarsaal, sondern auch für andere Bereiche mussten moderne funktionale Lösungen gefunden werden.
Beispielsweise sind die Besucheretage und die Brücken etwas, das gegen das innere Gewölbe verstößt. Andererseits brauchten wir eine solche Etage. Da zugleich dieses Gewölbe wieder sichtbar gemacht wurde, halte ich das für einen gelungenen Kompromiss. Denn sonst hätte man das Haus nicht derart für das Publikum öffnen können. Der wirkliche Erfolg dieses Hauses ist, dass innerhalb von anderthalb Jahren über dreieinhalb Millionen Besucher sowohl in die Kuppel als auch in den Plenarsaal gekommen sind.
Wären die Besucheretagen nicht so modern und funktional eingerichtet, wäre das Haus nicht so gastfreundlich."

Interview mit Michael Mönninger, Der Architekt 12/2000, S. 16

Die Reichstagskuppel mit dem Durchblick auf die Abgeordneten in der Mitte

Dokument 10

Der damalige Bundestagsabgeordnete Adolf Arndt hat schon 1960 in einem berühmt gewordenen, auch heute noch häufig zitierten Vortrag über das Bauen in einer Demokratie gesprochen. Er greift dabei auch einen Aspekt auf, der heute – ob beim Bau des Kanzleramtes, des Reichstages oder bei einem Länderparlament – gern ins Feld geführt wird: „Das kostet zu viel; dafür könnte man x Kindergärten bauen":

„Immer ist es ein Alarmzeichen für die Demokratie, sobald aus einer Gesellschaft, die Vergeudung keineswegs scheut, der Fanatismus einer angeblichen Sparsamkeit laut wird, dass die Gesellschaft es ja gar nicht wert sei, sich selber in Bauten Organe zu geben, die dem Gemeinsamen gewidmet sind. Hierbei fällt mir ein, dass wir der Mode nach zwar alle heute uns Demokraten nennen, aber die peinlichste Pfennigfuchserei beginnt, sobald es sich um das bauliche Herz der Demokratie handelt, um die Parlamentsgebäude. (...) Zuweilen sind es dieselben, die sich ihrer dem Gemeinsinn gewidmeten öffentlichen Bauten nicht für wert halten, dieselben, die teure Reisen machen und noch Eintritt bezahlen, um die kitschige Sinnlosigkeit der Schlösser eines verrückten Bayernkönigs zu sehen.
Eine Demokratie ist nur so viel wert, wie sich ihre Menschen wert sind, dass ihnen ihr öffentliches Bauen wert ist. Den Hintergrund bildet, dass Demokratie als Selbstbestimmung mündiger Menschen es in der Tat schwerer hat, sinnfällig zu werden. Die Embleme des Herrschens, auch in Form von Bauten, haben es leichter, staunenswürdig für die zu sein, über die sie sich erheben und die für sie keine Verantwortung tragen. Das Bleibende wird darin als ein Fremdes, doch so Greifbares, sichtbar gemacht. Aber die Demokratie, die dem wechselnden Einfluss und dem Wandel ja nicht bloß um der Veränderlichkeit willen, sondern wegen ihres Offenseins auf ein viel wirklicher Bleibendes hin dem Menschen als Maß und Mitte Raum geben soll, die Demokratie muss das Unsichtbare sehen lassen, dass die Menschen ihrer selbst in diesem Miteinander ihres Mitmenschlichseins, ihrer Gesellschaft, ihrer Gemeinschaft, ansichtig werden. Die demokratische Aufgabe des Bauens ist, dass ein jeder Mensch sich als Mensch für sich und als Mensch im Gefüge gewahrt."

Adolf Arndt: Demokratie als Bauherr (1960). In: Ingeborg Flagge, Wolfgang Jean Stock (Hrsg.): Architektur und Demokratie. Hatje Verlag Stuttgart 1992, S. 58

Arbeitsanregungen

- **Was kann ein „demokratisches Bauen" sein?**
- **Wo kann eine zeitgemäße, heutiges Demokratieverständnis repräsentierende Architektur ansetzen? Wie gelingt es z. B. Norman Foster, den Gedanken der Volkssouveränität auszudrücken?**
- **Wie stehen Sie zu den Äußerungen Adolf Arndts, dass die Repräsentationsbauten einer Demokratie genauso aufwendig sein können wie ein Schloss?**

Weitere Aufgabenstellungen und ausführlichere Dokumente unter www.akh.de, www.aknw.de und www.denkmalschutz.de im Internet.

3.2 Paulskirche, Frankfurt am Main

Georg Heß, Johann Friedrich Heß 1789–1830
Wiederaufbau: Rudolf Schwarz, Eugen Blanck, Johannes Krahn, Gottlob Schaupp 1947/48

Ein (Kirchen-)Bau steht für die Wiege der modernen Demokratie in Deutschland.

Die Paulskirche wurde 1792 als evangelische Kirche eröffnet, aber erst 1833 vollständig fertig gestellt. Im Rundbau tagten 1848–1849 die Delegierten der Frankfurter Nationalversammlung, der ersten frei gewählten Volksvertretung Deutschlands. Das hatte seine Logik, stand doch die Paulskirche als großer protestantischer Kirchenbau der freien Reichsstadt Frankfurt, nur wenige Schritte von Rathaus entfernt, als Zeichen eines selbstbewussten Bürgertums. Der Bauablauf wurde von Rat und Bürgerschaft kritisch begleitet und seine Architektur diskutiert – man hatte Zeit dazu, da die napoleonischen Kriege eine längere Baupause erzwangen.

Im Zweiten Weltkrieg wurde der Bau fast vollständig zerstört. Als Symbol für die Freiheit und aufgrund seiner Rolle als Wiege der Demokratie in Deutschland wurde er als eines der ersten Gebäude in Frankfurt wieder aufgebaut, zu einer Zeit, da man sich Hoffnungen machte, Hauptstadt der Bundesrepublik zu werden. Der Wiederaufbau wurde besonders im Inneren stark vereinfacht im Sinne einer schlichten, demonstrativ zurückhaltenden, reduzierten Architektur, die auf Schmuckelemente verzichtete.

Die zerstörte Paulskirche, Foto 1945

Die Nationalversammlung in der Frankfurter Paulskirche. Kolorierter Stich, 1848

Dokument 1

Die Paulskirche im 19. Jahrhundert, auch zum Zeitpunkt des Baues schon umstritten, führte dennoch zu einem einheitlichen Ergebnis, wie der Architekturkritiker Dieter Bartetzko feststellt:

Die Paulskirche im 19. Jahrhundert; zeitgenössisches Foto

„(…) als am 9. Juni 1833 die Kirche – nun offiziell Paulskirche – eingeweiht wurde, präsentierte sie sich als ein Bau wie aus einem Guss. Bürgerliche Solidität und gleichsam freigeistige Monumentalität, Eleganz und Diskretion hatten zu einer fragilen Balance gefunden. Roter Sandstein, zurückhaltender Dekor und die silbrig-graue, im Fernblick denn doch einer Kuppel ähnelnde Schieferhaube bestimmten den Außenbau. Das Innere überzeugte durch die Lichtfülle, die ausgewogenen Proportionen der strahlend weißen Wände und die noble, schlicht-feierliche Anordnung der zwanzig ionischen Säulen samt den umlaufenden Emporen. (…)
Gewiss, jeder einigermaßen bauästhetisch sachverständige Betrachter konnte rasch die Schwachstellen dieser aus Kompromiss und Umstand gewachsenen Architektur ausmachen. Er identifizierte den Porphyr der Säulen als geschicktes Täuschungswerk von Stukkateuren, er vermisste Skulpturen und Fresken im Inneren, bemerkte Fehlen einiger, nach dem damaligen Verständnis von Baukunst unverzichtbarer Gesimse, Friese und Dekorationen am Außenbau. Zugleich aber entdeckte er damit die wohl unvermeidbaren Nahtstellen demokratisch-bürgerlicher Entscheidungsfindung, die Architektur gewordenen Metaphern dessen, was – mit allem Glanz und allem Schatten – das Mitspracherecht innerhalb demokratischer Verhältnisse hervorbringt: Unregelmäßigkeiten, Kompromisse, die in ihrer Ambivalenz ertragen werden müssen, und als letztlich achtenswerten Ausdruck demokratischen (Bau-)Willens hingenommen werden sollten.“

Dieter Bartetzko: Ein Symbol der Republik. In: Ingeborg Flagge, Wolfgang Jean Stock (Hrsg.): Architektur und Demokratie. Hatje Verlag Stuttgart 1992, S. 112 f.

Zeitleiste

1789	Die Paulskirche wird als evangelische Kirche eröffnet, als klassizistischer Zentralbau. Der Bau wird aber erst **1833** fertig gestellt.
1848	**April** Tagung des Vorparlamentes, das die Wahl zu einer Nationalversammlung vorbereitete
1848	**18. Mai** Die Nationalversammlung tritt als erstes frei gewähltes Parlament der Deutschen in der Paulskirche zusammen. Ausarbeitung einer Verfassung für ein einheitliches Deutsches Reich bis 1849. Der Versuch der Einigung scheitert am Widerstand Preußens und Österreichs.
seit 1852	Nutzung als Kirche
1939-1945	starke Zerstörung des Gebäudes im Zweiten Weltkrieg
nach 1945	Die Paulskirche wird als einer der ersten Bauten wieder hergestellt, aber nicht rekonstruiert; die Umgestaltung wird in der Art der frühen 1950er Jahre durchgeführt, als reduzierter, „armer“ Bau, der den Krieg nicht verleugnet.
	Nutzung als Veranstaltungsraum für staatliche Feiern, aber auch z. B. für die Verleihung des Friedenspreises des Deutschen Buchhandels
1998	Ort der zentralen Feier des 1848er-Jubiläums

Dokument 2

Der Umbau nach 1945 stellte sich vollständig anders dar:

„Die schmucklos schlichte, vom Ruinösen nur einen Schritt entfernte Architektur der frühen Jahre galt (...) zum einen als notwendiger Beweis der Abkehr vom diktatorischen Pomp der NS-Architektur, als zeitbedingt karge Rückkehr zur Architektur der Moderne, die als offiziell geförderte Baukunst der Weimarer Republik rückblickend die Aura einer dezidiert demokratischen Architektur ausstrahlte. Letzteres symbolisierte in Gestalt noch des unscheinbarsten, aber eben in ‚großen einfachen Formen' errichteten Neubaus die entschlossene Rückkehr zu demokratischen Verhältnissen. Oder anders: Die Ruine, der schmucklose Neubau und die sichtliche Wiederaufnahme der Bausprache von Bauhaus und ‚Neuem Bauen'* waren den Verantwortlichen Synonyme kollektiver Buße, Einsicht und demokratischen Neubeginns. ‚Eines Tages', so schrieb der angesehene Kirchenbaumeister Otto Bartning, nachdem feststand, dass die Paulskirche als Synthese aus alt und neu, Klassizismus und Moderne wiederaufgebaut würde, ‚wenn der Streit um die Neuheit sich beruhigt hat, (wird Frankfurt) stolz darauf sein, dieses Werk zu besitzen ... Dieses wird das Urteil der Zukunft sein – so wahr wir überhaupt an unsere Zukunft glauben'."

Dieter Bartetzko: Ein Symbol der Republik. In: Ingeborg Flagge, Wolfgang Jean Stock (Hrsg.): Architektur und Demokratie. Hatje Verlag Stuttgart 1992, S. 109

* Die Begriffe „Bauhaus" und „Neues Bauen" beziehen sich auf die Architektur der Moderne der 1920er Jahre.

Dokument 3

Rudolf Schwarz, einer der Architekten des Umbaus, erläuterte rückblickend, unter welcher Maxime das Bauwerk gestaltet wurde:

„Die Denkmalpflege wollte den alten Bau historisch genau wiederhergestellt haben, aber wir widersetzten uns, denn die große Ruine war weitaus herrlicher als das frühere Bauwerk, ein riesiges Rund aus nackten ausgeglühten Steinen von einer beinahe römischen Gewaltsamkeit. So schön war das Bauwerk noch niemals gewesen und wir erreichten, dass es so blieb. (Der Bau geriet uns in) einer solchen nüchternen Strenge, dass darin kein unwahres Wort möglich sein sollte."

Zitiert nach: Dieter Bartetzko: Ein Symbol der Republik. In: Ingeborg Flagge, Wolfgang Jean Stock (Hrsg.): Architektur und Demokratie. Hatje Verlag Stuttgart 1992, S. 118

Der Innensaal nach der Umgestaltung

Dokument 4

Die bescheidene Architektur der 1950er Jahre kam mit steigendem Wohlstand und wachsendem Selbstbewusstsein der Deutschen in Verruf; die Rufe nach dem Wiederaufbau von Schlössern oder Kirchen werden immer lauter – auch wenn architektonisch herausragende Leistungen wie beim Aufbau der Paulskirche (oder der Alten Pinakothek in München) dabei zerstört würden:

„Man könne und wolle rund 40 Jahre nach Kriegsende ‚über den Abgrund der Geschichte hinweg' auch stolz sein auf demokratische Traditionen in Deutschland. So lautete ein Argument des damaligen Frankfurter Oberbürgermeisters Walter Wallmann, als er 1983 dafür plädierte, den Platz vor der Paulskirche neu zu bebauen und diese selbst, wenn nicht komplett, so doch zumindest im Inneren, gemäß dem ursprünglichen Zustand zu rekonstruieren. Im originalgetreu wiederhergestellten Kirchen- bzw. Tagungsraum des 1848er-Parlamentes, so Wallmann weiter, könne künftig, anknüpfend an die Tradition des Ortes, der Bundespräsident gewählt werden.
(…) Wallmann beschwor eine erregte öffentliche Debatte herauf. Zu Recht wurde ihm und den Befürwortern seines Vorschlags entgegengehalten, dass mit einer rekonstruierten (…) Paulskirche ein wichtiger Abschnitt ihrer Geschichte samt der deutschen Demokratie zum Verschwinden gebracht würde. Eine Paulskirche ohne die Spuren der selbstverschuldeten Kriegszerstörung und ihres kargen Wiederaufbaues – und somit auch ohne die architektonischen Metaphern des Versagens der deutschen Demokratie –, ein solcher wiederhergestellter Bau wäre geeignet gewesen, die ‚Abgründe der Geschichte' nicht nur zu überbrücken, sondern (scheinbar) zu tilgen. Die Geschichte des Wiederaufbaues erhellt, wie berechtigt Bedenken und Erbitterung der Rekonstruktionsgegner waren: 1947/48 hatte der Architekt Rudolf Schwarz die vollkommen ausgebrannte Kirche als Symbiose aus Mahnmal und Tagungsstätte wiedererstehen lassen. (…)
Die elliptische Rotunde des Kirchenschiffs, ehemals mit einer teils behäbig, teils triumphal wirkenden, kuppelartigen Schieferhaube bedeckt, erhielt eine kupferne Flachkuppel mit einer gleichfalls niedrigen, konkav geschwungenen Laterne. Seither hält der Außenbau gleichsam die Schwebe zwischen Torso und Bauwerk, zwischen Mahnmal und Baudenkmal.
Im Inneren hatte Schwarz ein Untergeschoss als runde Wandelhalle eingefügt; drückende, kryptenartige Proportionen, untersetzte Rundpfeiler in Erinnerung an das korinthische Säulenrund des zerstörten klassizistischen Kirchenraumes und schmucklose weiße Wände – kaum ein Besucher blieb unberührt vom suggestiven Eindruck dieses Innenraumes. Schwarz plante ihn als Metapher vorangegangener Unterdrückung, der als sinnfälliger Befreiungsakt der Aufstieg in die lichte Weite des Versammlungsraums folgt: Weiße Wände, offener Dachstuhl, konzentrisch angeordnete Lichterketten (in denen gleichfalls die einstigen Säulen als raumgliederndes Element nachklingen), schwarzes, halbrund geordnetes Gestühl, Rednerpult, Orgel und die Fahnen deutscher Länder – alles war der geometrischen Grundform und ihrer beeindruckenden Ausstrahlung untergeordnet.

Dieter Bartetzko: Gerettet – Die restaurierte Frankfurter Paulskirche. In: Bauwelt 44/88, S. 1910 f.

Dokument 5

Der Denkmalpfleger Christoph Mohr kommentiert die Tendenz, die Bescheidenheit der Nachkriegszeit heute rückgängig zu machen:

„ In gleichem Maße, wie sich das Publikum den historistischen Tendenzen der Gegenwart zuwendet, mit ihren Kopien ganzer untergegangener Fachwerkensembles und dem beliebigen Nachbau und paraphrasierenden Wiederholen verlorener Einzeldenkmale, in gleichem Maße wird die Moderne denunziert als Urheberin allen Übels etwa in Form von Trabanten-Schlafstädten und vermeintlich menschenbedrohenden, maßstabslosen Hochhäusern.
Dieses Unbehagen überträgt sich dann schnell auf die Architektur der fünfziger Jahre, soweit sie ehrlich und konsequent gegen das damals virulente stilistische Erbe des Traditionalismus, das im Dritten Reich besonders gepflegt wurde, anging.
Die radikaldemokratischen politischen Ansätze der späten 40er Jahre finden ihren Ausdruck in Bauten wie der 1948 uminterpretierten Paulskirche in Frankfurt oder dem Sendesaal des Hessischen Rundfunks. Die spartanisch-karge Geisteshaltung der Frühzeit, die sich in einer klaren Architektur ohne Überflüssiges ausdrückt, wird später überlagert von Architekturströmungen des ‚Wir sind wieder wer' der verschiedenen Aufschwung- und Wirtschaftswunderphasen, wobei auch Traditionen des sog. landschaftsgebundener Bauens immer noch parallel weiterbestehen."

Christoph Mohr: Überlegungen zum Denkmalbegriff der Nachkriegsarchitektur. Schriftenreihe des Deutschen Nationalkomitees für Denkmalschutz (Hrsg.): Architektur und Städtebau der Fünfziger Jahre. Bonn 1988, S. 16

Arbeitsanregungen

- **Die Schülerinnen und Schüler können den Bau des 19. Jahrhunderts in Vergleich setzen zum Bau nach 1949: Ist die von Rudolf Schwarz bewusst angestrebte Schlichtheit nachvollziehbar?**
- **Die Diskussion sollte sich auf die Frage nach dem angemessenen Umgang mit „demokratischen" und „undemokratischen" Bauten der Vergangenheit konzentrieren: Kann man Geschichte auslöschen, indem man Bauten vernichtet, die symbolisch für einen Teil der Geschichte stehen?**
- **Der Text 5 fügt noch einmal einen anderen Aspekt hinzu: Vielleicht ist es nicht einmal das gewünschte Ausblenden des Nationalsozialismus, sondern vor allem das Unverständnis der modernen Architektur gegenüber, das Vorschläge wie den Walter Wallmanns hervorbringt?**

Weitere Aufgabenstellungen und ausführlichere Dokumente unter www.akh.de, www.aknw.de und www.denkmalschutz.de im Internet.

3.3 Stadtschloss Berlin

Ein Schloss des Absolutismus und des Preußentums – und der Deutsche Bundestag diskutiert darüber, ob und in welcher Architektur er wieder aufgebaut werden solle?

Den Bau eines Berliner Stadtschlosses gibt es gar nicht. Was vor dem Zweiten Weltkrieg stand, war – wie meistens bei vergleichbaren Bauten – eine Addition von zu verschiedenen Zeiten gebauten Teilbereichen. Der Grundstein wurde bereits 1443 gelegt, als kurfürstliches Schloss, das einhundert Jahre später umfassend umgebaut wurde. Den berühmtesten und künstlerisch wertvollsten Teil entwarf der Barockbaumeister Andreas Schlüter, der 1698 einen monumentalen Bau unter Einbeziehung der alten Teile begann. Erst Mitte des 19. Jahrhunderts erhielt die Schlosskapelle ihre Kuppel.

Nach Einführung der Republik 1918 wurde das Schloss 1921 zum Museum und ging 1926 in den Besitz des Staates über. 1945 wurde es durch Bomben stark zerstört, 1950 wurden die Reste von der Regierung der DDR gesprengt, weil sie einem sozialistischen Aufmarschplatz im Wege standen und das Schloss als Symbol der Monarchie galt; nur ein Portal wurde erhalten. Der „Palast der Republik" der DDR stand nicht an der gleichen Stelle wie das Schloss, sondern – wegen des Aufmarschplatzes – verschoben dazu; er wurde für das Parlament der DDR („Volkskammer") 1973–1976 gebaut (Architekt: Heinz Graffunder). Bei den Bürgern der DDR war er beliebt als Treffpunkt mit internationalem Flair. Seine historische Bedeutung über die DDR-Volkskammer hinaus erhielt er, weil dort 1990 die erste frei gewählte Vertretung der DDR den Anschluss an die Bundesrepublik beschloss.

Schon kurz nach der Wende wurde die Frage eines Wiederaufbaus des Stadtschlosses von privater Seite lanciert, ohne dass es einen Inhalt für den Bau gegeben hätte. Gleichzeitig zerstörte die Asbestsanierung des Palastes der Republik diesen weitgehend. Der Deutsche Bundestag setzte im Jahre 2000 eine international besetzte Kommission ein, um Sinn und Möglichkeiten eines Wiederaufbaus des Schlosses zu prüfen.

Eher selten diskutieren Abgeordnete des Deutschen Bundestages über konkrete Fragen der Architektur; über diese Diskussion wurde gar noch international berichtet: Die Aussprache über den Bericht einer Kommission, die sich mit dem Zentrum Berlins und der Frage einer Nutzung von Schlossplatz, Palast der Republik und einem möglichen Wiederaufbau des Schlosses befasste, wurde zu einer Sternstunde des Bundestages, weil dieser begriff, dass es sich bei dem Thema um eine Frage der Identität der Gesellschaft handelt: Und das zeigt, dass ein Ort, eine Architektur und die Menschen, die damit umgehen, eine bestimmte Beziehung zueinander haben. Aber die Diskussion zeigte auch das ganze Dilemma: Wer soll das bezahlen? Und was soll überhaupt dort hinein, da wir ein Schloss als Wohnsitz des Königs gar nicht brauchen?

Hart stoßen Schloss(-attrappe) und Palast der Republik zusammen

Das Schloss
um 1750

1443 gegründet vom brandenburgischen Kurfürsten Friedrich II.

1465 Einbau der spätgotischen Erasmuskapelle
Kurfürst Joachim II. lässt an der Stelle der früheren Burg eine Renaissance-Residenz bauen.

Ende des 16. Jahrhunderts Hofbaumeister Rochus Graf zu Lynar baut Westflügel und Hofabschluss.

ab 1701 Ausbau des Schlosses zur Königsresidenz für König Friedrich I. von Preußen durch den Barockbaumeister Andreas Schlüter, der das Schloss zum bedeutendsten Profanbau des protestantischen Barocks ausbaut

Unter König Friedrich Wilhelm I. („Soldatenkönig") wird der Bau eher preiswert denn prächtig fertig gestellt (Martin Heinrich Böhme). Im 19. Jahrhundert wird noch der Kuppelbau nach einem Entwurf von Karl Friedrich Schinkel ergänzt (Friedrich August Stüler, Albert Dietrich Schadow).

1945 **3. Februar** weitgehende Zerstörung und Brand nach einem Bombenangriff

bis 1950 Teilinstandsetzung für Ausstellungen

1950 **7. September bis 30. Dezember** Sprengung des Schlosses als „Symbol des preußischen Absolutismus"

1951 **1. Mai** Der entstandene Platz wird als Aufmarschplatz mit einer Tribüne ausgebaut („Marx-Engels-Platz").

1964 Fertigstellung des Staatsratsgebäudes an der Südseite des Platzes. In dessen Fassade wird das Portal des Schlosses eingebaut, von dem aus Karl Liebknecht am 9. November 1918 die „sozialistische Republik" ausgerufen hatte.

1973–1976 Bau des „Palastes der Republik" (Chefarchitekt Heinz Graffunder), sich in der Baufläche teilweise mit dem früheren Schloss überschneidend. Der Bau ist Sitz der Volkskammer der DDR, aber auch von Anfang an als „Volkspalast" geplant, mit zahlreichen Restaurants, einem kleinen Theater und Veranstaltungsräumen.

1990 **19. September** Schließung auf Beschluss der (frei gewählten) Volkskammer wegen Asbest-Verseuchung

1993 Mehrere Monate lang wird eine Plastikplane mit dem Bild des Schlosses im Maßstab 1:1 an einem Gerüst gezeigt, um die Bedeutung des Originals vor Augen zu führen (s. Abb. S. 91).

1993 Der Hauptstadtausschuss des Deutschen Bundestages beschließt den Abriss des Palastes der Republik

2003 Erneuter Beschluss des Deutschen Bundestages zum Abriss, nachdem mehrere Architektenwettbewerbe durchgeführt worden waren. Eine vom Bundestag und vom Land Berlin eingesetzte internationale Expertenkommission hatte als Nutzung eines auf der Fläche des alten Schlosses geplanten Gebäudes ein kulturelles „Humboldt-Forum" vorgeschlagen, bei dem drei der barocken Fassaden rekonstruiert werden sollten (geschätzte Baukosten: 670 Mio. Euro).

2004 **Frühjahr** Beginn verschiedener Zwischennutzungen kultureller Art im entkernten und nur noch als Gerippe vorhandenem Palast der Republik

Das Schloss in einem Gemälde von Eduard Gaertner, 1852

Dokument 1

Die städtebauliche Bedeutung des Schlosses beschreibt der Architekturhistoriker Goerd Peschken:

„Das Schloss stand genau in der Mitte der Stadt und hat, solange es stand, Berlin architektonisch beherrscht. Die Traufen der Mietshausblocks, deren Monumentalität ich so bewunderte, haben mit 22 Metern dem Schloss eben an Dreiviertel seiner Höhe gereicht. Seine königlichen Balustraden standen 30 m hoch. Der Baublock des Schlosses war nicht einmal sehr groß – knapp 200 m lang, stark 100 m breit –, aber er war überwältigend im Straßennetz der mittelalterlichen Stadt, die, wenn schon kolonialstädtisch großzügig, so doch eben in den handwerklichen Maßen ihrer Zeit gebaut war. Die größten Häusergevierte des mittelalterlichen Berlin-Cölln erreichten nicht die Ausmaße des Schlosses in Länge und Breite, und der größere der beiden Schlosshöfe hatte die Grundfläche etwa des Neuen Marktes, des größten Platzes im alten Berlin; im 18. Jahrhundert noch werden die Schlosshöfe Platz genannt. Über der also durchaus stattlichen, aber keineswegs riesigen Grundfläche des Schlosses war aber eine Architektur aufgerichtet von ungeheurer Monumentalität. Die große Wirkung kam aus Einfachheit. Die beiden städtebaulich wirksamen Längsfronten liefen unter horizontalen Balustraden in einer Höhe durch, die Fronten waren fast ohne Vorsprünge. Wer diesen Schlossblock genauer besah, merkte freilich, dass seine großen Portale nicht symmetrisch standen, dass hier und da nicht recht verständliche Vor- und Rücksprünge eintraten und dass mehrfach das kunstvolle System der Fensterrahmungen wechselte – Überbleibsel teils von Änderungen des Bauplanes während des Bauens, teils von verwendeten Vorgängerbauten, die zur Spree hin noch offen zutage traten. Die Vielfalt von 250 Jahren Geschichte des Baues selbst und der Reichtum der barocken Baupläne und schon ausgebauten Trakte war offensichtlich von einem großen Willen zu dem gewaltigen Block zusammengezwungen worden. Die einzelnen Fassadensysteme und Portalbauten, hier von festlichem Reichtum oder von edlem Pathos, dort von distanzierter Heiterkeit, auch einmal ins Bombastische fallend, waren mit einer gewissen Rücksichtslosigkeit und Nüchternheit zu dem rationalen Rechteck mit den beiden Höfen zusammengefasst."

Goerd Peschken: Städtebauliches über das Berliner Schloss. In: Karl Schwarz (Hrsg. im Auftrag der TU Berlin): Die Zukunft der Metropolen: Paris London New York Berlin. Dietrich Reimer V. Berlin 1984, Bd. 1, S. 241 f.

Die Schlosszerstörung

Dokument 2

Der Abriss des Schlosses nach 1945 wurde von der Regierung der DDR beschlossen, weil es einem geplanten Aufmarschplatz im Wege stehe und der Bau Ausdruck des hohenzollernschen Imperialismus sei:

„Nachdem bereits im Mai 1944 eine Sprengbombe auf der Lustgartenseite ein breites Loch in die Fassade des Schlosses gerissen hat, wird am 3.2.1945 während des stärksten Luftangriffs auf Berlin auch das Schloss von mehreren Spreng- und Brandbomben getroffen, sodass es weitgehend ausbrennt. Augenzeugen berichten, dass weitere Teile des Schlosses während des Artilleriebeschusses am 27.4.1945 niederbrennen. Drei Monate später, am 23.7.1945, legt Hans Scharoun als Stadtrat für Bau- und Wohnungswesen dem Magistrat einen Antrag vor, in dem er auf die Notwendigkeit hinweist, die beschädigten Schlösser vor dem völligen Verfall zu bewahren. Er stellt in der anschließenden Debatte fest, es ginge um die Erhaltung kulturhistorisch bedeutsamer, unersetzlicher Architektur, wenigstens sollten die Schlüter'schen Figuren* behelfsmäßig gesichert werden. Stadtrat Arthur Pieck widerspricht dem Antrag Scharouns: *Der Antrag ist zu allgemein gefasst. Die Schlösser enthalten keineswegs nur Gegenstände von Wert, sondern auch viel Kunstkitsch. Niemand hat heute ein Interesse an Machwerken, die nur Ausdruck des hohenzollernschen Imperialismus sind.* Scharoun zieht die Vorlage zurück und behält sich vor, Einzelanträge mit konkreten Unterlagen einzureichen. Am 20.8.1945 stellt Scharoun einen solchen Antrag auf Bewilligung von 71.200 RM zur Sicherung künstlerisch wertvoller Teile am Berliner Schloss, am Schloss Charlottenburg, am Haus Kamecke (von Schlüter) und dem Jagdschloss Grunewald. Der Antrag wird mit 10:8 Stimmen abgelehnt, da Arbeitskräfte und Geldmittel vor allem für den Wohnungsbau eingesetzt werden müssten, um Wohnraum für den nahenden Winter zu schaffen.
(...)
Die Volkskammer (...) beschließt (1950, Anm. d. Verf.) das ‚Aufbaugesetz', dessen Ziel (...) *die schöne deutsche Stadt* ist. Die Gutachten zur Erhaltung des Schlosses werden übergangen, die Proteste gegen den Abriss als organisierte Aktion *der Herren Reuter und seiner Spießgesellen* abgetan. Zur Legitimation hatte noch am Vorabend die Landesleitung des ‚Kulturbundes zur demokratischen Erneuerung Deutschlands' eine Resolution verfasst, die später als ‚Gutachten' bezeichnet wird. Der Kulturbund lehnt den Wiederaufbau des Schlosses einstimmig ab, ebenso *die Erhaltung des Schlüterhofs und des Eosanderportals an ihrem alten Platz, selbst bei Einfügung dieser Schlossteile in einen neu zu errichtenden Tribünenbau oder Ähnliches, (...) wobei die Wiedererrichtung des Schlüterhofes und des Eosanderportals an anderer geeigneter Stelle selbstverständliche Voraussetzung bleiben muss.* Der Kulturbund geht in seinen *Wünschen für die Neugestaltung des Lustgartens als Aufmarschplatz der Werktätigen* weiter als der Ministerrat und der Magistrat am 23.8.1950: *Die Abtragung des Schlosses wurde einstimmig befürwortet.*"

* Figürlicher Schmuck des Barockbaumeisters Andreas Schlüter

Johann Friedrich Geist, Klaus Kürvers: Das Berliner Mietshaus 1945–1989. Prestel München 1989, S. 324, 326

Palast der Republik

Der Palast der Republik und die Diskussion um den Abriss

Dokument 3
1993 gab es den ersten Beschluss zum Abriss des Palastes der Republik. Der Architekturkritiker Manfred Sack beschreibt, was – selbst aus westlicher Sicht – der „Palast der Republik" war und welche Nutzung an seinem Ort entstehen müsste:

„Doch so unausstehlich, wie der (sehr berechtigte) Zorn auf das SED-Regime es vielen nahe legt, ist der Palast nicht. Man erkennt in ihm den Versuch, es architektonisch mit dem Konkurrenzstaat West aufzunehmen (besser: ihm nachzulaufen), aber auch einen, dem Phantom der ‚sozialistischen Stadt' und der Berliner leeren Mitte einen neuen, erstaunlich anderen Inhalt zu geben. So lässt der Bau mit seiner Fassade zwar leicht an irgendein ehrgeiziges Westkaufhaus denken, doch er war etwas ganz anderes: ein überraschend vielfältiger, öffentlicher Gebrauchsgegenstand von großem kulturellen und hauptstädtischen Anspruch.
Seine drei wichtigsten Teile sind der riesige, mit äußerstem technischen Raffinement zu verkleinernde Saal am einen Ende, war die Volkskammer (in der immerhin die deutsche Vereinigung beschlossen worden ist) am anderen, schließlich das ausladende Stadtfoyer dazwischen, eine große verglaste Loggia, ein (künstlich beleuchteter) Lichthof, wie ihn die Warenhäuser des 19. Jahrhunderts sich noch geleistet hatten, ein wirklich öffentlicher, wenngleich von manchen etwas verlegen genutzter Raum. Rings um ihn gab es ein kleines Theater, gab es Restaurants und Cafés, auch Läden, Bars, Kioske, eine Theaterkasse, eine Post. Der Palast war ein populäres, offenes Haus – und allem westlichen Hochmut trotzend tatsächlich so etwas wie ein ‚Volkshaus'. In welchem Land sonst gab es diese traumhafte Nachbarschaft von Politik und Großstadtleben, von Abgeordneten und ihren Wählern, dem Souverän? Nirgendwo.

Vermutlich vergeblich – mit schönem Gruß vom Volk

Also muss man die historische Institution pflegen, selbst wenn die Politiker wenig Neigung zeigen sollten, sich hier unter die Leute zu mischen.
Seit seiner Eröffnung am 24. April 1976 hatte der Palast der Republik siebzig Millionen Besucher. Es gab darin jährlich tausend Konzerte, Fernsehveranstaltungen, Shows. Die Bilanz nennt 92 Prozent kulturelle, nur 8 Prozent politische Ereignisse. Und genau dies, die Idee des ‚Volkshauses' von kulturellem Anspruch, sollte die zündende Idee für die Wiederbelebung des historischen Zentrums von Berlin sein (...)
Mit der Idee des offenen Hauses für alle sollte auch das zukünftige Programm entwickelt werden: für die städtebauliche und architektonische Erneuerung der Spreeinsel an dieser Stelle – und hoffentlich unter der (...) erprobten Devise der ‚kritischen Rekonstruktion des Stadtgrundrisses'; denn die schlösse die automatische Replik des Schlosses und seine stadtbegrabende, seine stadtraumvernichtende Baumasse aus."

Manfred Sack: Furcht vor geschlossenen Veranstaltungen. In: Bauwelt 23/93, S. 1215 f.

Dokument 4
Der Denkmalpfleger Georg Mörsch protestiert:

„Sollte der Beschluss des Hauptstadtausschusses vom März diesen Jahres, den Palast der Republik abzureißen, wirklich in die Tat umgesetzt werden, dann wird diese Denkmalzerstörung unheilvoll an vorhergegangene Zerstörungstaten anknüpfen, mit der die Bundesregierung zwar ohne Fachkompetenz – denn einen Bundeskultusminister oder einen entsprechenden Bundesdenkmalpfleger gibt es nicht –, aber mit obrigkeitlicher Arroganz wichtigste materielle Zeugen der deutschen Nachkriegsvergangenheit durch Vernichtung zum Schweigen gebracht hat (...)
Sollte der Palast der Republik in der Tat abgerissen werden, wird man bezüglich ihrer architektonischen Erinnerungsfähigkeit dieser Bundesregierung zumindest einen Vorwurf nicht machen können, nämlich den, sie behandle den neuen Osten Deutschlands schlechter als den alten Westen. Denn ein Baudenkmal, also ein herausragender materieller Zeuge einer abgeschlossenen Kulturepoche, ist der Palast der Republik ganz ohne Zweifel. Neben der ‚Stalinallee', den Grenzbefestigungen und dem Berliner Fernsehturm ist er die deutlichste materielle Manifestation für Anspruch und Versagen des Ostberliner Regimes, auch für seine Unterdurchschnittlichkeit in architektonischen Belangen und selbstverständlich auch, weil der Abbruch des Berliner Schlosses zur Geschichte dieses Ortes dazugehört, für seinen geschichtsklitternden Vandalismus."

Georg Mörsch: Ein Ort toleranten Umgangs. In: Bauwelt 223/93, S. 1224

Dokument 5

Der Schriftsteller Friedrich Dieckmann beschreibt die Ost-Perspektive beim Abrissbeschluss:

„Es fällt auf, dass jene, die über die Zukunft des Gebäudes in öffentlicher Rede befinden, Menschen, Bürger, wir können nun sagen: Mitbürger sind, die das Haus weder bezahlt noch benutzt haben. Darin unterscheiden sie sich wesentlich von den Bewohnern jener Zonen, die mit dem Wort ehemalig apostrophiert werden, als müsse man sich des Präteritums fortgesetzt versichern: den Bewohnern Ost-Berlins und der übrigen DDR. Die haben schwer geblecht für den ausladenden Bau, der zur Zeit seiner Aufrichtung mit Recht »Ballast der Republik« hieß; ein jeder, vom Säugling bis zum Greis, hat damals im Mittel weit über hundert Ostmark für ihn aufbringen müssen. Sie haben sich schadlos gehalten, indem sie das Haus, das sich, als es fertig war, als ein offenes Haus zeigte, weidlich genutzt haben: seine vielen guten und billigen Restaurants, den großen Konzert- und Veranstaltungssaal, das kleine Theater und nicht zuletzt das mit weißem sibirischen Marmor ausgeschlagene Foyer mit seiner nicht uninteressanten Bilderversammlung und dem vielfach nutzbaren Musikpodium. ‚Ich bin entsetzt', sagt mir eine sechzigjährige Postbotin, die, allein und mit ihren Kollegen, dort oft hingegangen war: ‚Ich bin entsetzt, dass das alles auf einmal Mist gewesen sein soll.' Der Satz verdient, genau gehört zu werden; er drückt das Empfinden aus, dass, indem man den Leuten einen Ort des Vergnügens nimmt, ihnen auch das vormals dort erlebte Vergnügen streitig gemacht wird. Gelebte Vergangenheit wird ihnen an einer als positiv, ja festlich empfundenen Stelle entzogen – an einem Ort, der, anders als das Lindenpalais der Regierung, anders als der milliardenteure Gewerkschaftspalast an der Jannowitzbrücke oder gar das ZK-Gebäude des Bauherrn Hjalmar Schacht, ein ihnen offen stehender Ort war, dessen sporadische politische Instrumentalisierung sie so kalt ließ wie abends im Fernsehen die ‚Aktuelle Kamera'.

Diejenigen, die jetzt über das Schicksal des Baus verfügen, haben eine völlig andere Perspektive auf ihn als die, welche mit ihm lebten, nachdem er von ihren Steuern bezahlt worden war. Dieser westliche Blickwinkel, der sich das Bauwerk als Erbmasse zueignet, um nach Belieben damit zu verfahren, ist ähnlich abstrakt wie die Perspektive, die die sowjetische Kontrollkommission und die SED-Führung 1950 gegenüber dem Hohenzollernschloss bekundeten. Es war die Perspektive des Siegers.(…)"

Friedrich Dieckmann: Staatsräume im Innern Berlins. In: Ders.: Vom Einbringen. Vaterländische Beiträge, edition suhrkamp, Frankfurt am Main 1992, S. 195–228

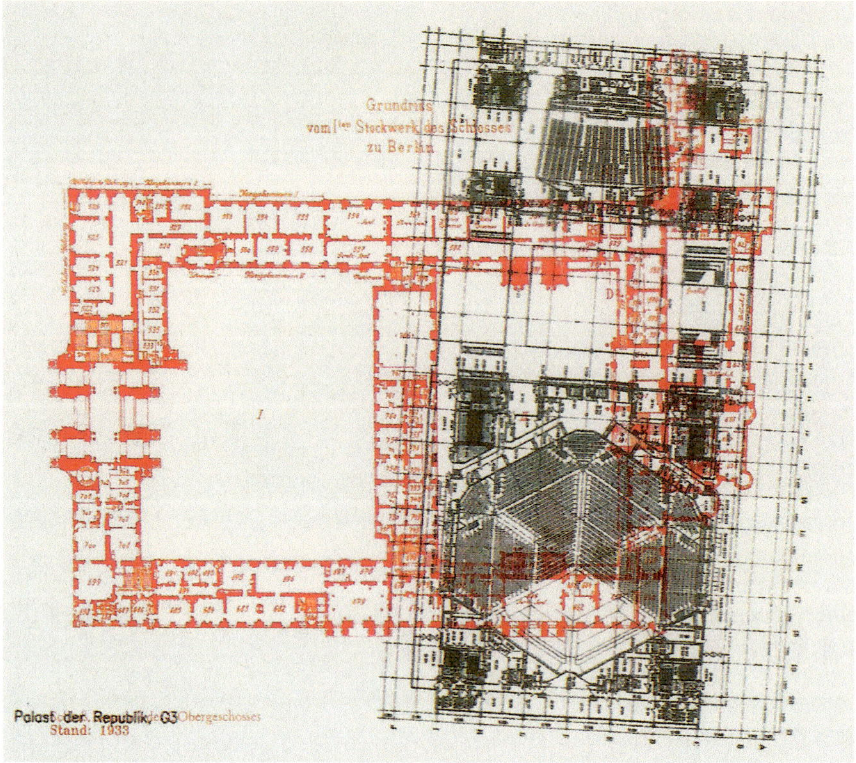

Grundrisse – Unvereinbarkeit von Palast und Schloss

Wiederaufbau? Rekonstruktion? Oder was?

Dokument 6

Der Architekturhistoriker Hanno-Walther Kruft geht das Problem von Zerstörung und Wiederaufbau grundsätzlich an. Die Frage nach der Zulässigkeit von Rekonstruktionen macht er vom Grund der Zerstörung abhängig:

„Die Einwirkung der Zeit auf ein Monument wird in jedem Fall zu seinem Bestandteil. Die Entstehung eines Monuments ist zeitgebunden. Spätere Zeiten können verändernd, konservierend, vernachlässigend oder zerstörend mit Monumenten umgehen. Es wäre eine anachronistische Forderung zu verlangen, dass Monumente grundsätzlich zu pflegen seien. Zerstörung kann im Sinne einer damnatio memoriae* oder eines Racheaktes eine Demonstration der Befreiung sein. Wie viele königliche Monumente – von hohem ästhetischen Wert – wurden während der Französischen Revolution zerstört! Wie viele Monumente der alten DDR – von weniger hohem ästhetischen Wert – wurden jüngst demontiert und verschwanden in Magazinen, um vielleicht in historischen Museen wieder aufzutauchen! Der Palast der Republik in Berlin soll ja nicht nur aus urbanistischen, ästhetischen und Asbest-Gründen abgerissen werden, sondern auch, um ein Stück sichtbare Erinnerung an eine ungeliebte Geschichte zu tilgen. (...)
Wenn man sich entscheidet, ein Gebäude, das nicht zufällig, sondern aus einer bewussten Entscheidung zerstört worden ist, zu rekonstruieren, bedeutet dies den Versuch eines Eingriffs in die Geschichte, d. h. einer Revision.
Unabhängig von der Frage nach der ‚Gerechtigkeit' der Zerstörung haftet einer solchen Entscheidung der Charakter der Manipulation und Unredlichkeit an. Historische Ereignisse, d. h. auch bewusste Zerstörungen sind irreversibel. Um Tote kann man trauern und man kann sie beerdigen. Rekonstruktionen sind historische Nostalgien von Menschen, die mit ihrer Geschichte nicht fertig werden und sich den Schein einer anders verlaufenen Geschichte vor Augen führen wollen.
(...)
Wenn ein Monument als Einzelnes mitsamt seiner historischen Umgebung durch Zerstörung ausgelöscht ist, wird eine – wenn auch technisch mögliche – Rekonstruktion zur Geschichtsattrappe. Eine solche kann, um die Stellungnahme der Denkmalpfleger aufzugreifen, als ‚Handeln der Gegenwart' unter kollektivem Druck erforderlich werden, wenn ein mehrheitlicher Wille zur Geschichtsverdrängung besteht. Positiv werden solche Rekonstruktionen dann als Symbole der Identitätssicherung interpretiert. Die Bewertung dieses Vorganges ist eine moralische und eine Frage des Umgangs mit der Geschichte. Das bekannteste Beispiel ist der beschlossene Wiederaufbau der Frauenkirche in Dresden. Historisch und denkmalpflegerisch ist dieser Wiederaufbau nicht zu rechtfertigen. Als politische Entscheidung wird er verständlich, doch müssen sich die Entscheidungsträger – dies gilt auch für eine kollektive Mehrheit – sagen lassen, dass ihr Umgang mit der Geschichte unehrlich ist. Solche Entscheidungen sind Ausdruck der Restauration und spiegeln einen orientierungslosen, historisch retrospektiven gesellschaftlichen Zustand. Man kann solche Tendenzen nicht aufhalten, allenfalls bewusst machen.
(...)
[Aber es zeigt sich], wie allmählich das Bewusstsein der Zerstörungen schwindet und sich die Grenze zwischen originalen und rekonstruierten Bauteilen verwischt. (...) Die Rekonstruktion wird im Bewusstsein durch den Faktor Zeit immer mehr zum Original. Die Zerstörung, wenn man überhaupt davon weiß, wird zum historischen Unfall. Die Hand voll Wissenschaftler und Kenner, die sich über Fehler und Unzulänglichkeiten der Rekonstruktion aufregen, lässt sich ignorieren (...)
Der eigentlich kritische Fall tritt ein, wenn ein Monument weitgehend oder ganz zerstört ist. Man kann natürlich nicht in allen Fällen die Ruinen als solche konservieren und als historische Mahnmale behandeln. Dies ist nur bei Monumenten mit einem hohen Identifikationspotential möglich – wie etwa bei der Frauenkirche in Dresden, deren mahnende Qualität den Dresdnern lästig geworden ist und die deshalb durch eine Rekonstruktion ersetzt wird.
(...)
Sehr viel delikater sind jene berühmten Beispiele, bei denen Bauten beschädigt oder weitgehend zerstört und die in einem zweiten Schritt als historische Racheakte völlig beseitigt wurden. Der bekannteste Fall ist das Stadtschloss in Berlin, das in erheblichen architektonischen Teilen den Zweiten Weltkrieg überstanden hatte und erst 1950 gesprengt wurde. Die Sprengung sollte als sichtbarer Akt das Ende des preußischen Militarismus signalisieren. (...)
Aus ähnlichen Gründen wurde das Potsdamer Stadtschloss abgerissen. Schinkels Bauakademie, die durchaus zu retten gewesen wäre, musste dem Außenministerium der DDR weichen. Diese Zerstörungen waren als bewusste historische Zäsuren gemeint, als Abrechnungen mit der Geschichte, symbolisiert in ihren Monumenten. Wenn die Kriegszerstörungen noch reparabel gewesen wären, so ist der zweite, bewusste Schritt einer völligen Tilgung irreversibel. Diese Vorgänge sind historische Racheakte wie die Schleifung der Bastille und die Zerstörung der Königsdenkmäler bei der Französischen Revolution. Man kann diese Handlungen verwerflich und barbarisch finden und die Verluste beklagen, aber man darf sie nicht rückgängig machen wollen, auch wenn man es technisch könnte. Wenn man es dennoch will oder tut, so dokumentiert man seine Entschlossenheit und Geschichtsmanipulation und begibt sich auf die gleiche Ebene wie die Barbaren, deren Schandtaten man kompensieren will."

Hanno-Walter Kruft: Rekonstruktion als Restauration? In: Der Architekt 9/93, S. 522 ff.

* damnation memoriae: die absichtliche Verbannung aus dem Gedächtnis oder der Erinnerung

Dokument 7

Im Jahr 2002 diskutierte der Deutsche Bundestag über die Empfehlungen einer Expertenkomission, das Schloss mit einer öffentlichen (Museums-) nutzung („Humboldt-Forum") wieder im alten Umfang zu errichten, wobei drei historische (aber nicht mehr vorhandene) Barockfassaden rekonstruiert werden sollten. Kernsätze aus der Diskussion:

Wolfgang Thierse (SPD):
„Worüber wir heute streiten, ist die Frage, ob sich der demokratische Souverän zutrauen darf, nicht nur über ein Nutzungskonzept und allgemeine Grundsätze der Gestaltung von Berlins historischer Mitte zu befinden, sondern auch über deren Gestaltung.
(...)
Es geht nicht – um das noch einmal zu betonen – um den Wiederaufbau des Schlosses insgesamt, sondern um einen modernen Bau, der zugleich Geschichte wieder erinnert, wiedergewinnt und wieder zeigt, ohne jedoch zu verstecken, ein moderner Bau zu sein. Es geht um ein Haus für eine öffentliche Nutzung durch die Bürger, deren Bürgerengagement wir für den Bau gewinnen wollen. Das Ergebnis könnte faszinierend sein: eine der großen Museumslandschaften der Welt in der historischen Mitte der deutschen Hauptstadt. Das ist das Projekt."

Franziska Eichstädt-Bohlig (Bündnis 90/Die Grünen):
„Sorgen Sie dafür, dass von Architekten, Künstlern und Baumeistern erst das Nutzungskonzept für dieses Humboldt-Forum erstellt wird – es ist wirklich wichtig, diesen bedeutsamen Ort demokratisch zu besetzen –, bevor die Politik definitiv darüber entscheidet. Halten Sie die richtige Reihenfolge ein, also zuerst das inhaltliche Konzept zu konkretisieren und Finanzierungsmöglichkeiten zu finden! Dies wird auf jeden Fall schwierig. Machen Sie sich darüber keine Illusionen und tun Sie nicht so, als wäre die Finanzierung dadurch gesichert, indem man die Fassade von vornherein als historisierend definiert! Diese Illusion sollten wir uns nicht machen."

Dr. Günter Rexrodt (FDP):
„Letztlich sind es auch finanzielle Aspekte, die für die barocke Fassade sprechen. Wenn ich sage ‚letztlich', dann ist das eigentlich wieder nur politische Correctness, denn ohne Geld geht im Grunde genommen gar nichts. Die Public Private Partnership* wird sich schwer tun, die für diesen Bau notwendigen 670 Millionen Euro aufzubringen. Ich bin davon überzeugt, dass es, wenn wir keine barocke Fassade vorsehen, sehr viel schwerer sein wird, private Mittel und Spenden zu mobilisieren."

Eckhardt Barthel (Berlin) (SPD):
„Diese Aussage ist richtig. Aber sie ist auch nachdenkenswert, Herr Rexrodt. Ich möchte es etwas zuspitzen: Wenn wir moderne Architektur oder auch nur alternative Modelle deshalb ausgrenzen, weil sie möglicherweise kein Geld bringen – und das an einer Stelle, wo für die Zukunft gebaut wird – habe ich mit diesem Argument große Probleme."

* Gemeinsam von Staat und privater Wirtschaft finanzierte Projekte

Dokument 8

Bruno Flierl, Mitglied der vom Deutschen Bundestag und vom Land Berlin eingesetzten Expertenkommission, die die Zukunft des Schlossplatzes untersuchen sollte, kommentiert deren Ergebnis, große Teile der historischen Schlossfassaden zu rekonstruieren:

„Die Begründungen des Deutschen Bundestages für den Wiederaufbau des Schlosses sind ebenso schwach wie die der Expertenkommission. Ich diskutiere dies hier lediglich unter drei Aspekten:

Das Schloss als Mitte und zentraler Wert der Stadt?
Aus der ständig wiederholten Behauptung, das Schloss sei die Mitte der Stadt, ja sogar der Ausgangspunkt der Stadtentwicklung gewesen, wird gefolgert, dass Berlin nur mit dem wiederaufgebauten Schloss seine Mitte zurückerhalten könne.
(...)
Das alles klingt plausibel, ist jedoch in vielem ahistorisch gedacht und deshalb nur in Teilaspekten akzeptabel.
Erstens: Das Schloss war nur zur Zeit Berlins als Festungsstadt im späten 17. Jahrhundert Mitte der Stadt und wurde erst mit der Wende zum 18. Jahrhundert zum Ausgangspunkt absolutistischer Stadtentwicklung (...). Dadurch wurde es einseitig zum *Point du vue* der Straße Unter den Linden. Nach der bürgerlichen Revolution 1848 und mit dem Neubau des Rathauses verlor es trotz Kaiserreich ab 1871 und Dombau ab 1888 zunehmend an seiner dominanten Bedeutung in der Weltstadt Berlin.
Zweitens: Die durch den substanziellen Verlust des Schlosses entstandene Lücke im städtebaulichen Kontext der historischen Mitte der Stadt sollte gewiss geschlossen werden. Das kann, muss aber nicht durch ein wieder aufgebautes Schloss geschehen. In der Expertenkommission eingebrachte Vorschläge, die durch den Bau des Palastes der Republik und vor allem durch die Anlage des vor ihm liegenden maßstabslosen Platzes bewirkte Auflösung des früheren – durch das Schloss baulich fixierten – räumlichen Zusammenhanges zum Lustgarten und zum Ensemble Unter den Linden in neuer baulicher Gestalt zu überwinden und mit diesem Ziel einen städtebaulichen Wettbewerb auszuloben, sind zugunsten eines neuen Schlossgebäudes zurückgewiesen worden.
Drittens: Identität mit einer Stadt – festgemacht an einzelnen, auch noch so bedeutenden Orten und Gebäuden – entsteht im realen Leben der Menschen nachfolgender Generationen nur in dem Maße, wie diese sinnstiftende Bedeutung für ihre Gegenwart und Zukunft erlangen. Die Frage, was ein

Die Schlossattrappe aus einer bedruckten Folie auf einem Stahlgerüst

wieder aufgebautes Schloss uns Deutschen heute und morgen wert sein kann, und gar die Frage, was wir uns selbst an diesem historischen Ort mit dem alten Schloss wert sein wollen, ist unzureichend – nämlich nur ästhetisch – gestellt und beantwortet worden. *Viertens*: Wer alte Stadtgestalt mit dem alten Schloss derart apodiktisch und ahistorisch als Wert für heute setzt, der braucht nicht über den gesellschaftlichen Wert dieses Ortes in der Vergangenheit und erst recht nicht in der Zukunft nachzudenken. Der muss auch nicht die Frage stellen, ob denn allein das Schloss – wenn schon nicht der Palast allein – ein geeignetes Symbol für das vereinte Deutschland sein kann, ob dies nicht überhaupt nur ein Neubau zu leisten vermag. Was für eine Historizität soll ein wieder aufgebautes Berliner Schloss für die nach langer deutscher Teilung noch immer nur formell, nicht aber wirklich im Inneren vereinten Berliner aus Ost und West haben? Sollen sie sich ihrer gemeinsamen Zukunft in einem wieder aufgebauten Hohenzollernschloss historisch vergewissern?
(...)
Diese Orientierung auf das historische Bild vom Schloss hat, wie es bereits im Abschlussbericht der Kommission heißt, ‚institutionelle Anleger' dazu bewogen, sich ‚für dieses Vorhaben – das Schloss und nur hierfür' – ernsthaft zu interessieren. Der Bundestag hat dem Rechnung getragen, wenn er klar und deutlich sagt: ‚Durch die Vergegenwärtigung von Geschichte (...) lässt sich auch eher eine Mobilisierung privaten Kapitals realisieren'. Damit ist alles gesagt: Das große Kapital Deutschlands wünscht sich das Schloss: als barockes Ambiente zur historischen Vergewisserung seiner eigenen gesellschaftlichen Rollenspiele heute und morgen. Und der Deutsche Bundestag wünscht sich das Schloss für das ganze deutsche Volk – auch für die Bevölkerung? Was für eine Concordance* von Kapital und Volk.
(...)

* Concordance: Übereinstimmung

Fazit

Der Souverän hat gesprochen und lobt sich seines Sieges. Das macht viele glücklich, andere nicht. Viele sind vor allem erstaunt – wenn nicht zutiefst besorgt – über die Art und Weise, wie das höchste Parlament im Lande seine Entscheidung vollzog: auf der Welle einer durch die Medien jahrelang erzeugten Suggestion und selbst eifrig mitbewirkten Autosuggestion des Schlosses als der Erlösung vom Mangel an eigener gesellschaftlicher Wertsetzung in der Mitte der deutschen Bundeshauptstadt. Und dies alles mit einem emotionalen Einsatz ohnegleichen. Manche sind geradezu fassungslos über diesen in aller Öffentlichkeit inszenierten Prozess einer *demokratischen Machtergreifung der Gefühle über den Verstand*. Kein Wunder, wenn eine gewisse Presse in triumphaler Siegestrunkenheit sich schon fast selbst überschlägt – so wenn ‚Der Tagesspiegel' vom ‚demokratischen Schloss' schreibt, nur weil der Wiederaufbau des Schlosses demokratisch beschlossen wurde, oder wenn ‚Die Welt' in einer Balkenüberschrift verkündet: ‚Wir sind das Schloss' und den Weg zum Beschluss des Bundestages zum Vorgang einer wundersamen ‚deutschen Einheit' verklärt und damit den historisch berühmten Spruch von 1989 ‚Wir sind das Volk' und seine Bedeutung für die später vollzogene deutsche Vereinigung stiehlt und zur Triade banalisiert: *Wir* sind das Volk – Wir sind *ein* Volk – Wir sind das *Schloss*. Das alles ist charakteristisch für die Lage, in die wir heute geraten sind. Wie kommen wir da wieder heraus?"

Auszüge aus dem Vortrag: „Neuaneignung des Ortes, Mitte Spreeinsel' - was heißt das?", gehalten auf der Tagung der Europäischen Akademie für städtische Umwelt am 8. Juli 2002 zum Thema: „Schlossplatz - und alle Fragen offen?" Zitiert nach:
http://www.pdr.kultur-netz.de/flierl.htm

Dokument 9

Wilhelm von Boddien, Geschäftsführer des Fördervereins Berliner Schloss e.V. und Initiator des Rekonstruktionsvorhabens, schreibt:

„Das Berliner Schloss wird wieder aufgebaut, nicht wie es war, sondern zu unserer Zeit passend. Dies hat der Deutsche Bundestag beschlossen und dies will auch die Bundesregierung. Äußerlich wird es so schön aussehen wie früher und das zentrale Bauwerk der Stadt werden. Es wird das vertraute Bild Berlins wieder herstellen, die historische Mitte vervollständigen, das Stadtbild heilen. Sein Wiederaufbau macht Berlin wieder zum geliebten Spree-Athen. So entsteht ein Kontrapunkt zu den massenhaft entstandenen, modernen Quartieren.
Berlin wird dadurch nun auch architektonisch eine aufregende Stadt. Die Moderne muss sich der Stadtgeschichte stellen, sich an der historischen Architektur messen lassen, mit ihr streiten, wenn sie nicht langweilig werden will. (...)"

http://www.berliner-schloss.de/start.php?navID=31&typ=main, 28.9.2005

Schluss der Debatte?

Dokument 10

Wie so häufig, entscheidet im konkreten Fall das Geld. Da zurzeit keinerlei Aussichten auf die Realisierung des „Humboldt-Forums" bestehen, kann man aus einem Nicht-Abriss des Palastes der Republik vielleicht sogar noch – zumindest kulturellen – Gewinn schlagen. Der Journalist Nikolaus Bernau schrieb 2005:

„Im Dezember sollen die Abrissbagger kommen, und dann ist es vorbei: vorbei mit der jahrelangen Debatte um den Palast der Republik, vorbei mit dem Traum von einem Zentrum für experimentelle Kultur, vorbei mit großen Kunstberg-Fantasien. Vorbei aber auch mit der Hoffnung, schnell die barocken Fassaden des 1950 gesprengten Schlosses neu zu bauen und dahinter das Humboldt-Forum einzurichten, ein Haus für die außereuropäischen Sammlungen der Staatlichen Museen, für die Sammlungen der Humboldt-Universität und für die Berliner Landesbibliothek. Sobald der Palast abgerissen ist, wird dort nur noch grüne Wiese sein. Gras wird wachsen über alle Pläne.
Es sei denn, es gäbe eine Wende in letzter Minute. Überraschenderweise stehen die Chancen dafür seit vorigem Wochenende nicht schlecht. Am Rande eines Symposiums zur Zukunft des Schlossplatzes wurden einige verblüffende und vor allem pragmatische Vorschläge gemacht, die ein neues Nachdenken geradezu erzwingen.
Fragwürdiger denn je erscheint es nun, den Palast einfach abzureißen, bevor der Staat die nötigen 590 Millionen Euro für den Neubau aufbringen kann. Bislang hat noch nicht einmal Wilhelm von Boddien, der Geld für eine Rekonstruktion der Barockfassaden sammelt, mehr als eine halbe Million Euro auf dem Konto des Fördervereins Schloss und nur ‚Zusagen' über weitere acht Millionen – das Zehnfache braucht er wenigstens.
Umso sinnvoller erscheint die Idee des Denkmalexperten Karl Ganser. Er schlägt vor, die für den Abriss eingeplanten 20 Millionen Euro gewinnbringend anzulegen und aus den Zinsen den Palastrohbau vorläufig zu sanieren. So könnte man ihn weiter nutzen für kulturelle Aktivitäten jeder Art und doch jederzeit abreißen, sobald das Geld für das Humboldt-Forum reicht. Auch wäre auf diese Weise die Chance nicht vertan, die Ruine möglicherweise in einen Neubau zu integrieren – und damit sehr viel Geld zu sparen. Bislang hat noch niemand systematisch untersucht, ob sich die Stahlkonstruktion des Palasts für das Humboldt-Forum weiter nutzen ließe und was sie eigentlich wert ist. Keine der vielen beteiligten Staatsverwaltungen kann die Zahl nennen, die jeder Kaufmann vor dem Abriss seines Geschäftshauses als Erstes ermittelt. Ein Anruf bei Thyssen-Krupp genügt, um herauszubekommen, dass allein der Neubeschaffungswert der 22 000 Tonnen verbauten Stahls bei etwa 11 Millionen Euro liegt. Da die Stahlkonstruktion bei Bauten dieser Art nach Angaben des Stahl-Informationsdienstes in Düsseldorf etwa 10 Prozent des Neubauwerts umfasst, kann der Gesamtwert des Palastgerüsts vorsichtig auf 110 Millionen Euro geschätzt werden. Diese 110 Millionen Euro sind investiertes Kapital, das abgerissen werden soll – und zwar für eben die 20 Millionen Euro, die Ganser gewinnbringend anlegen würde.

Ganze 130 Millionen Euro ließen sich sparen, wenn die Vernunft regierte

Mit ein wenig Vernunft ließen sich also gewaltige Summen einsparen – zumal dann, wenn auch der zweite Vorschlag vom vorigen Wochenende beherzigt würde. Er stammt von dem Berliner Architekten Claus Anderhalten, der sich ungefragt die Mühe gemacht hat, einen detaillierten Plan auszuarbeiten: für einen Umbau des Palast-Stahl-

gerüsts in ein öffentliches Depot. Dicht an dicht gehängt, könnten hier in teilklimatisierter Umgebung die Schätze der Staatlichen Museen aufbewahrt und gezeigt werden. Auch kleinere Ausstellungsflächen und ein Veranstaltungssaal wären für nur 60 Millionen Euro zu finanzieren, ein Angebot, das vor allem für die Museen der Stiftung Preußischer Kulturbesitz attraktiv sein müsste. Sie brauchen eine schnelle Gründung des Humboldt-Forums für ihre weltweit einzigartigen Sammlungen außereuropäischer Kulturen, die bislang im Vorort Dahlem versteckt werden.
Am allerbesten geholfen wäre ihnen mit einem raschen Weiterbau des Palasts, so wie er bereits 1991 von Goerd Peschken und Frank Augustin angeregt worden war. Sie wollen aus dem DDR-Baukörper den barocken Schlüter-Hof des Schlosses regelrecht herausschneiden und die rekonstruierten Fassaden wie eine Kulisse an das Stahlgerüst heften. So könnte man den politischen Wunsch nach neubarocken Fassaden erfüllen, ohne sofort große Bauten als Stütze für die Fassaden errichten zu müssen. Und die rund um den Schlüter-Hof verbliebenen Flächen des ehemaligen Palasts wären mehr als ausreichend, um das Humboldt-Forum unterzubringen: Sie böten immer noch auf fünf Haupt- und zwei Tiefgeschossen fast 68 000 Quadratmeter Ausstellungs- und Depotfläche. Das ist mehr, als der historische Schlossbau mit seinen etwa 58 000 Quadratmetern jemals bot, mehr als bisher für die Museen je gefordert wurde. Vielleicht fände man sogar Platz für die sträflich vernachlässigte Landesbibliothek.
(...)
Aber kann das heutige Deutschland noch so rational handeln wie einst die preußischen Könige? Die haben niemals einen Bauteil abgerissen, den man noch verwenden kann, und sei er noch so hässlich gewesen. Wenn die Könige so gehandelt hätten wie heute die Schlossfreunde – es hätte nie ein Schloss gegeben."

DIE ZEIT 21.7.2005 Nr.3

Dokument 12

„Man kann nicht an Geschichte anknüpfen, indem man den Wortschatz verdünnt übernimmt."

Heinrich Klotz. In: Stadt Frankfurt (Hrsg.): Bauen für Frankfurt. Frankfurt 1984, S. 23f.

Arbeitsanregungen

Die Möglichkeiten, mit dem vorhandenen Material (und der Bedeutung des Themas!) produktiv zu arbeiten, sind schier unbegrenzt. Sie kreisen um die Fragen:

- **Wenn es den Begriff der „Herrschaftsarchitektur" gibt, dann ist fast logisch, dass die Sieger ganze Städte schleifen oder Repräsentationsbauten abreißen. Das ist kein neuer Vorgang. Wie aber kann man die Frage bewerten, was der Wiederaufbau bedeutet – Ausradieren von Geschichte oder gerade das Gegenteil?**
- **Welche Rolle spielt in der Diskussion, soweit sie hier wiedergegeben ist, die – eigentlich städtebauliche – Frage, wie und ob eine städtische „Mitte" besetzt werden soll (die offenbar mit einer symbolischen „Mitte des Staates" gleichgesetzt wurde und immer noch wird)?**
- **Welche Rolle spielt der Wunsch der meisten DDR-Bürger, den Palast der Republik zu erhalten – und sagt das etwas aus über den Umgang mit Ostdeutschland nach der Wende?**
- **Die kurzen Auszüge der Diskussion im Bundestag – die ausführlichen Protokolle stehen im Internet unter http://www.humboldt-forum.de/pdf/bundestag14248auszug.pdf – können die Schülerinnen und Schüler anregen, die Positionen selbst zu besetzen und zu diskutieren (Rollenspiel).**

Weitere Aufgabenstellungen und ausführlichere Dokumente unter www.akh.de, www.aknw.de und www.denkmalschutz.de im Internet.

3.4 Kölner Dom

Der „Geist“ des Mittelalters, ausgedrückt im Unterfangen einer großen, identitätstiftenden Gemeinschaftsaufgabe, dem Bau einer Kirche – und dessen Scheitern, in dem sich ein Verlust der verbindenden Kraft des Glaubens spiegelt.

Der Kölner Dom ist in den letzten Jahren ins Gerede gekommen, weil es immer wieder Auseinandersetzungen darüber gab, was man in seinem Umfeld baulich gestalten und umgestalten dürfe. Diese Diskussion, die es mindestens seit dem Bau des Hauptbahnhofes Ende des 19. Jahrhunderts gab, kann man auch anders verstehen als nur als „Angriff auf ein Denkmal“: nämlich als Element einer permanenten Auseinandersetzung mit dem Vorhandenen. Denn auch der Dom selbst hat eine Geschichte, die Teil dieser Diskussion ist.

Die dritthöchste Kirche der Welt, 6 Millionen Besucher im Jahr, eine der größten gotischen Kathedralen in Europa, seit 1996 Weltkulturerbe – aber in einem aus Frankreich importierten Stil gebaut! 1248 wurde sie von Dombaumeister Gerhard von Rile begonnen, aber erst 1322 konnte der Chor geweiht werden, und in den folgenden Jahren gab es immer wieder Schwierigkeiten, bis Anfang des 16. Jahrhunderts der Bau vorläufig eingestellt wurde; der Dom stand 300 Jahre lang als Torso über der Stadt.

Erst in der zweiten Hälfte des 19. Jahrhunderts gab es einen neuen Motivationsschub von einer ganz anderen als der religiösen Seite. Die europäischen Staaten hatten sich zu Nationalstaaten mit stark imperialen und nationalistischen Untertönen entwickelt. Sie suchten die Legitimation der jeweiligen Nation auch über die Größe und Bedeutung historischer Bauten zu vermitteln.

Die Gotik wurde in Deutschland populär, seit Goethe 1772 den Essay „Von deutscher Baukunst“ veröffentlicht hatte, in dem Erwin von Steinbach als Architekt des Straßburger Münsters enthusiastisch gefeiert wurde (das Nationale, bereits im Titel enthalten, wird auch im Text beschworen: „das ist deutsche Baukunst, unsre Baukunst, da der Italiener sich keiner eignen rühmen darf, viel weniger der Franzos“ – die Gotik offenbar als deutsche Erfindung?).

Der Nationalstolz war fest in den bürgerlichen Schichten verankert; so ging auch die Initiative zur Fertigstellung zunächst von diesen aus; die heute noch durchgeführte Domtombola wurde damals ins Leben gerufen. Die jeweiligen Herrscher nahmen die Bewegung gern auf; so wurde der Grundstein für den Weiterbau 1842 von Friedrich Wilhelm IV. von Preußen gelegt, der auch viel Geld zum Bau beisteuerte (die Rheinlande waren preußisches Gebiet). Türme und Dach wurden aber nicht etwa in einer historisch korrekten Weise konstruiert, sondern mit modernen Eisenkonstruktionen gebaut. Es lag der Pragmatismus des 19. Jahrhunderts darin, für ein Symbol nationaler Größe alle Mittel – nicht nur die historisch korrekten – einzusetzen; denn die alten Bauten wurden als Beweise nationaler Bedeutung gesehen – deshalb wurden in der zweiten Hälfte des 19. Jahrhunderts viele alte Burgen vollendet, der Dom 1880 fertig gestellt. Die Suche nach einem zeitgemäßen neuen Architekturstil mündete im Historismus und, am Ende des Jahrhunderts, in einem hemmungslosen Eklektizismus vergangener Formen.

Mit den Restaurierungen – nicht nur beim Kölner Dom – wurde häufig eine „Reinheit der historischen Formen“ herzustellen versucht. Der Historiker und Kunsthistoriker Georg Dehio (1850–1932), der Begründer einer modernen Denkmalpflege, meinte kritisch dazu: „Der Historismus des 19. Jahrhunderts hat außer seiner echten Tochter, der Denkmalpflege, auch ein illegitimes Kind gezeugt, das Restaurautionswesen. Sie werden oft miteinander verwechselt und sind doch Antipoden. Die Denkmalpflege will Bestehendes erhalten, die Restauration will Nichtbestehendes wiederherstellen. Der Unterschied ist durchschlagend. Auf der einen Seite, die vielleicht verkürzte, verblasste Wirklichkeit, aber immer Wirklichkeit – auf der andern die Fiktion. (...) Unsere Losung lautet: allerdings nicht restaurieren – wohl aber konservieren“*.

Nach der Fertigstellung des Domes wurde seine unmittelbare Umgebung zum Gegenstand ständiger Diskussion – der neue Hauptbahnhof von 1894, die Rheinbrücke in der Domachse um 1910, der Domvorplatz noch vor dem Ersten Weltkrieg, die Domplatte nach dem Zweiten Weltkrieg, der Neubau des Wallraf-Richartz-Museums und der Philharmonie in den 1980er Jahren und heute die Debatte um die Hochhäuser am anderen Rheinufer, die den Status des Weltkulturerbes bedrohen: die Auseinandersetzung zwischen Weiterentwicklung in einer Stadt und ihrem baulichen Erbe.

* Georg Dehio: Denkmalschutz und Denkmalpflege im neunzehnten Jahrhundert. Vortrag 1905. In: Georg Dehio, Alois Riegl: Konservieren, nicht restaurieren. Streitschriften zur Denkmalpflege um 1900. Braunschweig/Wiesbaden 1988, S. 97 f.

Dombau als Gemeinschaftswerk

Dokument 1

Der Bau einer Kathedrale im Mittelalter konnte nur als gemeinsame Anstrengung aller gelingen. In dem Moment, da die Kraft des Glaubens als verbindende Idee nachließ, wurde nicht mehr weiter gebaut. Der Kunsthistoriker Georg Dehio beschreibt die Auseinandersetzungen:

„Wie in Straßburg, so auch in Köln begleiteten den Dombau schwere Streitigkeiten zwischen dem Erzstift und der Bürgerschaft; wie dort, wurde der Erzbischof von den Bürgern in blutiger Schlacht (bei Worringen 1288) aufs Haupt geschlagen, und wie dort fiel die Baulast wesentlich der Bürgerschaft zu, wenn auch nicht mit so weitgehender, rechtsförmlicher Beschränkung der geistlichen Hand. Es müssen unerschütterliche Männer an der Spitze der Bauverwaltung gewesen sein, die dennoch den Fortgang sicherten. 1322, nach 74 Baujahren (...), stand der Chor fertig, er allein freilich schon größer in seinem kubischen Inhalt als der ganze alte Dom. Er wurde gegen Westen durch eine Scheidemauer abgeschlossen – provisorisch, wie man meinte, aber es wurde ein Dauerzustand von mehr als 500 Jahren daraus. (...) Die Herstellungs- und Vollendungsarbeiten im 19. Jahrhundert (1842–1880) konnten sich auf den 1814 gefundenen Originalriss zur Fassade stützen, aber zu wahrem Leben die alte Kunst erwecken konnten sie nicht. Lasset die Toten ihre Toten begraben."

Georg Dehio: Geschichte der deutschen Kunst. Des Textes zweiter Band. Walter de Gruyter Berlin und Leipzig 1930, S. 40 f.

Der Dom von der gegenüberliegenden Rheinseite

um 1225		Beschluss zum Dombau, um die Reliquien der Heiligen Drei Könige zu bewahren
1248	15. August	Baubeginn nach einem Plan des Dombaumeisters Gerhard von Rile
1322		Weihung des Chores
1528		vorläufige Einstellung der Bautätigkeit
1842	4. September	Wiederaufnahme des Baues
1880	15. Oktober	Fertigstellung nach dem Plan von 1310, aber in modernster Eisen-Technik
Zweiter Weltkrieg		Der Dom wird insgesamt von 14 Bomben getroffen.
1956		Wiedereröffnung
1996		Der Dom kommt auf die Liste des Weltkulturerbes der UNESCO.
2004		Der Dom wird auf die „Rote Liste" gesetzt, weil der Bau von Hochhäusern auf der gegenüberliegenden Rheinseite die Einmaligkeit der Kirche bedrohe.

Zeitleiste

Dokument 2
Der Kunsthistoriker Martin Warnke sieht das Gemeinschaftswerk als soziales Phänomen:

„Man braucht nicht die Gemeinschaftsideologie, die im 19. Jahrhundert dem mittelalterlichen Kathedralbau zugrunde gelegt worden ist, wiederzubeleben und kann doch den Eindruck gewinnen, dass der Bau einer Kathedrale ein soziales Handlungsfeld darstellte, in dem unterschiedliche, auch widerstreitende gesellschaftliche Kräfte einen Modus fanden, konstruktiv auf ein gesetztes Ziel hin zusammenzuarbeiten. Ohne eine solche kooperative Basis wäre ein Unternehmen, wie es ein mittelalterlicher Großbau darstellt, nicht in Gang zu bringen gewesen. Es mag andere, ähnlich vereinbarte Handlungsfelder gegeben haben, in denen die Konfliktpotentiale positiv gebunden waren – bestimmte Institutionen etwa, Verteidigungsmaßnahmen oder liturgische Handlungen. Keines von ihnen jedoch erforderte in gleichem Maße die dauernde Zusammenfassung aller materiellen, technologischen und intellektuellen Fähigkeiten. Sofern es sich um einen Nutzbau handelte, blieb die Kooperation zweckorientiert, begrenzt.

Der Dom mit dem Bahnhof daneben

Bei einem Kultbau jedoch sind Bauziel und Bausinn dem Kontext gesellschaftlicher Alltagserfahrungen entrückt und außerhalb des zweckbestimmten Verkehrszusammenhangs gestellt (...) Die Voraussetzung jedoch für die umfassende Mobilisierung aller Fähigkeiten und Mittel bestand darin, dass die beteiligten gesellschaftlichen Kräfte ihre partikularen Interessen so weit zurückstellten, dass sie einander nicht handlungsunfähig machten. Dies führte zur symbolischen Bestimmung eines Bauziels, das die aktuellen Interessen und Ansprüche so weit überstieg, dass alle sich darin aufgehoben sehen konnten. Der sakrale Großbau stellt die Summe dessen dar, was die mittelalterliche Gesellschaft außer sich setzen, was sie an Überwindung ihrer selbst leisten konnte. Man könnte ihn bezeichnen als die experimentelle Verwirklichung einer Sinnvorstellung, die aus der konkreten gesellschaftlichen Erfahrung heraus denkbar, in dieser selbst aber nicht einlösbar war.
Die Größe des mittelalterlichen Sakralbaues, die jedes Verfügungsmonopol in eine Kooperationsbereitschaft zwang, beschreibt das Ausmaß an Konsensfähigkeit, zu der die auseinander strebenden Kräfte der damaligen Gesellschaft gelangen konnten. Sie verwirklicht sich auf einer Zielebene, auf der die aktuellen Ansprüche, Machtpositionen und Normwerte in gleichem Maße eingebracht wie überwölbt erscheinen."

Martin Warnke: Bau und Überbau. Syndikat, Frankfurt 1976, S. 153 f.

Der Innenraum des Domes

Kölner Dom auf „roter Liste"

Dokument 3

Zusammen mit einem neuen ICE-Bahnhof auf der dem Dom gegenüberliegenden Rheinseite wurden auch vier Hochhäuser mit einer Höhe bis 120 m geplant, eines davon von Helmut Jahn. Die UNESCO sah darin eine „Gefährdung der visuellen Integrität des Doms und der einzigartigen Kölner Stadtsilhouette". Auszüge aus der Presse:

Kölnische Rundschau, 5.7.2004:

„Der Status des Kölner Domes als UNESCO-Weltkulturerbe ist gefährdet. Das Welterbekomitee habe am Montag auf einer Sitzung im chinesischen Suzhou beschlossen, den Dom auf die ‚rote Liste' der gefährdeten Baudenkmäler zu setzen, sagte ein UNESCO-Sprecher in Bonn. Nach Ansicht des Komitees sei die ‚visuelle Integrität des Domes' und die ‚einzigartige Kölner Stadtsilhouette' wegen verschiedener Hochhausbaubauprojekte gefährdet. Möglicherweise werde der Dom aus der Weltkulturerbe-Liste wieder gestrichen. (dpa/lnw)"

Dokument 4

Süddeutsche Zeitung, 13.7.2005:

„Es wäre eine einzigartige Blamage für die Stadt Köln und für Deutschland, wenn die UNESCO bei ihrer Experten-Tagung im südafrikanischen Durban dem Kölner Dom den Status des ‚Weltkulturerbes' aberkennen würde – nicht nur, weil es eine ähnlich fundamentale Herabstufung aus der obersten Klasse der Kulturdenkmäler bislang noch nie gegeben hat, sondern vor allem deshalb, weil die Strafaktion einem Land gelten würde, das zu den reichsten der Welt zählt und auf dem Gebiet der Denkmalpflege bislang immer als Vorbild gepriesen wurde. Exakt vor einem Jahr ist der Kölner Dom – er wurde 1996 in die Riege der Weltkulturdenkmäler aufgenommen – wegen schon gebauter oder genehmigter Hochhäuser auf dem rechten Rheinufer, direkt dem Dom gegenüber, von der, UNESCO auf die ‚Rote Liste' des gefährdeten Welterbes gesetzt worden. Der Schock dieser demütigenden internationalen Warnung hat zwar einige politische Hektik in Köln und NRW ausgelöst, doch ob die halbherzigen Verbesserungsvorschläge aus der Stadt der Jury in Durban genügen, darf bezweifelt werden. Am Dienstagabend hatten Beobachter der Tagung nur Düsteres zu vermelden."

Gottfried Knapp, Süddeutsche Zeitung 13.7.2005

Dokument 5

Unter der Überschrift „Halbe Rettung. UNESCO verschiebt Köln-Entscheid" meldete die Süddeutsche Zeitung einen Tag später:

„Der Kölner Dom bleibt als gefährdete Welterbe-Stätte vorerst auf der ‚Roten Liste' der UNESCO. Die in Durban tagende Welterbekommission hat die erhoffte Rehabilitierung des städtischen Wahrzeichens um ein Jahr verschoben, dem Dom aber nicht, wie befürchtet, den Status ‚Welterbe' ganz aberkannt. Die Stadt hat nun also die Chance, durch deutliche Reduzierung ihrer Deutzer Hochhauspläne ihren beschädigten Ruf zu retten."

Süddeutsche Zeitung, 14.7.2005

Dokument 6

Der Kölner Oberbürgermeister Fritz Schramma:

„Wir tun wirklich alles, um den Dom zu schützen. Aber auf den Jahn-Turm können und werden wir nicht verzichten. Das ist zumindest meine Überzeugung."

Kölner Stadtanzeiger, 17.7.2005

Die geplanten Hochhäuser in einer simulierten Stadtsilhouette

Arbeitsanregungen

- **Diskussion darüber, wie weit die Geschichte – auch die gebaute – eine Weiterentwicklung der Stadt beeinflussen darf.**
- **Die geplanten Hochhäuser werden von privaten Bauherren errichtet und von privaten Mietern bezogen, der Dom war ein Gemeinschaftswerk. Spielt das bei der Entscheidung über für und wider eine Rolle? (Die Hochhäuser wurden von einem demokratisch gewählten Rat genehmigt, sind also auch in gewisser Weise ein Gemeinschaftswerk!)**

Weitere Aufgabenstellungen und ausführlichere Dokumente unter www.akh.de, www.aknw.de und www.denkmalschutz.de im Internet.

3.5
Olympiapark, München

Günter Behnisch & Partner mit Frei Otto 1968–1972,
Grünplanung: Günter Grzimek

Ein Stück moderne Architektur, das für den Versuch steht, das demokratische Deutschland nach dem Zweiten Weltkrieg als friedliches Land international darzustellen.

Heute gibt es die „Allianz-Arena" für die Spiele zweier Fußballvereine: auch sie ein schönes Stück Architektur. Aber wäre es denkbar, dass dieser Bau (mit diesem Namen) zum Symbol eines neuen Deutschlands in der Welt würde?

In einer Umfrage der Zeitschrift „Häuser" wurde der Olympiapark in München zum schönsten Bau der Republik gewählt – vor dem Kölner Dom! Das zeigt, dass es auch heute, da die moderne Architektur in Verruf gekommen zu sein scheint, gelingen kann, Bauten zu realisieren, die – wie eine Kathedrale im Mittelalter – gemeinschaftbildende Kraft haben (der Plenarsaal in Bonn, der Umbau des Reichstages oder auch die Philharmonie in Berlin sind dem vergleichbar). Auch in ihnen erkennt sich eine Gesellschaft, und das ist eine Frage der Qualität der Architektur, aber vor allem eine Frage der Aufgabe.

Die „heiteren Spiele" sollten 1972 in München stattfinden, in direktem Gegensatz zu denen im Jahr 1936. Die Olympialandschaft mit dem Zelt darüber brachte genau das in ein architektonisches Bild. Die Besucher und die Sportler fühlten sich beschwingt in einem Gesamtkunstwerk, wie es das für Sport-Spiele noch nie gegeben hatte – und das, obwohl am Ende des Architekturwettbewerbes, vier Jahre zuvor, nicht einmal die Preisrichter wussten, wie das Dach des ersten Preises überhaupt gebaut werden könnte! Die Architekten hatten einfach beim Modell einen Nylonstrumpf über Holzstützen gezogen. Holz? Beton? Kunststoff? Oder sollte man das Dach nicht am besten ganz weglassen?

Das gebaute Dach wurde dann zum Zeichen einer gestalteten (nicht etwa vorhandenen!) Parklandschaft, in die die Sportstätten eingebettet waren.

Wie geht man heute mit einem Denkmal dieser Art um? Der Auszug der Fußballvereine angesichts anderer, erfolgreicherer und stimmungsvollerer Stadien ist nachvollziehbar, obwohl man lange, auch mit Hilfe der Architekten, am Olympiastadion festhielt. Ein „fußballgerechter" Umbau hätte aber die Zerstörung des Stadions bedeutet.

Jetzt stellt sich die Frage der Nachnutzung – nur als Denkmal wird der Olympiapark nicht überleben.

Die Dachlandschaft
als Teil einer Inszenierung
von „heiteren Spielen"

Abschlussfeier der Olympischen Spiele 1936 als politische Inszenierung

Olympische Spiele 1936

Dokument 1
Das offizielle Olympiabuch der Spiele von 1936 verweist deutlich auf die politische Dimension der Spiele:

„Die Berliner Spiele sind vorüber, aber sie werden nicht der Vergessenheit verfallen. Zu groß und erhaben ist die Gestaltung gewesen, die das Reich und das deutsche Volk dem olympischen Gedanken gegeben haben. Deutschlands Stolz und Freude ist es, dass es dieses Fest hat schenken dürfen.
(...)
Fast Tag für Tag hat der Führer unter uns geweilt. Diese lebendige und verbundene Anteilnahme hat unsere Gäste mit Staunen und Verwunderung erfüllt und sie haben uns ehrlich um diesen Mann beneidet, der Schirmherr und Förderer dieser Spiele durch die Tat geworden ist. (...) Die hochgehenden Wogen der Liebe und Verehrung, die Millionen Deutscher dem Führer während dieser Olympischen Spiele entgegenbrachten, haben vielen die Augen geöffnet, denen eine gewisse Hetzpresse oft einreden wollte, Adolf Hitler wage sich nicht unter das Volk. (...) Ungezählte Ausländer haben in diesen glückhaften Wochen das neue Deutschland kennen und achten gelernt und sind zu Kündern der Wahrheit geworden."

Franz Miller u.a.: So kämpfte und siegte die Jugend der Welt. München 1936

Olympische Spiele 1972

Dokument 2
Die Forderung im für die Spiele ausgeschriebenen Wettbewerb unter den Architekten hieß: „Olympia im Grünen". Mit der Idee eines Olympiaparks verband man von vornherein die Vorstellung, dass man sich von der strengen, achsialen Ausrichtung der Berliner Bauten und auch politisch vom „Dritten Reich" absetzen wollte. Die Gewinner des Wettbewerbes schrieben später:

„Die architektonische Antwort auf die Forderungen ‚Olympiade im Grünen' hieß ‚Olympische Landschaft'. Diesem Ansatz unterstellt waren alle Teile des Entwurfes, auch die Sportstätten. Geländemulden ähnlich liegen sie im Olympiapark, vereint mit dem Berg, dem See, den Wegen, den Bäumen. Sport in Geländemulden also, nicht Sport in Häusern. Die üblichen Überdachungen von Sportstätten schieden in diesem Zusammenhang aus. Ihre starre Geometrie, ihr sichtbarer Materialaufwand, die ihnen anhaftende Assoziation zu Einzelgebäuden hätte das Prinzip Landschaft im entscheidenden Teil, im Schwerpunkt der Landschaft zerstört.
Dennoch, auch diese Sportmulden mussten vor Wind und Wetter geschützt werden. Ein leichter, auf ein Minimum an materiellem Aufwand bestehender Schirm schien uns angemessen. Dieser Vorstellung kam ein leichtes, vorgespanntes Flächentragwerk aus Stahlnetzen mit einer lichtdurchlässigen Wetterhaut am nächsten.
(...)
Im Laufe der Planung zeigte sich allerdings, dass der Schritt vom temporären Pavillondach in Montreal* zu dieser weitgespannten, dauerhaften Überdachung in München doch sehr groß war. Neue Planungsmethoden, neue Berechnungsmethoden, neue Fertigungstechniken, neue Details und vieles andere mussten für das Dach in München erfunden werden. Außerordentliche Ingenieurleistungen waren erforderlich und wurden erbracht. Einzelne Teile der Überdachung sind stabiler geworden als wir zunächst dachten. Sicherheitsforderungen, Anforderungen an die Dauerhaftigkeit der Überdachungen und wahrscheinlich auch die recht kurze Planungszeit haben dies bewirkt. Insgesamt jedoch: Die Überdachung der Sportstätten ist in vielem so geworden wie wir alle uns sie vorstellten: transparent, überraschend, innovativ, ungewöhnlich ...
Im Bild des Olympiaparkes hat sich die Überdachung stärker in den Vordergrund geschoben als dies zunächst geplant war. Ihrer sichtbaren, auffälligen Form wegen, wohl auch wegen der seinerzeit öffentlich diskutierten Probleme, wegen der Kosten möglicherweise und auch aufgrund der Tatsache, dass fast alle anderen Teile in die Landschaft integriert sind, also nicht als Gebäude, Konstruktionen usw. erkennbar sind. So übersieht man leicht, dass das Wesentliche unseres Entwurfes unter und neben dem Dach liegt; es ist die Sport- und Spiellandschaft, der Münchner Olympiapark."

* Bei der EXPO in Montreal/Kanada im Jahr 1967 wurde zum ersten Mal beim deutschen Pavillon ein so genanntes Zeltdach gebaut.

Günter Behnisch: Das Dach über der Landschaft. In: Architekten Behnisch + Partner: Arbeiten aus den Jahren 1952–1987. Katalog im Eigenverlag 1987, S. 43

Dokument 3
„Die Gebäude und Sportanlagen waren keine Einzelbauwerke, sondern bildeten einen größeren landschaftlichen Zusammenhang, der unter dem Zeltdach zusammengefasst wurde. Das Dach sollte nur eine Struktur sein, die die Zuschauer vor Umwelteinflüssen schützte. Für das ausführende Büro verband sich mit der Konstruktion des Zeltes die Assoziation Zirkus als Sinnbild für unernste und musische Spiele."

Monika Meyer-Künzel: Der planbare Nutzen. Dölling und Galitz Hamburg München 2001, S. 418 ff.

Das Dach

Dokument 4
Das Dach, das heute das Symbol der Münchener Sportbauten geworden ist, war zunächst höchst umstritten:

„Das Wettbewerbsergebnis, so wie es auf der Pressekonferenz am 13.10.1967 bekannt gemacht wurde, kann außer die Preisträger und Juroren nur wenige mit Freude erfüllen, weil keine Arbeit vollständig war, weil die Verquickung von Ideen- und Bauwettbewerb wieder einmal alle überfordert hatte.
Behnischs (...) Zelt ist eine Modell-Idee. Realiter wird die Eleganz hinter Konstruktionen verschwinden (...).
Das raue Münchener Wetter wird dieser eleganten Konstruktion das Leben schwer machen, elegant zu wirken (...).
Deshalb hatte das Preisgericht Angst und empfahl, auf einstimmigen Beschluss, ‚dass anstelle der Zeltdachkonstruktion gegebenenfalls andere Dachkonstruktionen verwendet werden können, ohne dass dadurch die kennzeichnenden Elemente des Entwurfes beeinträchtigt werden'.
Wie das ausschaut, kann ich mir schlecht vorstellen. (...)
(Wenn) das Zelt wirklich nicht gebaut wird, entfällt auch die große, zusammenfassende Figur von Stadion und den beiden Hallen. Übrig bleiben würden drei nebeneinander stehende, heterogene Gebäude in einer isolierten künstlichen Hügellandschaft, die nicht viel mit dem restlichen Gelände zu tun hat, das eben wie ein Brett ist. Trotz der alle anderen Arbeiten überragenden Qualität bleibt die Frage offen, die auch als Wunsch für die weitere Arbeit aufgefasst werden kann: Besitzt Behnischs Entwurf genügend Großzügigkeit, ist er echte Architektur für die große Zahl, vielleicht sogar Architektur als Folge von offenen und geschlossenen Räumen, der Bewegung (nicht im Sinne barockisierender Axialität)? Oder doch malerische Idylle, schön komponiert? Und das in einer Gegend, die von miesen Industriebauten im Osten und den Gaskesseln im Südwesten verschandelt ist und danach schreit, dass neben dem schlecht proportionierten Fernsehturm ein wirklicher Brennpunkt, eine funktionsmäßig bedingte, aber formal überzeugende große Ordnung geschaffen wird."

Paulhans Peters: Olympischer Fehlstart? In: Baumeister 11/67, S. 1370

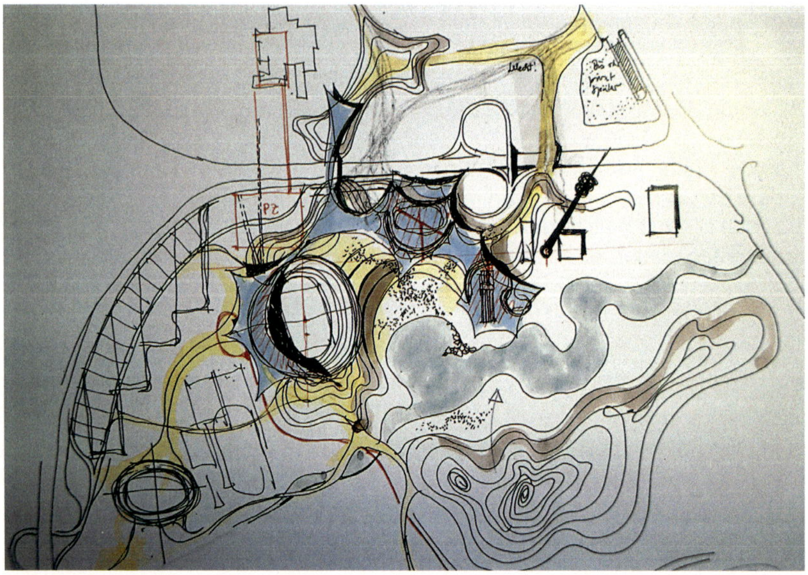

Lageplan in einer Skizze der Architekten, das die Modellierung der Parklandschaft mit See und Stadion in der Mitte zeigt

Dokument 5
Die Architekten oder wie man ein Dach entwirft:

„So fingen wir an, damit zunächst bei der Stadionüberdachung zu experimentieren. Wir besorgten uns hierfür Damenstrümpfe von meiner Frau (...), die nicht linear, sondern kettenartig gewirkt waren. Dieses Material, das in beiden Richtungen in etwa gleiche Dehnungseigenschaften aufweist, wurde zunächst flächig grob gespannt und mit Reißzwecken fixiert, dann durch Holzstäbchen unterstützt, die Umrissform der Randbegrenzung mit Pentel-Pen angezeichnet, entlang dieser Kontur die Randbesäumung mit Nadel und Zwirn eingezogen, gespannt und an den Abspannpunkten verknotet, schließlich eine Klebenaht entlang der gesäumten Ränder gelegt und nach Erhärten diese in Form geschnitten."

Fritz Auer: Zur Entstehung des Olympiaprojektes. Unveröff. Manuskript, 1999

Dokument 6
Appell zur Erhaltung des Olympiastadions München des Deutschen Nationalkomitees für Denkmalschutz im Jahr 2000:

„Das Olympiastadion in München ist ein wichtiger Teil des von 1968 bis 1972 für die Olympischen Spiele von 1972 geschaffenen Olympiageländes, welches parkartig die Sportstätten, das olympische Dorf, die Hochschulsportanlagen und die dazugehörigen Verkehrsbauten miteinander verbindet. Ohne zu übertreiben kann festgestellt werden, dass es sich beim Olympiagelände um Münchens bedeutendsten Beitrag zur Weltarchitektur handelt.
Die vom Zeltdach überspannten Sportstätten – Schwimmhalle, Olympiahalle und Olympiastadion – mit ihrem offenen, leichten und transparenten Erscheinungsbild gehören zu den wenigen Beispielen moderner Architektur in der Bundesrepublik, mit denen

man bis heute geradezu symbolhaft die Vorstellung des freien und demokratischen Nachkriegsdeutschland in Verbindung bringt. In diesem Werk drückt sich das Selbstverständnis der ‚Alten Bundesrepublik' aus wie nirgends sonst. Die drei Bauten sind deshalb als Baudenkmäler von herausragender Bedeutung zu betrachten.
Mit großer Sorge verfolgt das Deutsche Nationalkomitee für Denkmalschutz die Absichten und Planungen, das Olympiastadion in Zusammenhang mit der im Jahre 2006 in Deutschland stattfindenden Weltmeisterschaft zu einem reinen Fußballstadion umzubauen. Alle bisher vorgestellten Varianten sehen eine weitgehende Zerstörung des bisherigen Erscheinungsbildes vor. Das entscheidende baukünstlerische und städtebauliche Gestaltungsprinzip der Einbettung der Großbauten in eine bewegte, künstliche, aber dennoch natürlich erscheinende Landschaft, verknüpft mit dem Zeltdach, dessen Gestalt seinerseits an natürliche Formen erinnert, geht durch die vorgesehene, aufgestülpte neue Tribüne verloren. Das jetzt nach Südosten offene Stadion mit weiten Ausblicken in die Landschaft, wird weitgehend geschlossen und introvertiert wirken. Schließlich wird die optische Überlagerung der neuen Dachkonstruktionen die Wirkung des Zeltdaches erheblich beeinträchtigen und entwerten. Dabei kann dieser Umbau das eigentlich angestrebte Ziel, ein möglichst geschlossenes Fußballstadion zu schaffen, einen ‚Dampfkessel' mit maximaler Nähe der Zuschauer zum Spielfeld, in keinem Fall erreichen. Das Deutsche Nationalkomitee für Denkmalschutz appelliert deshalb an die Landeshauptstadt München und an die Bayerische Staatsregierung, diese Planungen nicht weiterzuverfolgen und das Olympiastadion im Sinne seiner ursprünglichen Intention zu bewahren."

Wiesbaden, 26. November 2000
http://www.nationalkomitee.de/appelle/261100_olympia.htm

Olympia-Dach

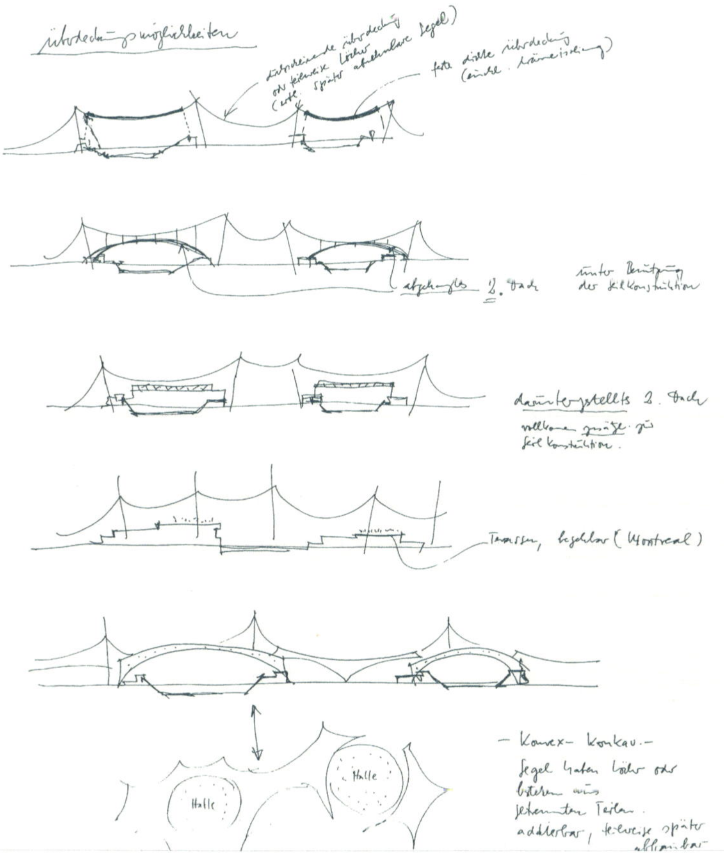

Dachalternativen

Arbeitsanregungen

Der Schwerpunkt für die Schülerinnen und Schüler liegt sicher im Gegensatz 1936 – 1972. Beide Spiele, beide Bauanlagen waren Forum staatlicher Selbstdarstellung.

- **Die Schülerinnen und Schüler können anhand der Texte und Abbildungen herausarbeiten: Welche Wirkung üben die Anlagen auf den Betrachter/Besucher aus?**
- **Vergleich: Welches „Bild" des deutschen Staates vermittelte die Berliner Anlage von 1936; wie stellte sich der deutsche Staat 1972 durch den Olympiapark der Weltöffentlichkeit dar?**
- **Weitere Beispiele aus der eigenen Anschauung, ob und wie derartige Prägungen überhaupt funktionieren (städtisches Rathaus, Schule, Parlament ...).**
- **Wie kann man mit dem Olympiapark umgehen, wenn – aus nachvollziehbaren Gründen! – die Hauptnutzer wegfallen?**

Weitere Aufgabenstellungen und ausführlichere Dokumente unter www.akh.de, www.aknw.de und www.denkmalschutz.de im Internet.

Weitere Beispiele

Die neu errichtete Frauenkirche

Frauenkirche, Dresden

(George Bähr 1726–1738, zerstört 1945, Wiederaufbau 1993–2005)

Das Bild ihrer Stadt ist für viele Dresdner Bürger bis heute geprägt vom Erlebnis des Bombeninfernos, einem Wiederaufbau der Stadt, der von ihnen als weitere Zerstörung begriffen wurde, und – von einem Gemälde, der berühmten Stadtansicht Canalettos „Dresden vom rechten Elbufer unterhalb der Augustusbrücke“. Da konnten sie sehen, wie schön die Stadt einmal gewesen sein musste. Deshalb wurde nach der Vereinigung beider deutscher Staaten 1990 sehr schnell überlegt, die Frauenkirche als den fehlenden Baustein dieser Ansicht wieder aufzubauen (nachdem die Semperoper bereits in der DDR-Zeit hervorragend rekonstruiert worden war), obwohl nur noch einige Steine von ihr vorhanden waren. Das Bemerkenswerte: Die Finanzierung wird zum großen Teil über eine Stiftung und Spenden von privaten Bürgern geleistet. Insgesamt hat die Stiftung bis heute rund 100 Millionen Euro an privaten Spenden eingenommen. Aus der privaten Spendenfreude mag man ablesen, wie wichtig den Bürgern dieser Bau war!
Ein Problem war allerdings, dass ein Wiederaufbau nicht zuletzt deshalb problematisch war, weil die Konstruktion des Originals nicht mehr taugte; schon vor 1945 hatte es große Bauschäden gegeben. Als Maßgabe des Wiederaufbaus wurde also eine Trennung von originalen und neuen Teilen und die Entwicklung einer neuen, haltbareren Konstruktion zugrunde gelegt.

Kaiser-Wilhelm-Gedächtniskirche, Berlin

(Architekt: Franz Heinrich Schwechten, 1891–1895, zerstört 1943, Architekt des Neubaus: Egon Eiermann, 1959–1963)

In gewisser Weise ist das das Gegenstück zur Frauenkirche in Dresden, obwohl sicher der ursprüngliche, neoromantische Bau des späten 19. Jahrhunderts nicht die gleiche künstlerische Bedeutung besaß. Dass die Berliner Bevölkerung die Ruine nach dem Krieg unbedingt erhalten wollte, ist im Nachhinein kaum noch zu verstehen; im Architektenwettbewerb hatte Eiermann, damals einer der bedeutendsten Architekten im Land, sie noch weggeräumt, was aber gegen den Wunsch der Berliner nicht durchsetzbar war, sodass sie als Ruine und Gedenkstätte bestehen blieb. Eiermann arbeitete bei seiner Lösung mit dem unbedingten Kontrast – das Alte, der Turm blieb stehen, das Neue, Kapelle, Kirchenraum und neuer Turm, wurden daneben gestellt. Alles zusammen ergibt ein neues Ensemble. Und es ergibt sich die Situation, dass ein unbedeutender Bau als Symbol für Krieg und Zerstörung für viele Millionen Euro in seinem zerstörten Zustand erhalten wird.

Die Kaiser-Wilhelm-Gedächtniskirche, Berlin

Die Konzertkirche Neubrandenburg

Konzertkirche, Neubrandenburg

(Architekt des Saales: Pekka Salminen, 2001)

„Deutschlands aufregendste Konzerthalle“ nennt sich der Konzertsaal in einer Kirche: anspruchsvoll, aber nicht ganz unberechtigt. Denn nicht die hervorragende Architektur des Saales ist für das Votum entscheidend, sondern die Tatsache, dass hier ein wahrhaft „besonderer Bau“ für die Gegenwart gerettet wurde.
Die Marienkirche selbst, rund 700 Jahre alt und im Kern ein Werk der norddeutschen Backsteingotik, das im 19. Jahrhundert vollendet wurde, war als Bau wie als sakraler Ort für die Stadt von großer Bedeutung. Im Krieg wurde der Bau zerstört. Anders als bei Kaiser-Wilhelm-Gedächtniskirche und Frauenkirche wurde Mitte der 1970er Jahre eine radikale Lösung gewählt, indem die Kirchenleitung den Bau für einen Konzertsaal und ein Kunstmuseum zur Verfügung stellte. Erst nach der Wende aber standen die Mittel zur Verfügung, nach einem internationalen Wettbewerb den Saal zu realisieren – das Alte und das Neue gehen eine Symbiose zum Nutzen beider ein.

Rathaus und Markt, Bremen

Das Bremer Rathaus ist das einzige europäische Rathaus des Spätmittelalters (gebaut 1405–1408), das nie zerstört, aber immer weiter gebaut wurde; so stammt seine Fassade aus der Renaissance und eine Erweiterung wurde Anfang des 20. Jahrhunderts vorgenommen. Zusammen mit der Figur des Rolands davor ist es zum Weltkulturerbe ernannt worden.
Es steht als Wahrzeichen und Ort einer Bürgergesellschaft, die sich in diesem Bau wiederfand – einschließlich der unveränderten Nutzung, die den erdgeschossigen Saal für das „Marktvolk" (heute: alle Bürger) vorsah, den darüber liegenden für festliche Veranstaltungen. Der prächtige Bau demonstriert gleichzeitig das gewachsene Selbstbewusstsein einer freien Bürgerschaft. Insofern war es nur konsequent, dass für den Bau des Stadtparlamentes, der „Bürgerschaft", eine moderne Architektur gefunden wurde, die dennoch Anklänge an die Kleinteiligkeit der Giebel des Mittelalters zu bewahren suchte (Architekt: Wassili Luckhardt, 1962–1966).

Das Rathaus in Bremen

Fachbereichsbibliothek „Ulmer Hof", Eichstätt

„Ulmer Hof", Eichstätt

(Architekt: Karljosef Schattner, 1979–1980)

Ein wahrhaft „besonderer Ort" ist inzwischen Eichstätt geworden – eine kleine barocke Stadt, deren wirtschaftliches Potential aber wohl kaum zum Erhalt vieler historischer Bauten gereicht hätte. Die katholische Kirche als Bauherr und ein Architekt als Diözesanbaumeister, der die alten Bauten nutzte, sie sensibel, aber immer zeitgenössisch umformte und über viele Jahre geduldig wirken konnte: Das war eine einmalige Konstellation.
Der „Ulmer Hof" als ein Beispiel davon steht an städtebaulich wichtiger Stelle und war ein Palais aus dem 17. Jahrhundert – ein dreiflügeliger Bau, zum Schluss als Gymnasium verwendet. Für die neue Bibliotheksnutzung schließt der Architekt ganz einfach den Hof mit einem Dach und gewinnt so Platz für den Lesesaal. Die alten Außenwände werden neue Innenwände.
„Ganz einfach"? Nein: Höchst komplex und höchst ablesbar zugleich: Das unverkennbar moderne Stahldach wird von den alten Mauern abgesetzt, jede neue Einfügung als eindeutig neu gekennzeichnet! Ein ironisches Highlight bildet die Bemalung der Wände: Das Thema „Alt und Neu" und der denkmalpflegerische Umgang damit wird in den tatsächlichen Befunden, auf höchst korrekte Weise aufgemalt – einschließlich einer Messlatte. Und einer Uhr, die fünf vor zwölf stehen geblieben ist.

Alte Pinakothek, München

(Architekt: Leo von Klenze 1826–1836, Hans Döllgast, 1952–1957)

Der Wiederauf- und umbau der Alten Pinakothek in München ist für viele Denkmalpfleger und Architekturhistoriker bis heute ein Glücksfall, der die Spuren der Geschichte nicht verwischt – auch wenn es heute Bürger gibt, die diese am liebsten auslöschen und den alten Zustand wieder herstellen würden – „Ich kann nicht, ich mag nicht, und ich darf nicht!", hatte der Architekt derartigen Ansinnen bereits um 1970 widerstanden. Im Krieg war der klassizistische Bau von einer Bombe direkt getroffen worden und ausgebrannt, Mittelteil und Dach waren total zerstört. Der Architekt ging schöpferisch mit dem Bestand um: Er veränderte zum einen das Innere, indem er in den Bombentrichter eine monumentale Treppe und den Haupteingang legte, der nie dort gewesen war. Die innere Umorganisation verbesserte die Funktionalität des Gebäudes wesentlich.
In den Fassaden entschied er sich für eine „arme" Lösung: Nicht das Material des ersten Baues, der anspruchsvolle Sandstein, sondern eine Aufmauerung mit Trümmerziegeln bildete die neue Außenwand. Auf die klassizistischen Schmuckelemente wurde vollständig verzichtet, aber die Öffnungen wurden in den alten Proportionen beibehalten. Im Ergebnis stellt sich die Pinakothek als ein Gebäude mit einer Geschichte dar: Der Bombentrichter ist auch heute noch deutlich zu sehen, die „arme" Architektur einer armen Zeit ebenfalls.

Alte Pinakothek, München

4

Industrie, Industriebrache, Konversion

Eines der großen Schlagworte in der heutigen Diskussion über städtebauliche Fragen ist das der „Konversion". Es besagt, dass große, zusammenhängende Areale mit einer einheitlichen Nutzung heute verfügbar sind, weil die ursprüngliche Nutzung nicht mehr gebraucht wird. Konversion ist also in großem Maßstab, was die Umnutzung eines Hauses in kleinem ist.

Das hat es schon immer gegeben – wenn ein Wald gerodet wurde, um Ackerbauflächen zu gewinnen, dann war das in gewisser Weise auch „Konversion" – mit einem kleinen Unterschied: Der Begriff der „Konversionsflächen" beinhaltet, dass eine bestimmte Nutzung durch den Menschen zu Ende gegangen ist – das war beim Wald seinerzeit anders.

Insofern sind Konversionsflächen ein definierbares Phänomen: Es handelt sich um Industrie- oder Hafenflächen, um Eisenbahn- oder Militärgelände. Das sind Areale und Anlagen, die großflächig im 19. Jahrhundert entstanden sind – sie sind Ergebnisse der „industriellen Revolution" (vielleicht mit Ausnahme der Militärgelände, obwohl deren großflächige Nutzung auch erst zu jener Zeit mit der Erfindung der motorgetriebenen Fahrzeuge und großen Kanonen erforderlich war). Dass sie alle nicht mehr gebraucht werden, ist nicht Ergebnis eines zufälligen Ereignisses; es steht vielmehr für einen Epochenabschnitt: das Ende des Industriezeitalters.

Damit haben die Gelände eine erhebliche ökonomische und stadtpolitische Bedeutung: Den wirtschaftlichen Problemen, wenn Militärstandorte geschlossen, große Industriefirmen „abgewickelt" werden, stehen große Chancen gegenüber, die die gesamte Stadt verändern können. Denn viele dieser Areale befinden sich innerhalb der vorhandenen Stadt, zum Teil sogar direkt an die Zentren angrenzend.

Das heißt: zum ersten Mal seit der Industrialisierung geht es in der Stadtplanung nicht mehr um die Frage der Stadterweiterung, sondern um die Chance zur Verdichtung der Zentren. Das ist deshalb ein „Jahrhundertereignis", weil man die Zentren bisher nicht systematisch erweitern konnte, selbst wenn das im Zuge des Stadtwachstums notwendig gewesen wäre; man konnte allenfalls in die Höhe gehen. Jetzt kann statt Wachstum nach außen, ins Umland, eine überaus sinnvolle Binnenverdichtung stattfinden.

Linke Seite:
Vom Stückgutverkehr zum Container:
Der unterschiedliche Lastenumschlag erfordert unterschiedliche Hafenstrukturen (Hamburg).

Das allerdings läuft einer anderen Entwicklung parallel: Die Städte *mussten* in den vergangenen Jahrhunderten ständig erweitert werden – heute dagegen, bei sinkenden Bevölkerungszahlen, ist das nicht mehr nötig. Im Gegenteil könnten die Bürger in den meisten Regionen wieder von den Rändern der Städte in die Zentren rücken, weil dort Flächen frei werden, die bisher anders genutzt wurden. In ökologischer, ökonomischer und urbaner Hinsicht wäre das ein Gewinn.

Gerade in ökologischer Sicht ist das von ungeheurer Bedeutung, weil nicht neue Flächen versiegelt würden, sondern vorhandene bebaute Flächen für die Stadt und im Sinne ihrer Bürger genutzt werden können. Die *Ausdehnung* der Städte im 19. und 20. Jahrhundert erzeugte immer mehr Verkehr, ihre *Innenbesiedelung* heute kann Verkehr verringern.

Die Lage eines Konversionsareals im oder am Stadtzentrum und dessen gemischte Nutzung mit vielen Wohnungen durch eine wachsende Stadt – das ist heute allerdings der Ausnahmefall; im Gegenteil treffen die Aufgabe eines Gebietes und das „Schrumpfen" wegen fehlender Arbeitsplätze meistens zusammen.

Andererseits: Den „Normalfall" einer Umnutzung eines einzelnen Gebäudes oder der Konversion eines ganzen Areals gibt es nicht. Es gibt alles – das Hafengebiet zum Bürohausviertel, der Bahnhof zum Museum, das Straßenbahndepot zum Theater, die Börse zum Kammermusiksaal, die Kirche zum Museum, der Hochofen zum Landschaftspark und ein ehemaliges Braunkohlerevier wird zum Ort einer Wiederaufbereitungsanlage für atomare Brennelemente – und bevor das Werk fertig ist, wird es umgenutzt für Industriefirmen und eine Kartbahn für Jugendliche.

Allerdings ist noch kein Museum zum Bahnhof gemacht worden.

Docklands, London. Alt und neu stoßen unvermittelt aufeinander.

4.1 Völklinger Hütte

Das Hüttengelände steht – wie das gesamte saarländische Industriegebiet – prototypisch für das Ende des Industriezeitalters – einschließlich der Rettungsversuche in den 1970er und 1980er Jahren.

Das Saarland war bis in die 1960er Jahre ein bedeutender Industriestandort – ein „kleines Ruhrgebiet" mit Kohlengruben und einer florierenden Stahlindustrie. 1965 arbeiteten in der Völklinger Hütte mehr als 17 000 Menschen, bis diese Mitte der 1970er Jahre von der weltweiten Stahlkrise erfasst wurde. Auch die Zusammenfassung mit der Burbacher Hütte zur „Arbed Saarstahl" half nicht weiter, 1986 wurde die Hütte geschlossen, 11 000 Arbeiter verloren ihren Arbeitsplatz. Teile der Hütte wurden unter Denkmalschutz gestellt, ohne dass man wirklich wusste, wie man mit einem solchen Denkmal umgeht: Einen Raum, auch eine Fabrik kann man nutzen oder umnutzen – aber wie nutzt man ein Gelände, das vorwiegend aus gigantischen Maschinen auf verseuchten Böden besteht? In der Diskussion auch der Denkmalpflege war damals der so genannte „kontrollierte Verfall", also eine Denkmalpflege, die nicht konservierte, sondern sicherte – ein Gedanke, der bei Fabriken und Maschinen dieser Größe nahe liegt.

1994 erkannte die UNESCO die Hütte als Weltkulturerbe an, seit 1999 befindet sich hier das „Europäische Zentrum für Kunst und Industriekultur". 2004 wurde ein so genanntes Science Center eröffnet, das „die Erlebniswelt des Eisens" darstellt. Was früher echter Schweiß, echte Arbeit war, wird heute nachgestellt – nachts werden die Geräte bunt angestrahlt.

Völklinger Hütte: Dinosaurier der Industriegeschichte

Dokumente Dokumente Dokumente Dokumente Dokumente Dokumente Dokumente Dokumente Dokumente

Völklinger Hütte, Gasgebläsehalle

Dokument 1

Keine Frage: Die meisten Menschen sind dafür, Anlagen wie die Völklinger Hütte, eine alte Brücke, einen Lokomotivschuppen zu erhalten – die Frage ist nur, welche Nutzung dafür gefunden wird. Das ist besonders schwierig, beinahe unmöglich, wo es nicht um Hallen und Gebäude geht, sondern um die Maschinen selbst: Wie kann man einen alten Hochofen „nutzen"? Aber zum Umgang mit Industriekultur im Allgemeinen stellen sich noch andere Fragen:

„Umgang mit den Hinterlassenschaften der Industriekultur – das gibt es erst, wenn der Denkmalschutz in Kraft getreten ist, das heißt: die Anlagen und Bauten ihren eigentlichen Zweck nicht mehr erfüllen. Während die Hochöfen noch produzierten, hat niemand über den Bestandsschutz für eine bestimmte Maschine nachgedacht (unabhängig von der Frage, ob er den Zugriff gehabt hätte)! Wo sind schließlich die schönen alten Maschinen aus der Frühzeit der Hütten geblieben?
Wir können nicht die *Bedeutung* irgendeines Baues auf Dauer erhalten, indem wir seinen *Bestand* festschreiben: Das gilt für die mittelalterliche Kathedrale, die sich heute (um nur die offensichtliche ästhetische Seite zu nehmen) mit Hochhäusern in der Umgebung auseinander setzen muss; es gilt gleichermaßen für die Bauten und Anlagen der Industriekultur. Jeder mögliche Ansatz des Bewahrens stellt eine Verfälschung dessen dar, was diese Dinosaurier einmal für eine Stadt und ihre Menschen gewesen sind.
(...)
Die Konservierung in einem bestimmten Zustand ist nicht nur eine Verfälschung des eigentlichen Sinns der Maschinen – die wurden umgebaut oder erneuert, sobald eine neue Technik kam; sie ist auch nicht wirklich tauglich zur Veranschaulichung eines historischen Zustandes. (...) Nein, an diesem Ort kann nicht frühere Arbeitswirklichkeit gezeigt werden, indem man Bruchstücke einer vermeintlichen Wirklichkeit zeigt. Das ist der Irrtum in der Wahl der Medien: Ein Film (der diese Arbeitswirklichkeit vielleicht tatsächlich vermitteln könnte) ist ein zutiefst künstliches Gebilde aus zusammengesetzten ‚Takes', Schminke und Theaterarchitektur. Er zeigt, vor allem, Realität als zwischenmenschliche Interaktion: Nicht der reale Hochofen und die erklärende Tafel, die Produktionshinweise und Temperaturangaben enthält, vermitteln eine Ahnung dessen, was dort vor sich ging, sondern das Umgehen der Menschen damit, genauer: der Schauspieler, die so tun als ob. Der Aufstand der Weber in Schlesien wird nicht durch die

Besichtigung eines Webstuhles nachvollziehbar, sondern durch ein Theaterstück!
(...)
Tatsache ist: Die Frage nach dem Umgang mit den Maschinen und Fabriken der Industriekultur gibt es erst, *wenn diese ihren eigentlichen Zweck nicht mehr erfüllen*, wenn sie unwirtschaftlich geworden sind für den jeweiligen Betreiber – gleich, ob es sich um einen privaten Unternehmer mit seiner Fabrik handelt oder um eine alte Brücke, die für den Staat zu teuer im Unterhalt wird. Vorher denkt kaum einer an Denkmalschutz, sondern erst dann, wenn die Einrichtung bedroht ist – das heißt: *wenn sie ihren eigentlichen Sinn verloren hat*.
Und wenn Gebäude oder Maschine erneuert werden können, um demselben Fabrikationszweck *rationeller und ökonomischer* dienen zu können, dann wird der Unternehmer das tun, ganz gleich, ob der Denkmalpfleger die Hände ringt ob des Verlustes an historisch wertvoller Substanz. Und genau das ist auch richtig im Sinne der Maschine, des technischen Verfahrens oder des für einen bestimmten Zweck gebauten Fabrikgebäudes – im Paradox gesagt: Je besser sich eine Maschine bewährt, desto richtiger ist es, sie durch eine bessere zu ersetzen! Nur also, wenn die Maschinen oder Gebäude ihren Zweck nicht mehr erfüllen, kann der Denkmalschutz zugreifen – und das ist die erste Verfälschung, derer sich die Denkmalpflege schuldig macht.
(...)
Trotzdem ist es richtig.
Ganz platt: Je mehr Bauten erhalten werden, desto mehr Konstanz kommt in unsere gebaute Umwelt – und diese Konstanz ist notwendig, *um einer Gesellschaft Raum und damit Halt* zu geben. Eine Gesellschaft, die mehr ist als nur die Addition von Individuen, braucht Raum zum Entstehen. Wenn der sich aber ständig verändert, dann kann sich eine Gesellschaft nicht bilden – dann hat jeder genug damit zu tun, sich selbst zurechtzufinden.
(...)
Stabile gebaute Umwelt heißt: Bewahrung des Fabrikgebäudes, nicht der Fabrik. Von der Stadt Split, die in einem römischen Kaiserpalast eingerichtet wurde, bis nach Arles, das in einer römischen Arena errichtet wurde, wurde gebaute Form als Wirtschaftsgut betrachtet und umgenutzt, was das Zeug hielt – es war viel zu unwirtschaftlich, die Steine einfach zu entsorgen. Wir können nicht die Bedeutung eines Gebäudes festhalten, indem wir seinen Bestand festschreiben (...) Man entkernt, man nutzt um, und was bleibt, ist die Haut, neu geliftet. Die allein ist nicht lebensfähig – deshalb muss neues Leben hinein – aber anders als beim Menschen verändert sich der Bau dadurch – *und das ist gut so*. Aber man muss eben auch klar sagen, dass nur die Haut erhalten bleibt, und dass die nicht mehr für den alten Inhalt, für das frühere Leben stehen kann – das wäre Nekrophilie. Die Haut ist nicht mehr Dokument, sondern nur noch Erinnerung daran – aber was heißt hier ‚nur noch'? Das ist unendlich viel!"

Gert Kähler: „Zum alten Eisen". In: Deutsche Kunst und Denkmalpflege 2/90

Die Völklinger Hütte wird Weltkulturerbe

Dokument 2
Welche komplexe Zusammenarbeit die Unterschutzstellung der Völklinger Hütte und ihre Aufnahme ins UNESCO-Welterbe erfordert, lassen die folgenden beiden Dokumente erahnen:

„So wurde die Alte Völklinger Hütte zum Zentrum der wissenschaftlichen und praktischen Feldarbeit des Staatlichen Konservatoramtes für mehr als 10 Jahre – zunächst mit der SAARSTAHL AG, dann in einer ‚Hüttenbauhütte', einem freiwilligen Zusammenschluss der für die Unterhaltung der Hütte zuständigen Unternehmen und staatlichen Stellen (Landesentwicklungsgesellschaft (LEG), Gesellschaft für Beschäftigung und Qualifizierung (GBQ) und Staatliches Konservatoramt). Aus dieser Zeit stammen die Begriffe „Kontrollierte Industrieruine' und ‚Kontrollierter Verfall' als ein mögliches Denkmal-‚Pflege' -Konzept. Die denkmalpflegerische Arbeit gipfelte (...) 1994 in der Eintragung der Völklinger Hütte in die Liste des Weltkulturerbes der UNESCO als einem der weltweit ersten Technischen Denkmäler in Mitteleuropa."

Deutsches Nationalkomitee für Denkmalschutz (Hrsg.): Denkmalschutz Informationen. Sonderausgabe Okt. 2002: Dreißig Jahre Industriedenkmalpflege in Deutschland, S. 101 f.

Krupp'sches Stahlwerk um 1910 mit den großen „Bessemerbirnen" im Hintergrund, in denen das Roheisen viel schneller als zuvor zu Stahl verarbeitet werden konnte; zeitgenössisches Foto

Dokument 3

„Dass die Anlage überhaupt vollständig erhalten blieb, ist dem Umstand zu verdanken, dass man 1986 nicht einmal Geld für die Verschrottung aufbringen konnte. Erst 1992 beschloss die Landesregierung, das gesamte Hüttenensemble zu erhalten. Die wichtigsten Bereiche wurden schon kurz vor der Stilllegung unter Denkmalschutz gestellt. Durch ihr schnelles Eingreifen ist es den zu jener Zeit Verantwortlichen gelungen, gleichsam die Zeit anzuhalten: Dienstpläne, Werkzeuge, Schuhe, Spinde mit und ohne ‚Pin-ups' – all das steht noch da, als hätte gerade die letzte Schicht geendet.
(...)
Anstelle von Teillösungen würde man sich im Moment allerdings eher konkrete Vorschläge für das Gesamtkonzept oder zumindest für die weitere Umnutzung des Bestandes wünschen. Langsam verfallende Gebäude, wie die Sinteranlage oder die Trockengasreinigung, warten dringend auf ein neues Innenleben. Es bleiben noch viele offene Fragen an Denkmalpfleger, Stadtplaner, Architekten und Museumsfachleute, die sich wohl auch deswegen so schwer tun, weil sie Pionierarbeit leisten. Die Konservierung und die museale Nutzung einer Anlage diesen Ausmaßes ist weltweit ohne Beispiel. Bereits 1990 war im *ZEITmagazin* zu lesen, der Erhalt der Völklinger Hütte sei ‚eines der letzten großen Abenteuer mitten in Deutschland'. Fünf Jahre später frisst der Rost sich weiter durch, und noch weiß niemand, wie dieses Abenteuer ausgehen wird."

Katrin Voermanek: Völklinger Hütte. In: Bauwelt 36/95, S. 1970

Dokument 4

Die Diskussion um den angemessenen Umgang mit dem nicht vollständig nutzbaren Denkmal führt ein Architekturkritiker:

„Kathedralen der Arbeit werden die Giganten aus Stahl und Schwefel bisweilen genannt, und wer daran glaubt, glaubt auch an die Schicksalsgemeinschaft von Kohle und Stahl. Stillgelegte Industrieanlagen entwickeln eine eigene Suggestion. Die Monumente der Technik, abgeschnitten von der Arbeit, bekommen eine historische Dimension. Die vitale Kraft der Form wirkt unmittelbarer, die mächtigen Hochöfen erscheinen als archäologische Zeichen, deren Funktion sich ins Ästhetische wandelt. Ruhende Industriegiganten, von Röhren und Leitungen umschlungen, erlauben es, rückwärts zu schauen und der Zeit als Motor für Veränderung eine eigene Qualität zuzugestehen. Und so ist es vielleicht nicht ganz abwegig, im Verrotten eines Denkmals ein sich dekonstruierendes Kunstwerk zu sehen, das in eigener Regie seinen langsamen Verfall selbst inszeniert und sich damit einer allzu schnellen Inbesitznahme verweigert. Wer freilich (...) für solch radikalen ästhetischen Umwandlungsprozess plädiert, zerschneidet die Bindungen zur Geschichte und beschränkt die sinnliche Erfahrung auf das rein Visuelle. Pathos und Mythos wären auf merkwürdige Weise in einem Bild vereint, Sozialgeschichte ins Kontemplative gewendet.
(...)
Industriedenkmäler haben eine lange Produktionsgeschichte und, wenn es hochkommt, einen kurzen Nachruf. Die allmählich steigende Akzeptanz ist jedoch weniger das Verdienst von Wissenschaftshistorikern oder wachsamen Denkmalschützern, sondern resultiert aus den Verlusten, die wir tagtäglich erleben. Auch geschützte Denkmäler unterliegen dem Verschleiß. Das Konzept des Landeskonservators Peter Lüth arbeitet mit der Zeit, indem es Teilbereiche der Hütte kontrolliert verfallen lässt. So macht der Landeskonservator aus einem finanziellen Notstand eine Tugend. Er öffnet das Werksgelände für neugierige Besucher und sichert Teilbereiche der Anlage. Gewiss, auch ein Spiel mit dem Genius loci. Was jedoch für die Erhaltung wichtiger ist, sind neue Nutzungskonzepte."

Gerhard Ullmann: Ein Industriegigant wird museal. In: db 1/98, S. 30 f.

Völklinger Hütte, Gasgebläsehalle

Dokument 5

Der ehemalige Landeskonservator Peter Lüth bilanziert im Jahr 2005:

„Die Arbeiten zur Erhaltung und Pflege der Hüttenanlage (Erzerzeugung) – heute betreut von der Denkmalbauhütte des EUROPÄISCHEN ZENTRUMS FÜR KUNST UND INDUSTRIEKULTUR – haben in den letzten fünf Jahren beachtliche Fortschritte gemacht.

Die 1999 schon fast aufgegebene, weil angeblich einsturzgefährdete Gichtbühne der Hochofengruppe I bis IV ist dauerhaft gesichert und für den Besucher erschlossen. Gleiches gilt für die Möllerhalle mit jetzt großartigen Ausstellungsräumen für die Geschichte von Eisen und Stahl, die Sinteranlage, den Erzbunker und die bereits kurz zuvor gesicherte Kokerei. Wobei ‚dauerhaft' meint ‚zunächst', (wahrscheinlich für die nächsten dreißig Jahre, teilweise auch länger) und bei laufender Unterhaltung und der durchaus bewussten Gefahr, doch noch einige ‚Hitzekacheln' des ‚Raumschiffes' Völklinger Hütte zu verlieren.

Eine *kontrollierte Industrieruine,* ein *work in progress* also.

Auch wenn man den Begriff des *kontrollierten Verfalls,* weil haushaltsrechtlich möglicherweise gefährlich – es werden immerhin jährlich sechs Millionen Euro in die denkmalpflegerische Fürsorge der Gesamtanlage investiert – nicht gebraucht und propagiert: Die Hochöfen I bis IV, das Kraftwerk und die Trockengasreinigung sind bisher nicht dauerhaft gesichert, sondern eben in *kontrolliertem Verfall,* als Industrieruine vorläufig betreut.

Die Besucherzahlen, wichtiger Indikator für politische Zuwendung, sind permanent gestiegen, von dreißig bis vierzigtausend Besucher in den späten Neunzigern auf jetzt immerhin zweihunderttausend.

Völklinger Hütte mit einer Licht-Installation von Hans Peter Kuhn

Unsere einzige Sorge:
dass die hüttenthematisch fremden jährlichen Ausstellungen (wie das GOLD DER INKA, oder DIE SCHÄTZE AUS TAUSEND UND EINER NACHT), die verdunkelte Gebläsehalle und ihre sechs Gasgebläsemaschinen aus den Jahren 1905–1915 dauerhaft der Wahrnehmung der Besucher als Monumente schöpferischer Ingenieurkunst entziehen.

Und noch ein Wunsch:
Während man versucht, mit der Weltkulturerbe GmbH einen kulturellen Folgebetrieb im Denkmal aufzubauen, der die verlorenen Gewinne langfristig ausgleichen und das Image der Stadt heben soll, warten die unmittelbar benachbarten Industriebrachen auf ein analoges kulturelles und wirtschaftliches Altlastenmanagement.

Indem man die dort noch verbliebenen baulichen Zeugen der ehemaligen Hüttennebenbetriebe nutzt und zum Bestandteil eines Landschaftsparks macht, der exemplarisch das Wirtschaften in schwer kontaminierten Gelände erprobt, könnte eines der interessantesten Konversionsprojekte der Zukunft entstehen."

Johann Peter Lüth, 2005

Arbeitsanregungen

- **Der „kontrollierte Verfall", der de facto in Völklingen praktiziert wird, heißt: Mit viel Geld wird die Anlage nur auf Zeit gesichert. Kann man diese Position vertreten oder ist das nicht eine Verschleuderung von Steuergeldern?**
- **Jede nicht mehr wirtschaftliche Maschine oder Industrieanlage wird üblicherweise einfach aufgeben – es wäre in deren Sinne. Gibt es Gründe, das dennoch nicht zu tun?**
- **Die Frage, die sich grundsätzlich beim Denkmalschutz stellt, bei den Objekten der Industriekultur aber besonders deutlich: Der Schutz schreibt einen Zeitpunkt x fest, während sich die gesellschaftlichen und kulturellen Rahmenbedingungen im Umfeld verändern. Ist das zu rechtfertigen?**

Weitere Aufgabenstellungen und ausführlichere Dokumente unter www.akh.de, www.aknw.de und www.denkmalschutz.de im Internet.

4.2
Umbau des historischen Kerns des Hamburger Hafens zur „HafenCity"

Hamburg behauptet von sich, eine „wachsende Stadt" zu sein. Anders als in den Fällen, wo aufgelassene Industriegebiete zum Problem werden, sind dort die Hafengebiete eine Chance – die enge historische Bindung von Stadt und Hafen wird auf neue Weise wieder hergestellt.

Am 31. 5. 1968 fuhr das erste Vollcontainerschiff die Elbe hoch: 1178 Container markierten eine Revolution im Hafen. Heute tragen die Schiffe bis zu 9000 Container und von 2010 an werden es bis zu 12 000 sein.

Eine Folge dieser Revolution im Transportwesen war die starke Senkung von Transportkosten, die der Globalisierung Vorschub leistete – heute ist es billiger, in China Brötchenteig vorzubereiten und nach Deutschland zu transportieren, anstatt hierzulande zu backen.

Die strukturelle Folge für die Hafenstädte ist nicht weniger dramatisch, denn für die Container musste der Hafen umgebaut werden: Jetzt wurde nicht mehr die kleinteilige Abfolge von Hafenbecken und langen Kaianlagen gebraucht, an denen die Schiffe mehrere Tage liegen konnten. Stattdessen mussten große, zusammenhängende Lagerflächen für die Container angelegt werden, während die sie transportierenden Schiffe nur wenige Stunden im modernen Hafen liegen.

Was aber macht man mit den alten Hafenanlagen, die alle, von Kiel bis Bremen und weltweit, von der Umstrukturierung des Verkehrs betroffen waren? Einige sind daran zugrunde gegangen: London mit seinen „Docklands" wurde zur riesigen Industriebrache – bis heute das größte Konversionsgebiet mit über 2200 ha Fläche. Der Containerhafen aber wurde an der Themsemündung, weit weg von der Stadt, gebaut.

Die alten Häfen lagen praktisch mitten in der Stadt, in enger Verbindung zu den Wohnungen der Arbeiter sowie den Speichern und Comptoirs der Reeder und Kaufleute; die Innenstädte lagen um den Hafen herum, der der eigentliche Grund war, weshalb die jeweilige Stadt überhaupt entstanden war.

Die unglaubliche, die unverhoffte Chance besteht darin, dass diese Hafen- und Industriezonen jetzt der Stadt zurückgegeben werden können. Verlassene, vor sich hin rottende Lagerhäuser, stinkende Hafenbecken ohne Funktion, Eisenbahngeleise und billige Schuppen: Plötzlich werden sie attraktiv, weil die Stadtplaner erkennen, dass die Lagegunst mitten in der Stadt *und* am Wasser die Chance zur Wiederbelebung bietet: ein weltweiter Trend.

Auch in Hamburg sah man die Veränderungen. Das „Gesetz über die Erweiterung des Hamburger Hafens" aus dem Jahre 1961 definierte die zukünftigen Hafenerweiterungsflächen im Westen des bisherigen Hafens, in Altenwerder und Moorburg. Die bei ihrem Bau ab 1866 unerhört modernen Hafenanlagen um Sandtor- und Grasbrookhafen lagen dagegen inzwischen im Schatten der Entwicklung. Die Speicherstadt entwickelte sich vom duftenden Ort exotischer Spezereien zum profanen Teppichlager.

1997 wurde das Projekt einer „HafenCity" präsentiert: Eine Innenstadterweiterung um die ältesten künstlichen Hafenbecken der Stadt, unmittelbar an die Speicherstadt angrenzend: Wohnen, Freizeit, Büros, Museen, ein Kreuzfahrtterminal und viele Büros würden auf über 120 ha ein neues Stadtviertel bilden – nicht mehr Trabantenstädte auf der „grünen Wiese", sondern Stadterweiterung nach innen mit urbanem Flair, kaum mehr als einen Kilometer von Hauptbahnhof und Rathaus entfernt! Wo schon einmal vor rund 110 Jahren ein großes Stadtveränderungsprojekt durchgeführt wurde, als für den Bau der Speicherstadt rund 24 000 Bewohner von der Südseite des alten Binnenhafens vertrieben wurden, entsteht der neue Stadtteil, der die altehrwürdigen Bauten als historischen Kern umfasst.

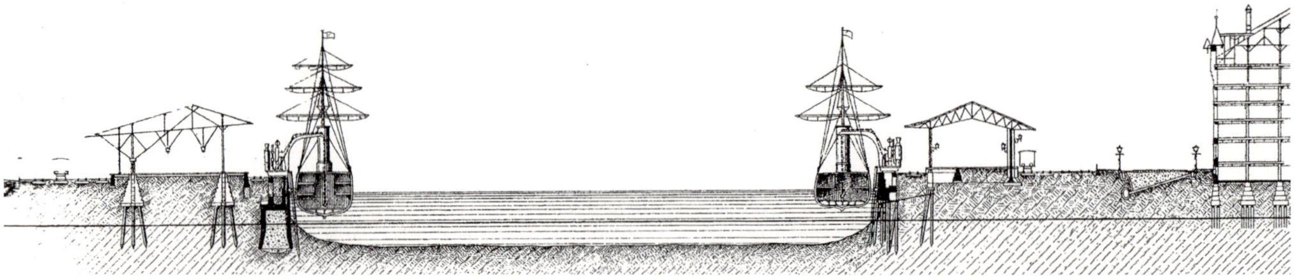

Systemschnitt des Hamburger Hafens

1816 Das erste mit Hilfe einer Dampfmaschine angetriebene Schiff fährt die Elbe hinauf.

1844 Bau des ersten Gaswerks auf dem Grasbrook für die Beleuchtung der Stadt (1870 werden 9000 Gaslaternen versorgt.)

1868 Bau des ersten künstlichen Hafenbeckens (Sandtorhafen), in dem die Schiffe an Kaimauern liegen: Hamburg baut den modernsten Hafen der Welt und genießt den Ruf eines „schnellen Hafens“.

1871 Hamburg wird Teil des Deutschen Reiches.

1881 Vertrag zwischen Hamburg und dem Deutschen Reich über die Einrichtung eines „Freihafens“; gleichzeitig Beginn des Baus der „Speicherstadt“ mit dem als Zollausland geltenden Freihafen (1888 eingeweiht)

1884–1887 Bau der ersten festen Straßenbrücke über die Elbe

1891 Der weltweit erste elektrisch betriebene Hafenkran wird in Betrieb genommen, 1911 gibt es bereits 350 Elektrokräne.

1904 Das „Rathaus“ der Speicherstadt wird eingeweiht und Sitz der „Hamburger Freihafen-Lagerhaus-Gesellschaft“, die den Hafen organisiert.

1919 Im ersten Jahr nach dem Ersten Weltkrieg laufen nur 2234 Schiffe ein, 1930 sind es über 20 000.

1945 Am Ende des Zweiten Weltkrieges sind weite Teile des Hafens zerstört:
90 % der Kaischuppenfläche (654 000 Quadratmeter),
67 % der Fläche in Speichern und Lagerhäusern (486 000 Quadratmeter),
80 % der Kaikräne (878),
28 % der Kaimauern für Seeschiffe (10,6 Kilometer),
22 % der Kaimauern für Binnenschiffe (5,5 Kilometer), 68 % der Hafenbahngleise (305 Kilometer),
43 % der Brücken (70) und
58 % der Landungsanlagen (61).

1955 Der Hafen erreicht wieder Vorkriegsniveau im Warenumschlag.

1968 erstes Containerschiff im Hamburger Hafen

1997 Der Erste Bürgermeister Voscherau präsentiert das Projekt der „HafenCity“, das 155 ha der ersten Hafenanlagen zum Bestandteil der Innenstadt machen wird.

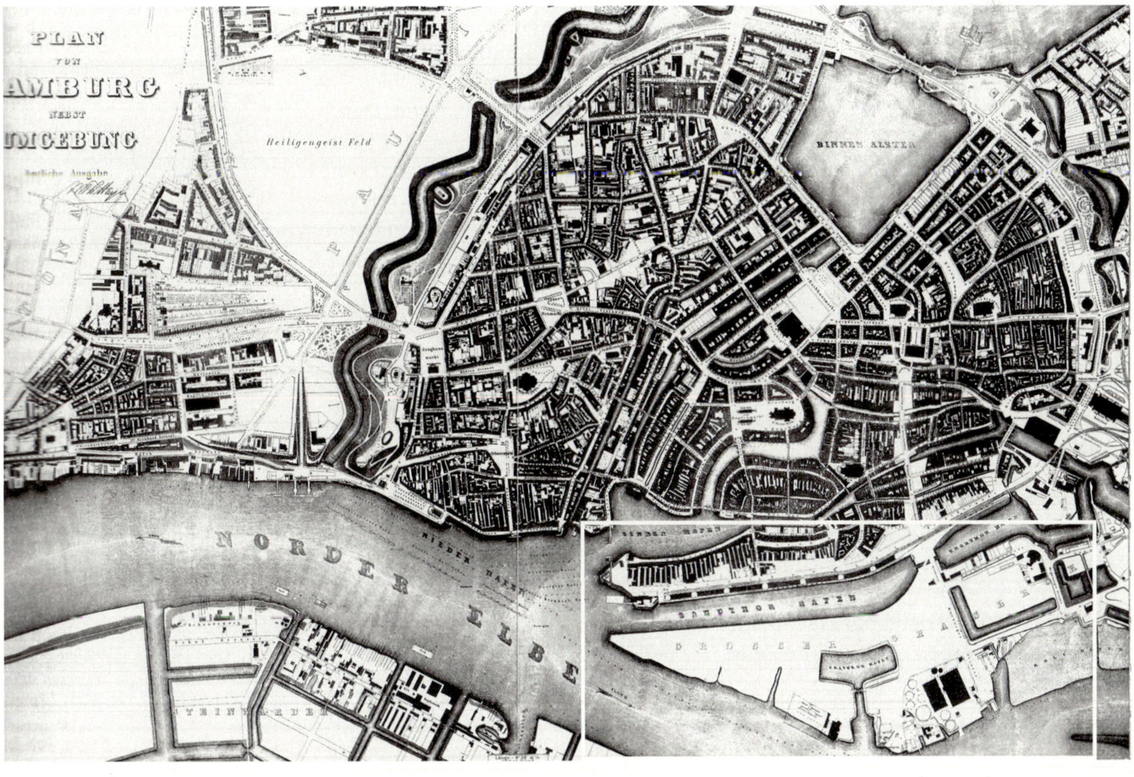

Karte von Hamburg (um 1880): Das erste künstliche Hafenbecken ist gebaut. (Das spätere Areal der HafenCity ist farblich abgesetzt.)

Der neue Hafen aus der Vogelschau, schon mit der Speicherstadt (1892)

Der Bau der ersten künstlichen Hafenbecken und der Beginn des modernen Hafens

Dokument 1
Johannes Dalmann, Wasserbau-Direktor, der die Anlage der modernen Häfen auf dem Grasbrook initiierte, zur Neuanlage des Sandthorhafens, 1868:

„Die Dampfschiffe, welche den Sandthorkai frequentieren, gehen unter Dampf und, ohne vor der Einfahrt zu ankern, an ihren Liegeplatz. (...) Zwischen dem Passieren der Einfahrt und der Ankunft am Liegeplatz vergehen etwa 20 Minuten. Ich habe in keinem Hafen lange Schiffe ohne Beihilfe der Strömung so rasch und gewandt drehen sehen, wie es hier geschieht. Schon ehe das Schiff zur Stelle ist, wird die nötige Zahl von Kähnen angefahren und geheizt, und das Löschen beginnt, sobald das Schiff festliegt. Je nach Umständen geht nun die Entlöschung langsamer oder rascher vorwärts, und wird in Fällen, wo Eile geboten ist, selbst während der Nacht nicht unterbrochen. Die Güter werden auf den Schuppen sortiert, und diejenigen Güter, welche per Eisenbahn weiter gehen, werden an der Hinterseite der Schuppen verladen. Kleine Partien werden per Achse nach den Speichern abgefahren, das Gros der Güter aber wird in Schuten* abgesetzt, welche der Empfänger zur Aufnahme derselben beordert. Beladen werden die Schiffe mittels der Kaikrane mit denjenigen Gütern, welche per Bahn und per Achse angefahren sind, und mit solchen Gütern, welche der Kaufmann vor Ankunft oder während des Löschens des Schiffes per Schute geschickt und am Kai hat aufnehmen lassen. Diejenigen Güter dagegen, welche während des Ladens aus den Speichern der Stadt per Schute angefahren werden, pflegt das Dampfschiff mit seinen eigenen Dampfkrähnen aufzunehmen, dabei bisweilen aber durch die Kaikrähne (...) unterstützt zu werden, indem die Schute zwischen Vorsetze und Dampfer gelegt, und so vom Kai aus in das Dampfschiff übergeladen wird. Für gewöhnlich verweilen die Schiffe 3 bis 4 Werktage am Kai, es kommt aber vor, dass die Arbeit beeilt werden muss (...). In dringenden Fallen ist es ausgeführt, dass ein Schiff binnen 24 Stunden entlöscht und beladen worden ist."

Wasserbau-Direktor Johannes Dalmann, zitiert nach: Gert Kähler: HafenCity Hamburg Spuren der Geschichte. Hamburg 2001, S. 27

* Schute: Lastkahn ohne eigenen Antrieb im Hafenverkehr

Dokument 2
Liegen am Kai, 1899:

„Einen ganz anderen Charakter trägt der Liegeplatz am Kai. Hier stehen dem Seeschiffe die besten und ausgiebigsten Mittel zur schnellen und prompten Ent- und Beladung zur Verfügung. Auf der Kaimauer stehende fahrbare Dampf- oder elektrische Kräne sorgen für die schnellste Beförderung der Waren aus dem und in das Seeschiff; geräumige auf der Kaifläche erbaute Schuppen dienen zum Sortiren der meistens an viele Empfänger bestimmten Waren und zur kurzen Lagerung derselben, die von hier aus per Bahn, mittelst Landfuhrwerk oder zu Wasser weiter befördert bzw. nach hier herangeschafft werden können. Die mit den besten Mitteln der Technik ausgestatteten Kaianlagen werden von den Seedampfern mit wertvollerer Ladung benutzt, deren schnellerer Beförderung auf See eine ebenso schnelle Abwickelung der Hafengeschäfte entsprechen muss, deren Verzinsung und Geschäftsgewinn abhängig sind von der Zahl der Reisen, die sie im Jahre machen."

Wasserbau-Direktor M. Buchheister, 1899, zitiert nach: Gert Kähler: HafenCity Hamburg Spuren der Geschichte. Hamburg 2001, S. 39

Dokument 3
Jörgen Bracker, ehemaliger Leiter des Museums für Hamburgische Geschichte, über die Bedeutung der ersten künstlichen Hafenbecken:

„Der Sandtorkai am Nordufer ermöglichte erstmals das Zusammentreffen von Landtransportwegen, Eisenbahnsträngen sowie der Wasserstraßen für See- und Flussschiffe und deren Nutzung zu jeder Tages- und Nachtzeit. Insofern bedeutete seine Einrichtung in Hamburg schon etwas gänzlich Neues und sollte vorbildlich für alle folgenden modernen Hafenanlagen Hamburgs bis in unsere Zeit bleiben. Im Niederhafen war ja das Löschen und Laden mit Hilfe der Leichter deswegen so umständlich gewesen, weil es Kaimauern mit ausreichender Wassertiefe davor nie gegeben hatte. Jetzt legten die Dampfschiffe – im Jahre 1867 schon insgesamt 665 Einheiten – hier an. Auf den Schienen direkt über der Mauerkante standen 27 Kräne, nämlich 19 Dampfkräne und 8 hydraulische Handkräne, bereit, das Ladegeschäft so bequem wie möglich abzuwickeln und Frachtgüter sogleich auf Eisenbahnwaggons zu heben."

Jörgen Bracker: Vom Alsterpriel zum Hamburger Hafen. In: Die Hafenkante: Menschen, Geschichte, Visionen. L+H Verlag Hamburg 1999/2000, S. 31

Vom modernsten Hafen zum Denkmal der Industriekultur und zur HafenCity

Dokument 4
Volker Plagemann: Der Hamburger Hafen – ein Nationaldenkmal der maritimen Industriekultur?

„Der heute noch größte Speicherkomplex der Welt, die so genannte Speicherstadt, ist zweifellos das eindrucksvollste Beispiel in diesem Monumentenzusammenhang. Mit ihrer Errichtung gelang den Hamburger Staatstechnikern seinerzeit, nicht nur technisch modernste Anlagen zu schaffen, sondern auch ideologische Aussagen in deren architektonischen Formen zu treffen, damit den aus einer mittelalterlichen Vergangenheit begründeten Ewigkeitsanspruch des Reiches und der dadurch gesicherten wirtschaftlichen Prosperität in der Gestalt der Bauten und in einem Bildprogramm wirksam auszudrücken. Die Schlusssteinsetzung der Brooks-Brücke und die Einweihung der Speicherstadt durch Wilhelm II. war deswegen nicht nur ein hamburgisches, sondern ein nationales Ereignis. ‚Sie sind ja diejenigen', hieß es in einem Toast des Kaisers, ‚die das Vaterland mit unsichtbaren Banden an die fernen Weltteile weithin verknüpfen, seine Erzeugnisse herüberbringen und nicht nur das; sie sind es, die auch unsere Gedanken und Ideen der fernen Welt mitteilen, wofür Ihnen das Vaterland seinen besonderen Dank schuldet.' Der Senat hat den besonderen Charakter der Speicherstadt als nationales Denkmal seit langem erkannt und Überlegungen darüber anstellen lassen, wie dieser Charakter erhalten bleiben und der Gefahr der Verslumung oder der Zerstörung durch Einbau technischer Neuerungen entgehen könne. Der Protest, auf den die Veröffentlichung von angeblich geplantem Umbau nicht nur in Hamburg, sondern auch in ganz Deutschland gestoßen ist, zeigt, wie sehr gerade diese Gebäudelandschaft allgemein nicht nur als das sprechende Monument der Stadt, sondern auch der Übersee-Orientierung des ehemaligen Deutschen Reiches empfunden wird. Seine Erhaltung auch im Einzelnen und die vorsichtige Entwicklung seiner Umgebung muss die Denkmalpflege vehement vertreten."

Aspekte und Perspektiven der Hafendenkmalpflege. Schriftenreihe des Deutschen Nationalkomitees für Denkmalschutz, Bd. 40, S. 63 f.

Die Speicherstadt

Dokument 5

Die Hamburger Architektin Mirjana Markovic beschreibt die Fragestellungen rund um einen „ausgedienten“ Hafen:

„Wirtschaftliche Umstrukturierung des Hafens

Die frühere wirtschaftliche Struktur und die Notwendigkeit einer Umstrukturierung sind die eigentlichen Impulsgeber für die Entwicklung.
– Wie sieht die wirtschaftliche Umstrukturierung des Hafens aus?
– Was macht die andernorts schon vollzogene Wiedergeburt der Hafenstädte aus?
– Hat die wirtschaftliche Umstrukturierung eine städtebauliche als Folge?
– Ist das die unmittelbare Zukunft Hamburgs oder bereits schon die Gegenwart?

Neue Bestimmung der freien Flächen

Wenn eine wirtschaftliche Umstrukturierung des Hafens einen Rückzug der Hafenindustrie aus den stadtnahen Hafenbereichen bedeutet, stellen sich die Fragen der Flächenneubestimmung.
– Ist die Hafenbrache der Stadt oder der Natur zurückzuführen?
– Wird eine ökologische ‚Wiedergutmachung‘ stattfinden oder eine Reintegration in die Innenstadt?

Vorhandene bauliche Strukturen des Hafens

Der Hafen stellt in Hamburg die südliche Grenze der Innenstadt dar. Die viel zitierte ‚Speicherstadt‘ ist, ihrer Entfernung nach, ein Teil der City. Für den richtigen Umgang mit den vorhandenen baulichen Strukturen müssen wir diese benennen, kennen lernen und werten können.
– Was sind die stadtbildenden Hafenstrukturen, die aufbewahrt werden müssen?
– Was ist nur die zufällige Hinterlassenschaft und was das architektonische Erbe?
– Gibt es einen hafenspezifischen Maßstab, der sich aus der maritimen Industriearchitektur ableitet?“

Mirjana Markovic: Hafenstadt und Hafenstadtarchitektur. Der Architekt 3/89, S. 127

Dokument 6

Nach der Entscheidung über einen „Masterplan“ für die HafenCity 1999 gab (und gibt) es Skepsis über das Gelingen des Projektes, dessen erste Bauten 2004 fertig gestellt wurden:

„Seit 1996 hat die Hamburger Innenstadt – nicht untypisch auch für andere Städte – ein Viertel ihres kaufkräftigen Publikums verloren, ohne dass die Politik darauf bisher anders reagiert hätte als mit aufgeregtem Flügelschlagen und einer Diskussion darüber, ob man die Bürgersteige an die Geschäftsinhaber verpachten solle, damit dort eine private Polizei für die Ordnung sorgen kann, die die staatliche nicht erreicht.

Dabei wäre das Rezept ganz einfach: Wenn wieder Menschen auf den Straßen flanieren sollen, müssen dort Menschen wohnen – die aber hat man in Hamburg seit dem Beginn des Jahrhunderts mehr oder weniger systematisch aus der Innenstadt vertrieben: Wohnmieten bringen nun einmal keine so hohe Rendite wie Laden- oder Geschäftsmieten.
(...)
[1997] zog der damalige Erste Bürgermeister Henning Voscherau kurz vor der Wahl das Kaninchen einer neuen, auf diesen Flächen zu bauenden ‚HafenCity‘ aus dem Hut, ein Projekt, das jahrelang wegen der am Wasser besonders gefährlichen Immobilienhaie im Verborgenen betrieben worden war: Ein 150 Hektar umfassendes Areal um Grasbrook- und Sandtorhafen zwischen der historischen Speicherstadt und den Elbbrücken soll der Innenstadtentwicklung zur Verfügung gestellt werden –

Die geplante HafenCity als Innenstadterweiterung

Gelände der zukünftigen HafenCity mit den Elbbrücken im Hintergrund

ein Gebiet, das unmittelbar an die Innenstadt angrenzt und nur wenig mehr als einen Kilometer von Hauptbahnhof und Rathaus entfernt liegt.
(...)
Im Konflikt zwischen Hoffnung auf hohe Gewinne und auf einen attraktiven Stadtteil kann Letzterer leicht auf der Strecke bleiben. Bedarf die nichts sagende ‚metropole Mischung aus Wohnen, Kultur, Freizeit, Tourismus, Handel und Gewerbe' doch der Investoren, und die sind immer noch am einfachsten zu finden, wenn eine ordentliche Rendite winkt. Die 12 000 Einwohner aber brauchen Schulen und Kindergärten, nicht ein neues Kreuzfahrtterminal oder noch ein Musicaltheater. Und sie brauchen schon gar kein ‚Urban Entertainment Center', mit dem eine absurde eigene ‚Kunst-Stadt in der Stadt' gebaut würde.
(...)
Man muss befürchten, dass der neue Stadtteil zur Beliebigkeit aus Investorengnaden gerinnt. (...) Hamburgs einzige Chance, als Stadt zu bestehen, liegt in der Entwicklung des Viertels als Wohnviertel. Das schließt andere Nutzungen nicht aus. Aber der Charakter des Quartiers wäre damit eindeutig definiert (...)."

Gert Kähler: Holländische Spaßarchitektur an den Elbbrücken. Frankfurter Allgemeine Zeitung 23.11.1999, S. 54

Arbeitsanregungen

- **Verkehr und Art der Lagerung haben die Struktur des Hafens geprägt. Wo lag der Kern der jeweiligen Veränderung?**
- **Kann man Beispiele finden, die ähnliche Wirkungen auf die Stadtentwicklung in anderen Bereichen gehabt haben (zum Beispiel Entwicklung der Eisenbahn)?**
- **Welche Gründe kann es dafür geben, dass Industriegebiete (und ein Hafen gehört dazu) auch zum Wohnen heute wieder attraktiv werden? Welches sind die Chancen derartiger Gebiete, wo liegen die Gefahren?**

Weitere Aufgabenstellungen und ausführlichere Dokumente unter www.akh.de, www.aknw.de und www.denkmalschutz.de im Internet.

Weitere Beispiele

Schacht XII der Zeche Zollverein

Zeche Zollverein, Essen
(Arch.: Fritz Schupp, Martin Kremmer, 1928)

Das Ruhrgebiet hatte (und hat) sicherlich unter dem Strukturwandel vom Industrie- zu einem postindustriellen Zeitalter am stärksten zu leiden. Ein Beispiel ist die Zeche Zollverein in Essen, auf der seit 1851 Kohle für die Stahlerzeugung gefördert wurde. Davon ist heute nichts mehr zu sehen, weil die Anlagen 1928 grundlegend modernisiert wurden. Die Arbeit der Architekten Fritz Schupp und Martin Kremmer brachte der Zeche ihren Ruf als die „schönste Zeche der Welt" ein. Zu ihrem Wahrzeichen wurde das 55 m hohe Doppelbock-Fördergerüst der Schachtanlage XII (über einen bis zu 1040 m tiefem Schacht!), das heute das Bild der Zeche prägt. Im Jahr 2001 wurde die Anlage zum „Weltkulturerbe" ernannt. Heute beherbergen die verschiedenen Bauten Museen („red dot design museum", demnächst das „Ruhrmuseum"), Kultur- und Studieneinrichtungen. Ein Gewerbepark („designstadt zollverein") im Anschluss an das Gelände ist im Aufbau.

Thyssen-Gelände, Oberhausen
(Arch.: Rhode, Kellermann, Wawrowsky 1996)

Eine völlig andere Vorgehensweise als bei der Zeche Zollverein findet man beim riesigen Thyssen-Gelände in Oberhausen – eine Industriebrache par excellence, stadtnah, aber von der unter dem Zusammenbruch der Industrie leidenden Stadt überhaupt nicht zu bewältigen. Inzwischen ist an dieser Stelle Deutschlands größtes Einkaufszentrum gebaut worden, das CentrO. Ursprünglich war etwas anderes geplant: ein World Tourist Center, in dem die großen Einkaufsstraßen dieser Welt in Kunststoff nachgebaut würden, um dem staunenden Besucher die ganze Welt an einem Ort zu vermitteln. Das Ganze ohne Spuren von Gebrauch, jeden Abend von unsichtbaren Putzkolonnen gereinigt – eine Einrichtung also, die nicht altert, anders, als die Menschen drumherum.
Natürlich hat der Nachbau von Einkaufsstraßen anderer Städte nichts mit Denkmalschutz zu tun, selbst wenn die Originale unter Schutz stehen. Oder vielleicht doch? Wenn – wie in Oberhausen – Teile der alten Industrielandschaft noch bestehen bleiben, wie zum Beispiel der Gasometer, in dem äußerst beeindruckende Ausstellungen gezeigt werden: Ist das jetzt noch normale Umnutzung oder wird das alte Teil nicht zum Teil einer Inszenierung von Kunstwelten, die ausschließlich dem Konsum dienen? Und noch weiter gefragt: Ist das nicht sogar richtig im Sinne der alten Industrien, die ebenfalls alles dem Gedanken an Profit unterstellt haben?

CentrO Oberhausen – vom Industriegelände ist nichts mehr zu sehen

Wünstorf – Bundeswehr und sowjetische Armee betreten gemeinsam einen der Bunker (1993)

Militärstadt Wünsdorf

Das ist das vermutlich unbekannteste historische Denkmal der Republik, aus neunhundert oberirdischen und unterirdischen Bauten bestehend: Wünsdorf, 50 km südlich von Berlin.
Seit dem deutsch-französischen Krieg 1870/71 war das Gebiet Truppenübungsplatz; hier wurde die „Dicke Berta" getestet; hierher brachte man die Leichen der ermordeten Rosa Luxemburg und Karl Liebknechts; hier lag im „Dritten Reich" der Sitz des Oberkommandos des Heeres; von hier konnte man in einer gigantischen, mehrgeschossigen Bunkeranlage von einem mal zwei Kilometern Ausdehnung sämtliche Botschaften anderer Staaten in Berlin abhören; und hier, ganz selbstverständlich, siedelte sich auch das Oberkommando der sowjetischen Truppen in Deutschland an, um die größte Truppenkonzentration in Mitteleuropa während des Kalten Krieges zu dirigieren – einschließlich der Niederschlagung des Aufstandes vom 17. Juni 1953 und des Baus der Mauer am 13. August 1961. Abgeschirmt von der deutschen Bevölkerung, von einer Mauer umgeben, lebten hier an die 30 000 sowjetische Soldaten; ein täglich verkehrender D-Zug Moskau – Wünsdorf sicherte die Verbindung zur Heimat.
Und heute? Einzelne Häuser und Villen aus einhundert Jahren Militärgeschichte liegen im Wald zwischen Kiefern und Birken, Letztere eigens gepflanzt, um der russischen Seele Heimatgefühle zu vermitteln. Heute nennt man den Ort verschämt „Waldstadt". Ein „Haus der Offiziere", eine Heeresbäckerei und das „Haus Burlakow", die Villa des letzten sowjetischen Kommandanten, kann man noch kaufen.

art kite museum, Detmold

(Architekten des Umbaus: gmp von Gerkan, Marg + Partner 1999–2001)

Das Museum wurde in einem denkmalgeschützten Flugzeughangar der 1930er Jahre innerhalb eines Kasernengeländes aus dem „Dritten Reich“ am Rande der Stadt eingerichtet, der bis 1998 als Standort britischer Militärhubschrauber genutzt worden war.
Seit den 1920er Jahren wurde hier die Segelfliegerei gepflegt, die Anlage danach als Fliegerhorst militärisch genutzt und um augedehnte Kasernenanlagen erweitert – die wurden als gezielte Täuschung wie eine große Gutsanlage gebaut, damit das Ganze aus der Luft wie ein Zivilflughafen wirkt. Seit 1936 richtete man eine Flugzeugführerschule und später eine Flugzeugwerft ein.
Vor dem Einrücken der Amerikaner im Frühjahr 1945 wurden Teile der Anlage gesprengt.
2001 wurde nach einem umfangreichen Umbau ein Museum für Kunst-Drachen eingerichtet – eine schöne Ablösung des einstmals martialischen Zwecks für eine friedliche Nutzung – nicht „Schwerter zu Pflugscharen“, sondern „Bombenflugzeuge zu Kunst-Drachen“. Heute ist das Museum allerdings wieder geschlossen, weil der Publikumszuspruch zu gering war. An der Qualität des Umbaus und den denkmalpflegerischen Zielen ändert das nichts.

art kite museum, Detmold

Karlsburg-Hochschule, Bremerhaven

Hochschule Bremerhaven im Gebäude der Karlsburg-Brauerei

(Architekt des Umbaus: Gottfried Böhm 1982–1985)

Die 1985 gegründete Hochschule Bremerhaven wurde in einem Gebäude eingerichtet, das 1849 als soziale Einrichtung für Auswanderer nach Amerika erbaut worden war; hier konnten sie bis zur Abreise günstig unterkommen. Im deutsch-französischen Krieg diente es als Kriegsgefangenenunterkunft, wurde Kaserne und 1892 Brauerei (bis 1974). Die Architektur, häufig geflickt und den jeweils neuen Nutzungen angepasst, ist auch im bisher letzten Umbau noch sichtbar und wurde sorgfältig bewahrt.
Die wechselvolle Geschichte eines eigentlich „unwichtigen“ Gebäudes aus der Mitte des 19. Jahrhunderts zeigt, dass Umnutzung kein neues Thema ist; gerade in früheren Zeiten wurde Baubestand welcher Art auch immer als Ressource angesehen.

Kulturspeicher, Würzburg

Kulturspeicher, Würzburg

(Architekten des Umbaus: Brückner + Brückner 1996–2001)

Die Konversion von Hafengeländen betrifft nicht nur die großen Seehäfen; die Containerisierung des Verkehrs wirkt sich ebenso auf die Binnenhäfen aus, deren Speicher- und Lagergebäude nicht mehr benötigt werden. In Würzburg hat man einen derartigen Bau, einen 128 m langen Getreidespeicher der bayerischen Staatshäfen aus dem Jahr 1904, umgebaut. Heute umfasst er die Städtische Galerie, also ein Museum, außerdem eine Kleinkunstbühne, ein Restaurant, eine Bibliothek und Gewerbe. Es zeigt sich, dass diese Bauten nicht nur für ganz andere Nutzungen tauglich gemacht werden können, sondern dass aus der modernen architektonischen Umgestaltung und dem alten Bau etwas charakteristisches Neues entsteht, das – häufig besser als ein reiner Neubau – in der Lage ist, einem Ort eine neue Identität zu geben.

Gestaltete Landschaft

Tatsächlich: Es geht nicht um Natur. Nicht nur gibt es die in einem über Jahrtausende von Menschen besiedelten und genutzten, also veränderten Land wie Deutschland kaum noch, außer vielleicht in einigen unzugänglichen Alpenregionen und im Wasser (aber schon nicht mehr am Ufer). Dort, wo Menschen hinkamen, wurde die Natur verändert – die Wälder gerodet, der Boden bebaut, die Bodenschätze ausgebeutet. Jede Stadt, jedes Haus, jede Verbindung dazwischen bedeutet einen Eingriff in die Natur, selbst wenn er sich scheinbar natürlicher Mittel bedient – weshalb das Getreide auf dem Acker auch eine „Kulturpflanze" ist. Wir haben es in Deutschland mit einer „Kulturlandschaft" zu tun, wenn wir von „Landschaft" sprechen. Damit aber erfüllt sie die gleichen Bedingungen wie sie für den Denkmalschutz allgemein gelten, und wie er in dem zitierten Gesetzestext (s. S. 16 f.) formuliert wurde; die „Sachen", in diesem Falle die Friedhöfe, Alleen, Gärten und Parks, müssen „bedeutend für die Geschichte des Menschen, für Städte und Siedlungen oder für die Entwicklung der Arbeits- und Produktionsverhältnisse (sein) und für die Erhaltung und Nutzung künstlerische, wissenschaftliche, volkskundliche oder städtebauliche Gründe vorliegen."

Aber es geht in diesem Kapitel wie auch schon in den vorhergehenden nicht nur um die Frage, ob etwas unter Denkmalschutz steht oder dessen würdig wäre, sondern allgemein um den Umgang mit Orten, die etwas Besonderes für die Menschen darstellen.

Dabei stehen die genannten – bestimmte Kulturlandschaften, Parks und Gärten, Friedhöfe, aber auch die die Landschaft prägenden Baumalleen zum Beispiel in Mecklenburg – unter besonderen Bedingungen: Sie stehen sozusagen „im Regen". Sie enthalten Natur, und ihre jahreszeitliche Veränderung wie auch das Wachsen und Vergehen von Pflanzen ist ein Teil von ihnen, genauso wie die Reflexe auf einer Wasserfläche, der Regen oder das Wiegen der Bäume im Wind.

Der natürliche Wandel eines Gründenkmals macht es so schwierig, es im Bewusstsein der Öffentlichkeit *als Denkmal* zu verankern: Was macht es schon für einen Unterschied, wenn die ursprünglichen Stiefmütterchen in einer Gartenanlage durch Tulpen ersetzt werden, wo doch beides Blumen sind? Stört es wirklich, wenn auf den Friedhöfen landauf, landab immer die gleichen dauerhaften Gewächse stehen? Dass eine beabsichtigte Farbwirkung verändert, dass auf Vielfalt einer Gesamtanlage verzichtet wird, ist schwer zu vermitteln, wenn schon die Jahreszeiten Veränderungen bringen. Es ist aber, als wolle man eine Elbbrücke wie das „Blaue Wunder" in Dresden rot streichen – ist doch auch eine schöne Farbe?

Die andere zentrale Frage, die sich mit den Garten- und Landschaftsdenkmälern stellt, ist die, in welcher Weise sie überhaupt für die Geschichte der Menschen bedeutend sein können. Das mag bei einem Landschaftspark nach englischem Vorbild, wie ihn Fürst Pückler in Muskau geschaffen hat, noch vermittelbar sein – die Ablösung des auf den absolutistischen Fürsten bezogenen, streng geordneten barocken Gartens durch Formen, die die Natur dramatisieren und so zum Zeichen der Aufklärung werden. Es mag auch noch bei einem „Volkspark" nachvollziehbar sein, der in den 1920er Jahren dem Proletariat aus sozialhygienischen Gründen Zugang zu „Licht, Luft und Sonne" verschaffen sollte. Danach wird es aber schwierig: Ist der Ort, an dem die Varusschlacht geschlagen wurde – wenn er denn definitiv lokalisiert werden kann – im Sinne einer Kulturlandschaft schützenswert? Zumindest ist er nicht Ergebnis einer gestalterischen Absicht der Menschen; er musste sie nur ertragen. Das gilt auch für Abraumhalden in Bergwerksregionen. Und wie steht es mit dem verseuchten Boden von Industrieanlagen wie der Völklinger Hütte?

Die „Charta von Florenz" aus dem Jahre 1981, die sich mit dem Schutz historischer Gärten befasst, verlangt, der Park oder die Landschaft müsse eine „denkwürdige Tatsache vergegenwärtigen". Danach wären diese alle schützenswert, wenn man die Industrieanlage selbst für schützenswert hält. Andererseits fragt sich, was eine „Tatsache" ist: Auch die Tatsache, dass sich Mythen um einen Ort ranken? Die Sababurg im Reinhardswald soll der konkrete Ort des „Dornröschenschlosses" sein und wird entsprechend vermarktet; selbst die Rosenhecken gibt es noch – wenn das kein Beweis ist!

Wir werden uns im Folgenden weniger mit Grenzfällen wie diesen befassen, sondern mehr im Sinne der oben beschriebenen „besonderen Orte", die von Menschen gestaltete Natur sind – gestaltet durch Bodenrelief, Pflanzen, Wasser, Stufen, Bauten.

Landschaftspark von Fürst Pückler, Bad Muskau (seit 1815)

Linke Seite:
Keine Landschaft ohne Eingriffe des Menschen – und wenn es nur die Telegrafenmasten sind

5.1 Oberes Mittelrheintal

Eine spannende historische Linie von den mittelalterlichen Burgen der Raubritter über das 19. Jahrhundert, in dem sie romantisiert wurden, bis heute, wo sie zu touristischen Magneten geworden sind: ein Beispiel für die Frage, was uns ein „Mittelalter“ heute noch sein kann?

„Weltkulturerbe Oberes Mittelrheintal“ – eine imposante Bezeichnung für eine Landschaft, die aus einer natürlichen Situation, dem Durchbruch des Rheins durch das Rheinische Schiefergebirge, über Jahrhunderte hinweg eine ganz eigene Mischung aus Mythos, politischer Realität, wirtschaftlicher Bedeutung und verkehrlicher Herausforderung gebildet hat! Heinrich Heines „Ich weiß nicht/was soll es bedeuten ...“ über die Loreley auf ihrem Felsen (die Clemens von Brentano als Erster beschrieben hat, noch als „Lureley“ und mit ihren sechs Schwestern damit beschäftigt, den Nibelungenschatz zu bewachen), der Rhein, „Deutschlands Schicksalsstrom“ für Generationen von Nationalisten („Fest steht die Wacht/die Wacht am Rhein“), das Nibelungengold eines Richard Wagner – das alles gemischt mit Burgenromantik und Weintouristik schon seit der Römerzeit – da beantwortet sich die Frage, warum es am Rhein so schön sei, fast von allein – jedenfalls für japanische Touristen.

Weltkulturerbe wurde die Region nicht zuletzt wegen ihrer „weltweit höchsten Burgendichte“, was auch immer das bedeuten mag. Diese Burgen regten das romantische deutsche Gemüt vor allem im 19. Jahrhundert an und förderten einen Nationalismus gegenüber dem „Welschen“, obwohl die historische Wahrheit dem nun wirklich nicht gerecht wird; die Burgen waren keineswegs die Abbilder einer romantischen Welt, zu denen sie das 19. Jahrhundert machen wollte, und sie waren auch kein Bollwerk gegen Frankreich. Zunächst einmal und vor allem waren sie befestigte Wohnsitze, an strategisch bevorzugten Lagen errichtet und von Waffen tragenden Rittern bewohnt. Es waren Bauten, die viele Funktionen besaßen, denn häufig gehörte auch noch landwirtschaftliche Produktion hinzu und damit abhängiges Personal.

Erst das idealsierende Wunschdenken des 19. Jahrhunderts machte den Ritter zum Vorkämpfer der „Wacht am Rhein“, wie sie Max Schneckenburger 1840 bedichtet hatte.

Auch das besungene „lieb Vaterland“ gab es im Mittelalter nicht – weder als geografisch-politische Institution, noch als Ideal.

Der Rhein zwischen Bingen und Koblenz, die Region des Weltkulturerbes

Dokument 1

Auf der Internetseite des „Welterbes Mittelrheintal“ werden die verschiedenen Aspekte von Kultur, Natur und Geschichte der Region beschrieben:

Die Kulturlandschaft Oberes Mittelrheintal, im Norden und Süden durch die Städte Koblenz, Bingen und Rüdesheim begrenzt, findet sich seit Juni 2002 auf der Liste des UNESCO-Welterbes. Anlässlich der Aufnahmeentscheidung würdigte die UNESCO das Obere Mittelrheintal als eine Kulturlandschaft von großer Vielfalt und Schönheit. Der außergewöhnliche Reichtum der Landschaft an kulturellen Zeugnissen und Assoziationen sowohl historischer wie auch künstlerischer Art wurde hervorgehoben. Seine besondere Erscheinung verdankt die Welterbestätte einerseits der natürlichen Ausformung der Flusslandschaft, andererseits der Gestaltung durch den Menschen. Darüber hinaus wurde auch die Bedeutung des Rheins gewürdigt, der seit zwei Jahrtausenden einen der wichtigsten Verkehrswege für den kulturellen Austausch zwischen der Mittelmeerregion und dem Norden Europas darstellt. Da das Obere Mittelrheintal der prominenteste Abschnitt des Stromverlaufs ist, wurde es stellvertretend für den ganzen Rhein in die Liste des Welterbes aufgenommen.
Die als Welterbe anerkannte Region ist der südliche, rund 65 km lange Abschnitt des Mittelrheingebiets, definiert als das Durchbruchstal des Rheins durch das Rheinische Schiefergebirge. Im Herzen unseres Kontinents gelegen, mal Grenze, mal Brücke der Kulturen, spiegelt es die Geschichte des Abendlandes exemplarisch wieder. Hochrangige Baudenkmäler haben sich hier in einer Fülle und Dichte erhalten, die in keiner anderen europäischen Kulturlandschaft so wieder zu finden sind. Mit seinen steilen, bis heute teilweise rebenbesetzten Talhängen, den auf äußerst schmalen Uferleisten oder in der Einmündung von Seitentälern zusammengedrängten Siedlungen sowie den wie Perlen entlang einer Schnur aufgereihten Höhenburgen auf den Felsvorsprüngen der Mittelterrasse gilt das Tal als Inbegriff der romantischen Rheinlandschaft. Reisende aus fast allen Erdteilen und Ländern haben sie zum Ziel gewählt; Literaten, Maler und Musiker haben sie zum Thema ihrer Arbeit gemacht. Tief eingeschnitten, im Windschatten des Hunsrücks gelegen, bildet es zugleich einen klimatischen Gunstraum. Hier fanden, vor allem durch die Umformung der felsigen Steilhänge in eine offene Weinbau-Terrassenlandschaft, Tiere und Pflanzen einen Lebensraum, deren Verbreitungsgebiete ansonsten im Mittelmeerraum und im Südosten Europas zu suchen sind.
(...)

Ausblick auf den Rhein oberhalb von Kaub

Natur

Das Mittelrheintal ist außergewöhnlich reich an Pflanzen- und Tierarten. Auf nur 0,2 Promille Fläche der Bundesrepublik kommt hier mehr als ein Drittel aller in Deutschland wachsenden Gefäßpflanzen vor. Neben der natürlichen Vielgestaltigkeit der Landschaft hat daran vor allem die seit Jahrtausenden stattfindende Bewirtschaftung durch den Menschen ihren Anteil. Die dadurch entstandenen offenen Flächen und das fast mediterrane Klima ermöglichten das Überleben vieler Arten, die an Wärme und Trockenheit gut angepasst sind. Ihre ursprüngliche Heimat sind der Mittelmeerraum und die Steppengebiete Südosteuropas. Im Rheintal konnten sie weit nach Norden bzw. Westen vorstoßen. So finden sich hier Smaragd- und Mauereidechse, Gottesanbeterin und Segelfalter, Diptam und Federgräser.
In den letzten Jahrzehnten wurden viele traditionelle Formen der Bewirtschaftung aufgeben. Vor allem in den Weinbergen lohnte die schweißtreibende Arbeit kaum noch. Die Folge: Die offenen Flächen verbuschen rasch. In fünfzig, vielleicht hundert Jahren wird sich daraus wieder ein Wald entwickeln, doch die reich strukturierte, offene Landschaft wird verschwinden. Längerfristig kann die Kulturlandschaft daher nur erhalten werden, wenn sich die extensive Nutzung wieder lohnt. Chancen hierzu bieten etwa die Vermarktung typischer Produkte der Region wie Steillagenwein, Obstsäfte aus Streuobstwiesen und Fleischprodukte von ökologisch hochwertigen Weideflächen.

Kultur

Das Obere Mittelrheintal ist eine zutiefst geschichtsträchtige Landschaft. Hier lag lange Zeit die Nordgrenze des Römischen Imperiums. Im Mittelalter war die Region eine der blühenden Kernlandschaften des Heiligen Römischen Reiches.
Die Kriege des 17. und 18. Jahrhunderts machten sie zum zentralen Schauplatz für das Ringen zwischen Frankreich und dem Deutschen Reich um die Herrschaft am Rhein. Diese reiche Geschichte ist in zahllosen Denkmälern noch heute zu erleben.
Nachdem das Ringen um die Macht im 19. Jahrhundert zugunsten des Deutschen Reiches entschieden war, wurde das Tal von den Engländern und den deutschen Romantikern entdeckt. In ihrem Gefolge haben Literaten, Maler und Musiker aus aller Welt das Tal bereist und es zum Thema ihrer Arbeit gemacht.
In zahllosen Werken der Kunst und Literatur ging das Bild vom romantischen Rhein voller Mythen und Sagen von nun an um die Welt.“

http://www.welterbe-mittelrheintal.de/index.php?id=7&L=Lo, 27.04.2006

Burg Stolzenfels

Dokument 2

Der Rhein wurde immer wieder besungen – romantisch, vor allem aber als nationales „Heiligtum“. Das war aber nicht unumstritten, wie verschiedene Liedtexte belegen:

Die Wacht am Rhein

Text: Max Schneckenburger (1819–1849)
Melodie: Karl Wilhelm (1815–1873)

Es braust ein Ruf wie Donnerhall
wie Schwertgeklirr und Bogenprall
zum Rhein, zum Rhein zum deutschen Rhein
Wer will des Stromes Hüter sein?

Durch hunderttausend zuckt es schnell,
und aller Augen blitzen hell;
der deutsche Jüngling, fromm und stark,
beschirmt die heil'ge Landesmark.

Er blickt hinauf in Himmels Au'n
da Heldenväter niederschau'n
und schwört mit stolzer Kampfeslust
du Rhein bleibst deutsch wie meine Brust!

Solang ein Tropfen Blut noch glüht,
noch eine Faust den Degen zieht
und noch ein Arm die Büchse spannt,
betritt kein Feind hier deinen Strand!

Und ob mein Herz im Tode bricht,
wirst du noch drum ein Welscher nicht.
Reich, wie an Wasser deine Flut
ist Deutschland ja an Heldenblut!

Der Schwur erschallt, die Woge rinnt
die Fahnen flattern hoch im Wind
am Rhein, am Rhein, am deutschen Rhein,
wir alle wollen Hüter sein.

So führe uns, du bist bewährt;
In Gottvertrau'n greif zu dem Schwert,
Hoch Wilhelm! Nieder mit der Brut!
Und tilg die Schmach mit Feindesblut!

Refrain nach jeder Strophe:

Lieb Vaterland magst ruhig sein;
fest steht und treu die Wacht
die Wacht am Rhein!

Die Wacht am Rhein, wie sie der wilhelminische Nationalismus sich vorstellte

Dokument 3

Die Arbeiterschaft sang – nicht weniger martialisch, aber gegen den Klassenfeind gerichtet – nach der gleichen Melodie:

Es tönt ein Ruf von Land zu Land:
Ihr Armen, reichet euch die Hand!
Und ruft ein „halt“ der Thyrannei,
Und brecht das Sklavenjoch entzwei!
Es wirbelt dumpf das Aufgebot,
Es flattert hoch die Fahne roth;
/: Arbeitend leben oder kämpfend den Tod! :/

Wir haben lang genug geharrt,
Man hat uns lang genug genarrt,
Jetzt greifen wir zu unserm Recht,
Jetzt stellen wir uns zum Gefecht.
Es wirbelt …

Wir wollen Friede, Freiheit, Recht,
Dass keiner sei des andern Knecht,
Dass Arbeit aller Menschen Pflicht,
Dass keinem es an Brod gebricht.
Es wirbelt …

Steig an die frische Luft heraus,
Aus nied'rer Hütte, dumpfem Haus,
Steig auf das Pflaster, blasse Noth!
Und kämpfe um dein täglich Brod.
Es wirbelt …

Du schaffst für and're Gut und Geld
Und bist doch stets auf Nichts gestellt,
Man lacht dir höhnisch in's Gesicht
Und fürchtet nicht das Strafgericht.
Es wirbelt …

Heran, heran! Du kühne Schaar,
Es bläst der Sturm, es fliegt das Haar,
Ein Ruf aus tausend Kehlen braust,
Zum Himmel hoch ballt sich die Faust,
–
Es wirbelt …

Aus: Sozialdemokratisches Liederbuch, 10. Aufl., Verlag der Volksbuchhandlung, Hottingen-Zürich 1887

Dokument 4

Dass auch andere Versionen denkbar sind, zeigt das Beispiel aus dem Hungerjahr 1918 in Mannheim:

Es braust ein Ruf wie Donnerhall
In Mannem sind' Kartoffle all
Eier, Butter, Schinken, Speck
Fressen uns die Reichen weg.
Und füttern uns wie's liebe Vieh
Mit Rüben und Kohlrabibrüh.

http://www.mediaculture-online.de/fileadmin/bibliothek/mossmann_wachtamrhein/mossmann_wachtamrhein.html

Dokument 5

Ein anderes Beispiel für die nationalistische Funktionalisierung des Rheins:

Sie sollen ihn nicht haben

Text Nikolaus Becker, 1840
Musik: Robert Schumann, 1840

Sie sollen ihn nicht haben
den freien deutschen Rhein,
ob sie wie gierige Raben
sich heiser danach schrein.
So lang er ruhig wallend
sein grünes Kleid noch trägt
so lang ein Ruder schallend
In seine Woge schlägt.

Sie sollen ihn nicht haben,
den freien deutschen Rhein.
so lang sich Herzen laben
an seinem Feuerwein.
So lang in seinem Strome
noch fest die Felsen stehn,
so lang sich hohe Dome
in seinem Spiegel sehn.

Sie sollen ihn nicht haben
Den freien deutschen Rhein
So lang dort kühne Knaben
Um schlanke Dirnen freien.
So lang die Flossen hebet
Ein Fisch auf seinem Grund
So lang ein Lied noch lebet
In seiner Sänger Mund.

Sie sollen ihn nicht haben
Den freien deutschen Rhein
Bis seine Flut begraben
Des letzten Manns Gebein.

Dokument 6

Heinrich Heine lässt daraufhin im „Wintermärchen" (1844) seinen Vater Rhein klagen:

Sei mir gegrüßt, mein Vater Rhein,
Wie ist es dir ergangen?
Ich habe oft an dich gedacht
Mit Sehnsucht und Verlangen.

So sprach ich, da hört ich im Wasser tief
Gar seltsam grämliche Töne,
Wie Hüsteln eines alten Mannes,
Ein Brümmeln und weiches Gestöhne:

„Willkommen, mein Junge, das ist mir lieb,
Dass du mich nicht vergessen;
seit dreizehn Jahren sah ich dich nicht,
Mir ging es schlecht unterdessen.

Zu Biberich hab ich Steine verschluckt,
Wahrhaftig, sie schmeckten nicht lecker!
doch schwerer liegen im Magen mir
die Verse von Niklas Becker.

Er hat mich besungen, als ob ich noch
die reinste Jungfrau wäre,
die sich von niemand rauben lässt
das Kränzlein ihrer Ehre.

Wenn ich es hör, das dumme Lied,
dann möcht ich mir zerraufen
den weißen Bart, ich möcht fürwahr
mich in mir selbst ersaufen!

Dass ich keine reine Jungfer bin,
die Franzosen wissen es besser,
Sie haben mit meinem Wasser so oft
Vermischt ihre Siegergewässer.

Das dumme Lied und der dumme Kerl!
Er hat mich schmählich blamieret,
Gewissermaßen hat er mich auch
Politisch kompromittieret."

(...)

Heinrich Heine: Werke. Insel Verlag Frankfurt am Main 1968, Bd. 4, S. 434

Dokument 7

Der Literaturwissenschaftler Ernst-Ullrich Pinkert stellt die verschiedenen Gedichte in einen politischen Zusammenhang (die in Anführungszeichen gesetzte Begriffe beziehen sich auf Zitate aus anderen Arbeiten):

„Die Rheinthematik und -symbolik als ein Aspekt des ‚Kollektivbewusstseins' hat in Deutschland wie in Frankreich die Diskurse geprägt – z. T. in sehr gegensätzlicher Weise. Da die Symbolik im Rahmen des jeweiligen ‚Kollektivbewusstseins' dazu verwendet wurde, die nationale Differenz im Verhältnis zum Nachbarn jenseits des Rheins und zugleich auch die eigene nationale Identität zu unterstreichen, gehört zu dem ‚Vielen', was im 19. Jh. ‚zusammenkam', leider auch, dass Deutsche und Franzosen nicht ‚zusammenkamen', und dass sie am Rhein (und weitgehend auch in der politischen Rheinlyrik) nicht aufeinander zu, sondern aufeinander losgingen.
Heinrich Heine, der seit 1831 in Paris lebte, ließ sich in seiner Auseinandersetzung mit dieser Thematik von keiner Seite vereinnahmen, versuchte vielmehr zu vermitteln und formulierte zugleich eine europäische Perspektive: 1844 schrieb er in seinem Versepos Deutschland. Ein Wintermährchen: ‚Die Jungfer Europa ist verlobt / Mit dem schönen Geniusse / Der Freyheit, sie liegen einander im Arm, / Und schwelgen im ersten Kusse'.
(...)
Gerade angesichts der vielfältigen deutsch-französischen Spannungen setzte Heine zwar auf eine ‚europäischen Perspektive', aber er machte diesbezüglich weder sich noch seinen Lesern etwas vor: Im Vorwort zum Wintermährchen geht er konkret auf jene so genannte Rheinkrise von 1840 ein, welche viele politische Gedichte und Lieder hervorbrachte (...).
Die meisten davon erschienen in Deutschland, wo 1840 erneute französische Ansprüche auf das linke Rheinufer den literarischen Nobody Nikolaus Becker (1809–1845) zu jenem Gedicht ‚Der deutsche Rhein' inspirierten, das in Deutschland überaus schnell bekannt (...) wurde."

http://www2.hu-berlin.de/literatur/projekte/loreley/Debatten/!PINKERT.HTM,27.04.2006

Arbeitsanregungen

- **Beschäftigung mit dem Kulturdenkmal: Wieso kann es Sinn machen, eine ganze Landschaft mit Natur und Bauten zum Weltkulturerbe zu machen?**
- **Die verschiedenen Lieder und Gedichte (es lassen sich unter den angegebenen Internetseiten noch mehr Beispiele finden!) vereinnahmen ein Stück Natur je unter politischen Vorzeichen: Welchen? Was geschieht zwischen der „Natur an sich" und dem Mythos, den die Menschen daraus bilden?**

Weitere Aufgabenstellungen und ausführlichere Dokumente unter www.akh.de, www.aknw.de und www.denkmalschutz.de im Internet.

5.2 Wörlitzer Gartenreich

Das Wörlitzer Gartenreich als Beispiel dafür, wie die Aufklärung um 1800 auch unter den Fürsten idealistische Bestrebungen förderte – parallel zu ersten Ahnungen von der Industrialisierung.

„Eine zum Kunstwerk verdichtete Natur“ nannte der große Gartenarchitekt Fürst Pückler seine von englischen Vorbildern inspirierten Schöpfungen – der Satz trifft ebenso zu auf einen der frühesten Landschaftsparks, den Garten von Wörlitz in Sachsen-Anhalt. Dieser wiederum ist Teil eines Projektes der Aufklärung, des Gartenreiches Dessau-Wörlitz, das seit 1758 vom jungen Fürsten Leopold Friedrich Franz von Anhalt-Dessau geschaffen wurde: Ein ganzes Land als Garten, von Gärtnern und Architekten gestaltet (unter anderem dem Klassizisten Wilhelm von Erdmannsdorff)! Heute noch sind davon 145 km² (!) erhalten und werden gepflegt; das Gartenreich wurde als Ganzes 2001 als Weltkulturerbe anerkannt.

„Eine zum Kunstwerk verdichtete Natur“ – das hieß, dass die Anlagen scheinbar zufällig, scheinbar „wie gewachsen“ wirken sollten, jedoch genau komponiert waren – in ihrer Wirkung das Gegenstück zum auf den Herrscher bezogenen Barockgarten. Das zeigt, dass es nicht (nur) um eine freie Landschaftsgestaltung ging, sondern um ein humanistisches Ideal: Der Mensch wurde eben nicht auf eine Achse gezwungen; er konnte sich scheinbar frei bewegen auf geschwungenen Pfaden, auf natürlich wirkenden Seen – und das 25 Jahre vor der Französischen Revolution! Dass dennoch keine „sachsen-anhaltinische Revolution“ im gesellschaftlichen Sinne gemeint war, sondern die Freiheit sich auf das Denken, nicht auf die gesellschaftlichen Schranken und Beschränkungen bezog, mindert nicht ihre Bedeutung, zumal sich die gesellschaftliche Veränderung nicht auf die Anlage von Gärten und Parks beschränkte: Der Fürst richtete technische und landwirtschaftliche Musterbetriebe ein, gestattete die erste deutschsprachige jüdische Zeitung und öffnete die Parks konsequent für jedermann. Gleichzeitig und vorausschauend ließ er einen „Warnungsaltar“ errichten mit der Inschrift „Wanderer achte Natur und Kunst und schone ihre Werke“.

Das geschah allerdings nicht immer; einhundert Jahre später, um 1900, wurde die Region für eine späte Industrialisierung interessant; die chemische Industrie um Bitterfeld herum, die Elektroenergieerzeugung und schließlich der Braunkohletageabbau besetzten auch Teile des Gartenreiches, das ursprünglich immerhin einmal rund 600 km² groß gewesen war.

Heute bedeuten die touristischen Möglichkeiten, die in der Vermarktung eines „Weltkulturerbes“ liegen, für die strukturschwache Region eine große Chance. Die Seen des zu Ende gehenden Tagebaus werden zu Wassersport-Attraktionen. Und einige der Dinosaurier der Industriekultur, die gigantischen Bagger des Tagebaus, wurden an einem Ort zusammengestellt, der als Bühne und Freiluftmuseum gleichzeitig funktioniert: Ferropolis, die Stadt aus Eisen.

Der Landschaftsgarten als Ort der Aufklärung, die die Industrialisierung erst möglich machte, deren Niedergang eine Herausforderung für eine neue Aufklärung bedeutet …

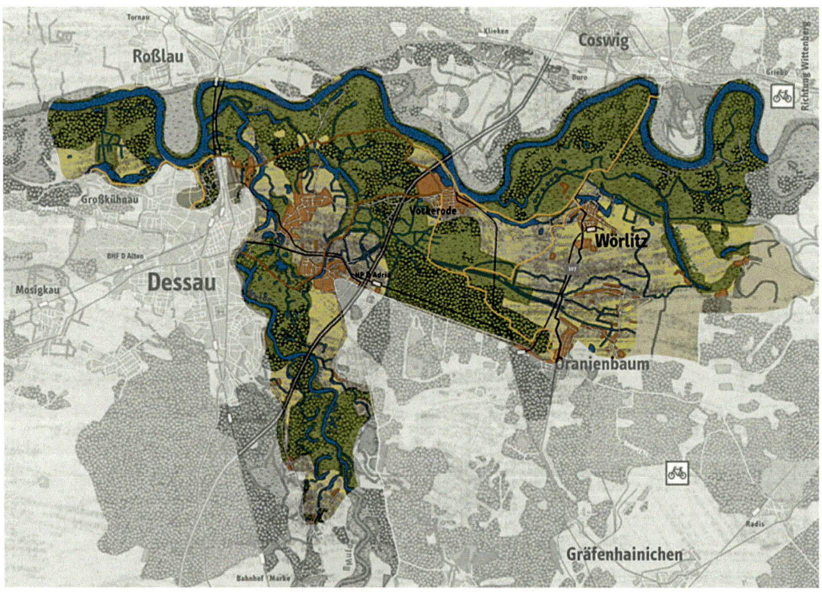

Plan des Gartenreichs Dessau-Wörlitz

Der Landschaftsgarten als Gesellschaftskonzept

In diesem Gasthof konnten die Besucher um 1790 unterkommen – mehr Tourismus gab es damals nicht.
Heute wird er zu Chance und Problem gleichzeitig.

Dokument 1

Fürst Leopold Friedrich Franz von Anhalt-Dessau schreibt über seine Absichten:

„Ich glaubte, den äußern Menschen und seine Verhältnisse und Zustände müsse man erst verändern und bessern, dann werde der innere Mensch wohl von selbst sich regen und veredeln. Ich bin nämlich der Meinung, dass bei diesem kein Zwang angewendet werden sollte, wenn man ihn nicht um seine Freiheit bringen und seine wahre Würde verletzen will. Er muss sich selbst zu dem machen, was er sein und werden soll, und dazu muss man ihm behilflich sein."

http://www.die-philosophen.de/woerlitz.html

Dokument 2

Gunther Gebauer beschreibt aus heutiger Sicht den Kern der beiden Konzepte als politische Auseinandersetzung mit gesellschafts-philosophischem Hintergrund:

„Der französische Garten legt eine geometrische Struktur von höchster Künstlichkeit über ein abgegrenztes Territorium. Er stellt sich als Überwindung des ursprünglichen Zustandes dar, in dem sich seine Umgebung noch befindet. Das Zufällige, Geschichtliche, Unübersichtliche, Wilde und Unkultivierte einer bäuerlichen Landwirtschaft wird in eine ideale Landschaft der Ordnung transformiert. Der landwirtschaftliche Boden von Versailles wird zunächst aus den überkommenen zerstückelten Besitzverhältnissen gelöst. Die zerrissenen Parzellen und Landstücke, bis dahin in bäuerlichem Besitz, werden in einer Hand, der des Königs, konzentriert. Bauern werden zu Landverkäufen gezwungen oder schlicht enteignet. Die Dörfer und ihre Kirchen werden abgerissen. Die Sumpflandschaft wird trockengelegt, der Boden nivelliert; alte landschaftliche Wege und Straßen werden durchschnitten, die Hügelkuppen abgetragen. Das so gewonnene Gelände wird neu verteilt: in die Bereiche Stadt, Schloss und Park. Das Schloss liegt im Mittelpunkt der gesamten Anlage. Von ihm aus wird die Stadt und der Park nach demselben Plan mit vergleichbaren Strukturen entwickelt: konzentrisch zusammenlaufende Alleen und Gitterstrukturen, die über das Gelände ausgebreitet werden, unterbrochen von Plätzen, möbliert mit Brunnen, Fontänen, Statuen. (…) Der geometrische Plan des französischen Gartens ist ein Monument der Beherrschung. Jede Pflanze, jeder Weg, für sich genommen ohne Bedeutung, verweist auf einen zentralen Willen, der die Umformung angeordnet hat. Ihre Existenz hat nur diesen Sinn, die Macht des Willens sichtbar zu machen. (…) Der englische Garten ist durch die Abwesenheit von Autorität gekennzeichnet. Von einem Entwurf oder Plan ist nichts zu sehen; eine Transformation ist nicht erkennbar. Die Vegetation sprießt ohne jede offenkundige Behinderung durch eine ordnende Gärtnershand. (…) Jedes Element des Parks hat das Recht auf freie Entfaltung; keines wird behindert. Daher entsteht eine Anordnung des Zufalls, die das Wirken der Natur selbst hervorgerufen zu haben scheint. Gegenüber der städtischen Umgebung schließt sie sich ab. Die ursprüngliche Natur hat die Möglichkeit zu ihrer reinen Verwirklichung erhalten. Der englische Garten bringt durch die unbehinderte Entwicklung seiner Elemente eine Befreiung der Natur zum Ausdruck. Diese muss aber notwendigerweise geplant und organisiert werden. (…) Zusätzlich werden landwirtschaftliche Dekorationsstücke (ein Dörfchen und eine Schafherde) hinzugefügt, die künstlich den Natureindruck erhöhen. Es ist also gar keine ursprüngliche Natur befreit worden. De Landwirtschaft und die unwegsame unkultivierte Landschaft ist ebenso wie in Versailles zum Verschwinden gebracht worden.
Die Befreiung ist nichts mehr als ein Eindruck, der von der Parklandschaft dem Betrachter aufgedrängt wird. Wie kommt dieser Eindruck zustande? Die Natur des Gartens erschöpft sich nicht in der sichtbaren Anlage. Der Anblick von Baumgruppen, Lichtungen, Seen und Inseln, die Geräusche des Wassers, der Geruch der Pflanzen sind Materialien, die im Betrachter Stimmungen und Gefühle erzeugen. Die Vorstellung einer Natur wird im Betrachter mit Hilfe dieser Materialien erzeugt. (…)"

Gunter Gebauer: Auf der Suche nach der verlorenen Natur. In: Götz Großklaus, Ernst Oldemeyer: Natur als Gegenwelt. Verlag Von Loeper Karlsruhe 1983, S. 102 ff.

Die „Eiserne Brücke“ in Wörlitz, verkleinerter Nachbau der ersten eisernen Brücke in England: Die Verkleinerung wirkt sich auch auf das niedrige Geländer aus, das keineswegs heutigen Vorschriften entspricht.

Dokument 3

Der Gartenkünstler Christian Cay Lorenz Hirschfeld, ein Verfechter des Landschaftsgartens, schrieb 1780 in einem Standardwerk jener Zeit über seinen gestalterischen Anspruch:

„Der vollkommene Landschafter erhebt sich über den bloßen Kopisten der Natur; er arbeitet als Künstler, als ein Mann von Überlegung und Geschmack. (...) Er sucht die schönsten, anmutigsten, pikantesten Teile aus den weiten Massen der Landschaft hervor, um daraus eine neues Ganzes zu bilden, das nicht mehr die gewöhnliche Natur ist, ohne deswegen aufzuhören, natürlich zu sein. Er verbessert Anlagen und Gegenstände, ohne ihren Charakter umzuschaffen; verändert sie, ohne sie unkenntlich zu machen. Er erweitert und verengt, setzt hinzu und wirft weg, ohne in Entstellung oder Disharmonie zu verfallen. Sein Werk ist vollendet, und eine neue Natur liegt dem Auge enthüllt; alles ist Wahrheit, und doch ist das Urbild nirgends ganz anzutreffen; alles stellt eine schönere Schöpfung dar, so sehr hat Beobachtung und Genie die einzelnen Teile ausgesucht und gewählt. So auch und nicht minder der Gartenkünstler.“

Christian Cay Lorenz Hirschfeld: Theorie der Gartenkunst. Nachdruck der Ausgabe Leipzig 1779/80, Georg Olms Verlag Hildesheim u. a. 1985, Bd. 1, S. 147 ff.

Umgang mit einem Landschaftsdenkmal (und Welterbe!)

Dokument 4

Der Landschaftsarchitekt Georg Trauzettel über die heutigen Probleme mit dem Tourismus:

„Als Leopold III. Friedrich Franz von Anhalt-Dessau (1764–1817) im Frühjahr 1800 inmitten des Wörlitzer Schoch'schen Gartens den Warnungsaltar errichten ließ, tat er das einerseits im Gedächtnis an seinen verstorbenen Mithelfer, Berater und Freund Friedrich Wilhelm von Erdmannsdorff (1736–1800). Andererseits zeugt die eingemeißelte Inschrift ‚WANDERER, ACHTE NATUR UND KUNST UND SCHONE IHRER WERKE‘ von der Sorge des Fürsten um die Erhaltung und das Weiterleben des Gesamtkunstwerkes, mit dem der Fürst auf der Gesamtfläche seines kleinen Fürstentums eine humanistisch-pädagogische und für jedermann nutzbare und zugängliche Landesverschönerung hatte initiieren wollen. Für die heutigen Pfleger der Anlagen ist dieses Monument Verpflichtung, dem Nutzer die Natur und Kunst der aufgeklärten Entstehungszeit nahe zu bringen.
(...)
Die zahlreichen Touristen (...) führen zu einer schrittweisen Veränderung der ursprünglichen Situation und zu einem Verlust an noch vorhandener historischer Substanz. Besonders sprunghaft war dieser allmähliche Wandel seit der politischen Wende nach 1989 zu beobachten, die für die historischen Anlagen mit einem (erneuten) Wechsel des Verhaltens der Anreisenden verbunden war sowie einen Wandel der Bedürfnisse und die Verschlechterung der Disziplin der Besucher erkennen ließ. Sowohl Veränderungen in der Art der Pflege als auch der Nutzung waren die Folge. Die Gartenanlagen werden seither noch stärker beansprucht, die Bauwerke (wohl aufgrund der gestiegenen Eintrittskosten) geringer, was den Fortschritt des Verschleißes an Substanz geringfügig vermindert. Zusätzliche Papierkörbe, Beschilderungen, neue Pflegetechnik, Werbemaßnahmen, Ver- und Entsorgungseinrichtungen und der ruhende Verkehr beeinflussen das Erscheinungsbild der Parkanlagen und ihrer Umgebung.
(...)
In den Gärten selbst kann in ästhetischer Hinsicht kaum auf die aktuellen Bestimmungen Rücksicht genommen werden, obwohl auch hier aktuelle Bedürfnisse und Notwendigkeiten das Erscheinungsbild wiederholt beeinträchtigt haben. Eine Durchsetzung der heutigen Bauordnung, die die Erbauer im 18. Jahrhundert leider nicht kannten, würde einer Beseitigung der Denkmalsubstanz gleichkommen; ginge es nach den Bestimmungen, müssten beispielsweise allein in den Wörlitzer Anlagen die Geländerhöhen von 9 Brücken geändert werden und einzelne Wörlitzer Gartenbereiche, wie die Luisenklippe, der Eisenhart und der Zedernberg für den Besucherverkehr gesperrt werden.
(...)
Die einmaligen Gärten sind wunderschön, wenn man sie so erleben kann, wie sie gedacht sind: als ruhiger Ort der Zurückgezogenheit, welcher Stimmungen anregen soll, wo Landschaft und Natur oder Tages- und Jahreszeiten zu erleben sind. Man soll sich hier bilden können und die Nützlichkeit des Schönen spüren. Acker-, Obstbau und Weidenutzung sollen diese Wirkung verstärken. Das alles ist inmitten des Massentourismus kaum zu erahnen. Die Natur mit ihren Vogelstimmen ist im Lärm der Besucher nicht zu hören, der Duft der Blüten und des frischen oder trocknenden Grases zwischen schwitzenden oder parfümierten Gästen nicht zu riechen. Der Spaziergänger blickt zu Boden, um dem Vordermann nicht auf die Füße zu treten,

Der Warnungsaltar in Schochs Garten in Wörlitz, der dem Besucher den pfleglichen Umgang mit der Natur aufgibt an Brücken oder Bauwerken muss man anstehen, die Wege verbreitern sich automatisch. Die weiten Blickachsen sind nicht selten durch den Vordermann verstellt. Der Verlauf der sensiblen Linienführung der Wege ist nur schwer zu erhalten, weil die ‚busstarken' Besuchergruppen die Innenkurven der ursprünglich schmalen Wege immer mehr austreten, während der Außenbogen mitunter zuwächst. Sonderveranstaltungen, Ausstellungen und Konzerte ziehen zusätzliche Besuchermassen an und die damit verbundenen Orientierungs- und Werbehilfen beeinflussen auch das Erscheinungsbild und die historische Struktur. (…) Auch außerhalb der so genannten Saison, in welcher das Schloss, das Gotische Haus und wechselnde Sonderausstellungen zu besichtigen sind, genießen die Anlagen keine Schonung mehr. Die stärksten Schäden entstehen im Winter, wenn die Gewässerränder von tausenden Schlittschuhläufern planiert und entkrautet werden und Schlittenkufen die Geländeprofile, Grasnarben und Uferränder vernichten.

(…)

Zerstörungen und Schmierereien waren noch vor 5 Jahren in Wörlitz äußerst selten; auch heute halten sich diese wegen der doch größeren Entfernung zur 90 000 Einwohner-Stadt Dessau und des relativ geringen kriminellen Potentials noch in Grenzen. Zugenommen haben Brandstiftungen im Altbaumbestand, hohle Bäume wurden wiederholt angezündet. Auch Bänke, Papierkörbe und sonstige Ausstattungen werden umgestellt oder in den verschiedenen Gewässerflächen versenkt. In den Anlagen von Dessau selbst sind die mutwillig verursachten Schäden, Verunreinigungen und Belästigungen stärker zu beobachten. Aber auch im Oranienbaumer Park wird durch die direkte Nachbarschaft des Gartens zu den drei Schulen der Stadt und durch das Fehlen von alternativen Freizeitangeboten für die Jugend die Phantasie und der Ideenreichtum am historischen Kulturerbe – leider nicht in der richtigen Art – erprobt.

(…)

Weder die Besucher als Nutzer, noch die Mehrheit der kommunalen Planer und Politiker haben das Gartendenkmal bisher als ein der Bau- und bildenden Kunst ebenbürtiges Kunstwerk begriffen und als solches zu würdigen gelernt. Den Kunstwerken der Malerei bleibt der Uninteressierte fern, er geht nicht ins Museum. Niemandem würde es einfallen, ein durch Pilze und Holzwürmer zerstörtes Gemälde als Biotop zu bewahren und zu schützen. Keiner würde an einem Rubensgemälde zeitgemäße Änderungen anbringen oder etwa dem Bauhaus oder dem Dresdner Zwinger eine der heutigen Architekturauffassung entsprechende Fassade vorhängen und die Architektur der heutigen Nutzung anpassen. Bei einem Gartenkunstwerk, das ja ohnehin den Veränderungen durch das Wachstum unterworfen ist, soll das plötzlich möglich sein. Wir Gartendenkmalpfleger müssen uns dagegen verwahren und das einmalige, seit seiner Entstehung noch erhaltene Kulturerbe davor schützen. Wie es Fürst Franz bereits formulierte: ‚ACHTE NATUR UND KUNST UND SCHONE IHRER WERKE.'"

Ludwig Trauzettel: Gartennutzung durch Tourismus. In: Schriftenreihe des Deutschen Nationalkomitees für Denkmalschutz (Hrsg.): Historische Parks und Gärten. Bonn 1997, S. 61 ff.

Verkehrsschilder wie dieses hatte der Fürst bei der Anlage der Gärten nicht vorgesehen …

Arbeitsanregungen

- **Die Garten- und Parkanlagen sind als Ergebnis der Aufklärung zu lesen: Wieso kann ein Park das überhaupt darstellen?**
- **Wenn die Parks diese weit reichende Bedeutung haben: Wie kann man heute damit umgehen?**
- **Wie geht man mit dem Widerspruch um, dass Dessau-Wörlitz in seiner ursprünglichen Konzeption erhalten bzw. restauriert werden sollte; der Zugang – letztlich im Sinne der aufklärerischen Intention – solle zugleich immer frei und ohne Zaun sein. Auf der anderen Seite aber weiß man, dass die Menschen, die dort als Besucher kommen, den Park langsam zerstören?**
- **Wenn das Thema – aus regionalen oder anderen Gründen – für die jeweilige Klasse besonders wichtig ist, sollte zur reinen Beschäftigung mit dem klassizistischen Gartenreich die weitere Geschichte hinzukommen: die besondere Industrieregion um Dessau herum (Junkers-Werke), das Bauhaus, die Industrialisierung in der DDR (Wolfen-Bitterfeld) und die Situation nach der Wende bis hin zur Musealisierung des Braunkohle-Tagebaus („Ferropolis").**

Weitere Aufgabenstellungen und ausführlichere Dokumente unter www.akh.de, www.aknw.de und www.denkmalschutz.de im Internet.

5.3 Museumslandschaft Kalkriese

Kann ein Mythos dingfest gemacht werden? Was bringt eine gebaute Fiktion für die Veranschaulichung im Geschichtsunterricht?

Als „verschlagen, ein Volk von geborenen Lügnern" bezeichnete der römische Historiker Velleius Paterculus die Germanen, weil sie drei römische Legionen in einen Hinterhalt gelockt hatten und sie im Jahre 9 n. Chr. vernichtend schlugen – eine sehr subjektive Betrachtungsweise; schließlich befanden sich die Römer nicht gerade auf ihrem Heimatterrain, sondern führten einen Eroberungskrieg. 700 Orte stritten sich im Laufe der Zeit darum, Schauplatz der „Varusschlacht" gewesen zu sein, mit unterschiedlicher Berechtigung; selbst heute ist der Streit darum noch nicht ausgestanden. Aber das ist eigentlich völlig unwichtig; die Geschichtsschreibung hatte sich im 19. Jahrhundert von der realen Schlacht völlig entfernt und stattdessen ihre Mythen gepflegt: Der deutsche Held, der gegen eine Welt von Feinden aufsteht – eben Hermann der Cherusker, der im Übrigen keineswegs für ein geeintes „Deutschland" sprechen konnte, wiewohl er immerhin so etwas wie eine Einigung im Kampf gegen die Römer herbeiführen wollte.

In Kalkriese bei Osnabrück, wo eine ganze Reihe von Indizien auf den tatsächlichen Ort der Schlacht hindeuten, ist mit der Eröffnung eines Museums und einer gestalteten Parklandschaft nichts weniger versucht worden, als einen mythischen Ort konkret zu machen: Der Ort, der Jahrhunderte lang der germanischen Heldenverehrung dienen sollte, wird durch Museumsbau und Landschaftsarchitektur real: gleichermaßen als Teil der Geschichte wie als deren Visualisierung und als Zeichen: Ein Stück Landschaft wird durch Gestaltung zum definierten, erinnerbaren und erinnernden Ort.

Varusschlacht, im 19. Jh. nachempfunden

Park Kalkriese
(Architekten: Gigon/Guyer, Zürich, und Zulauf/Seippel/Schweingruber, Basel; 2001)

Die Varusschlacht in der Überlieferung

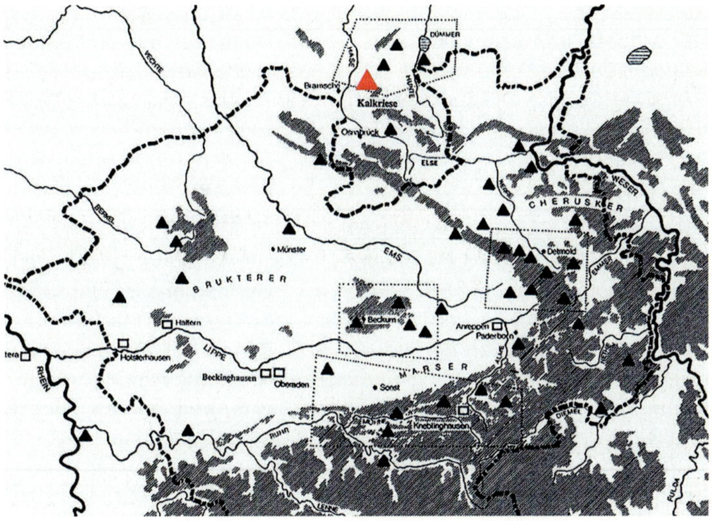

Kartenausschnitt mit hervorgehobenen mutmaßlichen Schlachtorten

Dokument 1

Da die Germanen keine schriftliche Überlieferung kannten, kennen wir nur die eine Seite der Geschichte, die der Unterlegenen. Immerhin gibt es mehrere Quellen, und der Tatbestand als solcher, die Niederlage der Römer, ist unstrittig. Auch das Ergebnis, der dauerhafte Rückzug der Römer aus der Region, ist eine historische Tatsache:

„Die Vorgeschichte

In den 50er Jahren des 1. Jahrhunderts v. Chr. hatte Caius Iulius Caesar die gallischen Gebiete bis zum Rhein erobert. Dieser bildete seither die Grenze des Römischen Reichs gegen die Germanen. Die römischen Besatzungstruppen waren im Inneren Galliens stationiert, die Rheingrenze daher weitgehend ungeschützt. Ein gut ausgebautes Straßensystem erlaubte es den Römern jedoch, jeden Punkt der Grenze relativ schnell zu erreichen. Dies nutzten die jenseits siedelnden Germanenstämme immer wieder zu plötzlichen Überfällen in das sich wirtschaftlich entwickelnde gallische Gebiet aus. Nachdem sie im Jahre 16 v. Chr. auch noch die 5. Legion unter dem Statthalter Marcus Lollius geschlagen hatten, sah sich der Kaiser Augustus genötigt, die Rheingrenze durch Militärstationen zu befestigen. Ab 12 v. Chr. drangen dann römische Truppen unter Führung des Drusus ins rechtsrheinische Germanien bis zur Elbe vor, um den Druck auf die Grenze am Ursprungsort zu verringern und eine Pufferzone entlang des Rheins zu schaffen. (...)

Die historischen Ereignisse um das Jahr 9 n. Chr.

Varus (römischer Statthalter in Germanien; Anm. d. Verf.) hatte im Jahre 9 n. Chr., wie in den vorhergehenden Jahren, in Germanien die Vorbereitung für die Überführung des Landes in eine römische Provinz vorangetrieben. Seine wichtigsten Aufgaben waren das Schlichten innergermanischer Streitigkeiten und die Einführung des römischen Rechts- und Tributsystems. Dies tat er wohl teilweise mit wenig Feingefühl und Rücksicht auf germanische Traditionen. In seiner Begleitung befand sich unter anderen germanischen Adeligen auch der Cheruskerfürst Arminius. Wie üblich, war Varus im Spätsommer mit seinem gesamten Heer und Gefolge auf dem Rückweg in die Winterquartiere an der Lippe oder am Rhein, im Inneren des Landes verblieben nur kleinere Einheiten mit Überwachungsaufgaben. Im Gebiet der Cherusker nahe der Weser erreichte ihn die Nachricht über einen Aufstand in einer Gegend, die durch seinen Weg eigentlich nicht berührt worden wäre. Er beschloss, einen Umweg zu machen, um diese – vorgetäuschte – Revolte niederzuschlagen.

Die Germanen lockten ihn in ein unwegsames Gebiet, das in den Schriftquellen saltus teutoburgiensis (= Teutoburger Wald) genannt wird und das den Römern offenbar unbekannt war.

(...) Auf dem Weg zu der vermeintlichen Revolte wurden die Römer von heimlich zusammengerufenen Kriegern (...) unter Führung des Arminius angegriffen, der sich kurz vorher vom römischen Heer abgesetzt hatte. In einer für das römische Militär ungünstigen topographischen Situation mussten die Soldaten nicht nur gegen die germanischen Krieger, sondern auch gegen abtrünnige germanische Hilfstruppen im eigenen Heer kämpfen. Zudem soll das Wetter sehr schlecht gewesen sein. Im Verlauf einer sich über mehrere Tage hinziehenden Schlacht verschanzten sich die Römer in der ersten Nacht noch in einem Lager, in der zweiten Nacht gelang dies nur noch ansatzweise. Endlich wurde das römische Heer weitgehend aufgerieben, nur wenigen gelang die Flucht, einige gerieten in Gefangenschaft. Varus stürzte sich angesichts der ausweglosen Situation in sein Schwert.

Die Germanen töteten auf – aus römischer Sicht – äußerst barbarische Weise die gefangenen Offiziere, dem Varus schnitten sie den Kopf ab. Diesen schickte Arminius an den Markomannenkönig Marbod, um ihn in die antirömische Koalition zu ziehen. Da die Markomannen nach längeren Auseinandersetzungen mit den Römern mittlerweile um einen Ausgleich bemüht waren, schickten sie das Haupt weiter nach Rom, wo es bestattet wurde. Kaiser Augustus soll äußerst verzweifelt über die Niederlage gewesen sein. Die Nummern der untergegangenen Legionen, 17–18–19, wurden nie wieder vergeben.

(...) Da kurzfristig nicht mit dem Ende der Kämpfe zu rechnen war und die Kosten für die römische Staatskasse enorm waren, berief der neue Kaiser Tiberius 16. n. Chr. den Germanicus ab, beendete die Germanienkriege und beschränkte sich auf die Sicherung der Rheingrenze. Seine Devise, die Germanen ihren inneren Streitigkeiten zu überlassen, bewährte sich bald. Die antirömische Koalition zerbrach nach dem Abzug der Gegner schnell und Arminius fiel 21 n. Chr. einem Mordkomplott zum Opfer."

Joachim Harnecker: Arminius, Varus und das Schlachtfeld von Kalkriese. Rasch Verlag Bramsche (http://pages.imperium-romanum.info/wiki/index.php/Varusschlacht)

Dokument 2

Den lebhaftesten Bericht von der Schlacht lieferte der römische Historiker Cassius Dio Cocceianus, der allerdings erst 155 Jahre nach der Schlacht geboren wurde:

„Denn das Gebirge war voller Schluchten und Unebenheiten, und die Bäume standen so dicht und waren so übergroß, dass die Römer auch schon ehe die Feinde über sie herfielen, sich, wo nötig, abmühten, die Bäume zu fällen, Wege zu bahnen und Dämme zu bauen. (...)
Und wenn dazu noch Regen und Sturm kam, zerstreuten sie sich noch weiter. Der Boden aber, schlüpfrig geworden um die Wurzeln und Baumstümpfe, machte sie ganz unsicher beim Gehen, und die Kronen der Bäume, abgebrochen und herabgestürzt, brachte sie in Verwirrung. (...)
... umstellten die Germanen sie plötzlich von überall her gleichzeitig durch das Dickicht hindurch, da sie ja die Pfade kannten, und zwar schossen sie zuerst von fern, dann aber als sich keiner wehrte, doch viele verwundet wurden, gingen sie auf sie los. (...)
Es war unmöglich, 1. in irgendeiner Ordnung zu marschieren ..., 2. konnten sie sich auch nur schwer zusammenscharen, und waren Schar für Schar immer weniger als die Angreifer, (...)
Daher schlossen sie die Römer mühelos ein und machten sie nieder, so dass Varus und die Angesehensten aus Furcht, gefangen genommen oder getötet zu werden – denn verwundet waren sie schon – sich zu einer furchtbaren, aber notwendigen Tat entschlossen. Sie töteten sich selbst. (...)
Als dies bekannt wurde, wehrte sich auch keiner mehr, auch wenn er noch kräftig war, sondern die einen taten es ihrem Anführer nach, die anderen warfen die Waffen weg und überließen sich dem, der sie töten wollte. Denn fliehen konnte keiner, wenn er es auch noch so gerne wollte."

http://www.uni-konstanz.de/FuF/Philo/Geschichte/MMAG/Praxis/Varus/dschl.htm

Dokument 3

Ausgerechnet ein Römer, der bedeutende Geschichtsschreiber Cornelius Tacitus (55–120 n. Chr.) fand die folgenden außerordentlich anerkennenden, rühmenden Worte für diesen Arminius und legte damit den Grundstein für die spätere Heldenverehrung:

„Er, Arminius, ohne Zweifel der Befreier Germaniens, er, der nicht wie andere Könige und Heerführer vor ihm das Römische Volk in seinen schwachen Anfängen herausforderte, sondern zu einer Zeit, als das Reich in der Blüte seiner Macht stand – er, in Schlachten wechselnd glücklich, im Kriege nicht besiegt. 37 Jahre währte sein Leben, 12 Jahre seine Herrschaft, und das Heldenlied von ihm erschallt noch heute bei den Völkern der Germanen."

http://www.hohewarte.de/MuM/Jahr2000/Varus00161718.html

Herrmannsdenkmal im Teutoburger Wald

Museum Kalkriese
(Architekten: Gigon/Guyer, Zürich, und Zulauf/Seippel/Schweingruber, Basel/CH)

Dokument 4

Heinrich Heine kommentiert in „Deutschland. Ein Wintermärchen" ironisch die politischen Folgen, die eine Niederlage der Germanen gehabt hätte:

Das ist der Teutoburger Wald,
Den Tacitus beschrieben,
Das ist der klassische Morast,
Wo Varus stecken geblieben.

Hier schlug ihn der Cheruskerfürst,
Der Hermann, der edle Recke;
Die deutsche Nationalität,
Die siegte in diesem Drecke.

Wenn Hermann nicht die Schlacht gewann
Mit seinen blonden Horden,
So gäb es die deutsche Freiheit nicht mehr,
Wir wären römisch geworden!

In unserm Vaterland herrschten jetzt
nur römische Sprache und Sitten,
Vestalen gäb es in München sogar,
Die Schwaben hießen Quiriten!

Wir hätten einen Nero jetzt,
Statt Landesväter drei Dutzend.
Wir schnitten uns die Adern auf,
Den Schergen der Knechtschaft trutzend. (...)

Gottlob! Der Hermann gewann die Schlacht,
Die Römer wurden vertrieben,
Varus mit seinen Legionen erlag,
Und wir sind Deutsche geblieben!

Wir blieben deutsch, wir sprechen deutsch,
Wie wir es gesprochen haben;
Der Esel heißt Esel, nicht asinus,
Die Schwaben blieben Schwaben.

(...)

Heinrich Heine: Werke. Bd. 1, Insel Verlag Frankfurt 1968, S. 447 ff.

Der Museumspark Kalkriese

Dokument 5

Die Herausforderung für die Architekten war, einem Ort, der nicht einmal eindeutig definiert ist im Hinblick auf den dem Museumsbau zugrunde liegenden Anlass (nämlich die Schlacht), eine Gestalt zu geben, die das Authentische und den Mythos dem Besucher als Idee vermittelt:

„In einem Stück offener Landschaft hat die Gründungsgeschichte der deutschen Nation ihren authentischen Ort gefunden; mit dem archäologischen Museumspark Kalkriese ist dieser Ort der Öffentlichkeit zugänglich gemacht worden. Ein blutiges Schlachtfeld ist es, überlagert von einem guten Meter Humus, dessen Geschichte es zu visualisieren und zu interpretieren galt. Das nun weitgehend realisierte Gestaltungskonzept, das ebenso sehr die Sinne wie den Verstand anspricht, schafft die Voraussetzungen für eine kritische Rezeption der deutschen Mythologie. Landschaftsarchitektur, Architektur und Museumsdidaktik gehen eine unverbrüchliche Verbindung ein und begründen einen neuen Typ archäologisches Museum.
(...)

Im Zentrum des Projekts steht der authentische Ort; der Landschaftsarchitektur kommt deshalb zentrale Bedeutung zu. Ihr Part ist es, die im wahrsten Sinne des Wortes unter der heutigen Landschaft verborgen liegende Geschichte der Varusschlacht gleichsam an die Oberfläche zu holen und der Öffentlichkeit zugänglich zu machen. Die Landschaftsgestaltung ist zuständig für die Veranschaulichung vor Ort. Die Architektur dagegen schafft mit den Pavillons und dem Museum Orte der Reflexion und der Verarbeitung des Geschauten, Orte der Wissensvermittlung, der Präsentation der Fundstücke und deren Aufschlüsselung auf dem Hintergrund des heutigen Forschungsstandes. (...)
Es lassen sich verschiedene Grundsätze ausmachen, die dem ungewöhnlichen Projekt seinen überzeugenden Zusammenhalt verleihen:
– Der Museumspark behält den Charakter eines offenen Stücks Landschaft bei und bringt damit zur Darstellung, dass der Park nur Teil eines größeren Ganzen ist. Das historische Schlachtgeschehen spielte sich auf einem Landstrich von zirka 15 Kilometern Länge ab.
– Der Ort wird möglichst wenig verletzt. Für die Architektur bedeutet dies, dass sie den historischen, fundträchtigen Boden nur punktuell berühren darf; alle Bauten stehen auf Stützen. Die Weganlagen sind reversible Überlagerungen.
– Das martialische Geschehen wird nicht nachgestellt. Stattdessen soll das Vorstellungsvermögen stimuliert werden. Das geschieht mittels ungegenständlicher Zeichensetzungen.
Eine Ausnahme bildet die naturalistische Rekonstruktion eines Stücks Wall, dem einzigen Element, das sich archäologisch gesichert nachbilden lässt.
– Damit die Interventionen in der offenen Landschaft nicht verloren gehen und als Ganzes lesbar werden, sind die Mittel der Visualisierung sehr einheitlich; sie sind abstrakt und bilden dadurch einen Kontrapunkt zur Natur. Das Material ist rostender Stahl.
– Die Materialien und Elemente der Zeichensetzung sind der zeitgenössischen Zivilisation entlehnt: handelsübliche vorfabrizierte Elemente wie Eisenstangen, Spundwände und Stahlplatten. Mit rostenden Stahlplatten sind auch alle Baukörper verkleidet. Verschiedenste Oberflächenbehandlungen erlauben die Adaptation des Werkstoffes für die unterschiedlichen Aufgaben. So kommen im Museumsinnern für die Böden rohes Chromstahlblech, im Ausstellungssaal Schwarzblech, in der Halle gebeiztes Stahlblech zur Anwendung.
(...)"

Ingrid Noseda: Dem authentischen Ort Gestalt geben. In: werk, bauen + wohnen 11/01, S. 8 ff.

Park Kalkriese
(Architekten: Gigon / Guyer, Zürich, und Zulauf / Seippel / Schweingruber, Basel / CH)

Arbeitsanregungen

- **Diskussion über die Frage, ob und in welcher Form fiktive oder tatsächlich historisch wichtige Orte sinnfällig gemacht werden können – vom klassischen Denkmal (Hermannsdenkmal) bis hin zum Museumspark in Kalkriese?**

Weitere Aufgabenstellungen und ausführlichere Dokumente unter www.akh.de, www.aknw.de und www.denkmalschutz.de im Internet.

Weitere Beispiele

Großer Garten in Hannover-Herrenhausen (seit 1666)

Barockgarten Hannover-Herrenhausen

In gewisser Weise ist das eine merkwürdige Anlage – der Barockgarten „als solcher". Das dazugehörige Schloss gibt es seit seiner Zerstörung durch Bomben im Jahr 1943 nicht mehr. Dafür wurde der „Große Garten" der Öffentlichkeit zur Verfügung gestellt – ein geometrisch angelegtes Areal mit Heckentheater und Fontäne, mit symmetrischen Pflanzmustern, Lindenalleen und Irrgarten – ganz so, wie es die Herrscher im Barock liebten: Der Garten wurde seit 1666 angelegt. Besonders interessant und noch erhalten sind die „Wasserkunst" und die Schleuse, mit der die Becken, Fontänen und Wasserspiele betrieben wurden – technisch brillante Lösungen.

Englischer Garten München

Man kennt selbst als Nicht-Münchner den Englischen Garten als Stadtpark der Bewohner der Stadt. Und tatsächlich wurde er als solcher eingerichtet, als Volksgarten seit 1789 – also ein Produkt der Aufklärung und ein Landschaftsgarten nach englischem Vorbild. Das Bemerkenswerte sind hier die Architekturen, die nach Art von „Follies", als (wenn auch bedeutungsreiche) „Verrücktheiten" oder „Nichtigkeiten" frei in den Park gestellt wurden: die nicht mehr existierenden Apollo-Tempel und ein Amphitheater, der Chinesische Turm und einige Statuen sowie 1837 der Monopteros. Von 1800 an wurde der Kleinhesseloher See künstlich angelegt.
Der Englische Garten war der erste Volksgarten auf dem Kontinent und hatte großen Einfluss auf die Gestaltung von städtischen Grünanlagen – sowohl in der Gestaltung wie vor allem darin, dass in den immer dichter bebauten Städten Freianlagen überhaupt eingerichtet wurden.

Englischer Garten in München (seit 1789) mit Monopteros (Arch.: L. von Klenze 1837)

Alte Schlossallee

Alleen in Mecklenburg-Vorpommern

2590 km Alleen, Landstraßen mit regelmäßig gepflanzten, beidseitigen Baumreihen, gibt es in Mecklenburg-Vorpommern, noch einmal halb so viele mit einseitigen Baumreihen; man fährt – am besten mit dem Fahrrad – im Sommer unter einem grünen Dach in einer Art Pflanzentunnel. Das Vorbild der schon im 18. und 19. Jahrhundert zuerst gepflanzten Straßen und Wege lag in Frankreich, bei den großen Schlössern und ihren Parks. Der Sinn lag weniger im Schatten für den Wanderer, als im Schutz vor Bodenerosion und in der eindeutigen Richtung, die durch die Bäume definiert wurde; zudem waren die Straßen schon aus der Ferne zu erkennen.
Nach der Wende wurden die Alleen vor allem als Verkehrshindernis wahr – genommen, obwohl selbst der ADAC inzwischen seinen Frieden mit ihnen gemacht hat. Immerhin gab es noch 2003 rund 4000 Unfälle allein in Brandenburg, bei denen die Bäume das Ende der Reise bedeuteten. Ihnen helfen inzwischen eigens entwickelte Verfahren, wieder zu regenerieren.

Der Schrebergarten diente u.a. der Eigenversorgung

Schrebergärten

Schrebergärten – auch heute noch haftet dem Begriff ein Hauch von kleinbürgerlicher Idylle an. Der Kern der Schrebergartenbewegung ist aber ein durchaus reformerischer, wie er für sozial engagierte Bestrebungen des 19. Jahrhunderts zur Besserung der Lebensbedingungen der Arbeiter, besonders denen in der Großstadt, typisch war.
Denn auf gegen ein geringes Entgeld zu pachtetem Gartenland sollte nicht nur Obst und Gemüse für den eigenen Bedarf geerntet werden, als notwendige Ergänzung des oft nicht ausreichenden Einkommens. Darüber hinaus, so die Idee des Leipziger Arztes Daniel Gottlieb Moritz Schreber (1808–1861), sollten durch körperliche Arbeit an der frischen Luft viele großstadttypischen Krankheiten vermieden werden könnten.
Das Spezifische des Schrebergartens ist dabei die Trennung von Wohnort und Garten; wer in der Stadt wohnte, konnte am Stadtrand ein Stück Land, meist um 400 m², pachten. So zogen denn am Wochenende Generationen von Arbeitern mit Kind und Spaten auf ihre Klitsche, um dort Radieschen und Kohl zu ziehen, während die Hausfrau Kirschen und Brombeeren zu Marmelade verarbeitete: Für viele Menschen war das bis ins 20. Jahrhundert hinein die einzige Art, jemals einen „Urlaub" zu machen.

Internationale Bauausstellung Emscher-Park

(Karl Ganser [Leitung] 1989–1999)

Im Jahr 1989 wurde von der Regierung des Landes Nordrhein-Westfalen und den kommunalen Gebietskörperschaften der Beschluss zu einer Internationalen Bauausstellung (IBA) im nördlichen Ruhrgebiet gefasst. Nicht eine Ausstellung von Bauten internationaler Architektenstars wurde geplant, sondern man zielte auf den Umbau einer Region in wirtschaftsstruktureller, ökologischer, kultureller Hinsicht, deren Teil auch Umgestaltung und Denkmalschutz für viele alte Industrieanlagen war. Dabei ging es nicht immer um deren Erhalt in einem klinisch reinen Zustand, sondern mehr darum, die Bauten durch neue Nutzungen lebendig zu halten. Den Bewohnern und ehemaligen Arbeitern konnte so vermittelt werden, dass diese Anlagen auch heute noch wertvoll sind, nicht zum „alten Eisen" gehören. Es entstanden „neue Landschaften", die neue Sehgewohnheiten hervorbrachten – das Stahlwerk in Duisburg, das zum „Landschaftspark Nord" wird, als ein Beispiel von vielen. Über die öffentliche, auch internationale Beachtung der IBA schaffte man es, einer ganzen Region neues Leben und neues Selbstbewusstsein zu vermitteln.

Landschaftspark Duisburg-Nord (Peter Lanz + Ptn., 1994): früher Hüttengelände, heute Park für alle Besucher – kostenlos

Museum Hombroich

Museum Insel Hombroich

(Erwin Heerich; Anatol Herzfeld u.a.; Bernhard Korte [Landschaftsarchitekt] 1983–1986, 1994 ff.)

Wer das Museum in den Rheinauen bei Neuss besucht, erlebt „eines der wenigen Kunstabenteuer, die es in unserer voll klimatisierten museumspädagogischen Republik noch gibt", sagt der Gründer des Museums, der seine private Sammlung in eine offene, aber keineswegs ungestaltete Landschaft stellte. Kunst parallel zur Natur ist das Motto, das nicht zuletzt dadurch betont wird, dass die Kunstobjekte in den zahlreichen Pavillons nicht beschriftet sind – sie stehen „so da", ohne einen mehr oder weniger berühmten Namen.
Inzwischen wurde das Gesamtkonzept erweitert; ein riesiges Gelände, auf dem Raketen der NATO stationiert waren, wurde hinzugekauft. Hier sollen weitere Bauten internationaler Architekten entstehen, die in das Konzept der minimalistischen Architektur passen. In die vorhandenen, bisher militärisch genutzten Gebäude sind bereits Künstler und Literaten eingezogen und haben Werkstätten bekommen.
Als Ganzes entsteht ein verwunschener Ort, eine Art Gegenwelt zu der, die an jedem Ort gleich auszusehen scheint – ein Beweis, dass die Gegenwelt noch möglich ist. Wem das zu abgehoben ist, dem sei das Schmalzbrot empfohlen, das man mit der Eintrittskarte erwirbt.

6 Denkmalschutz

6.1 Kleine Geschichte des Denkmalschutzes

Der staatliche Denkmalschutz ist eine vergleichsweise moderne Einrichtung, obwohl es schon immer den Respekt vor dem Alten, das Bewahren von Traditionen, die Ehrfurcht vor bestimmten mythischen Orten gab. Im Mittelalter gab es die Vorstellung einer göttlichen Ordnung, in der jeder und jedes seinen Platz hat, die Toten wie die Lebenden, das Gebaute wie das Verfallende. Man fühlte sich aufgehoben in einer Welt, die keine lineare Entwicklung kannte: Tatsächlich konnte der Einzelne während seiner gegenüber heute sehr viel kürzeren Lebenszeit eine wirkliche Veränderung seiner Umgebung ja auch nicht wahrnehmen, weil es diese kaum gab. Aus diesem Grunde gab es keine wissenschaftliche Denkmalpflege, sondern „nur" mythische Orte, die man aus Respekt bewahrte; jede Zeit baute nach ihren eigenen Gesetzen.

Über einen langen Prozess zwischen 1650 und 1800 veränderte sich diese Auffassung. Das mittelalterliche Lebensgefühl wurde mit der Aufklärung von der Idee einer rational erklärbaren „Evolution" der Menschheit abgelöst. Der Gedanke einer Evolution beinhaltet eine Entwicklungs*geschichte*, eine Entwicklung aus einer vernunftgemäß erklärbaren Herkunft hin zu einem Ziel.

Es gab nicht mehr den unbegreiflichen Gott und seine geheimnisvolle Schöpfung. Der Mensch machte sich daran, deren Geheimnisse selbst zu entschlüsseln. Die Französische Revolution war das politische Fanal dafür: Ein König wird gestürzt, der doch „von Gottes Gnaden" war; sein Sturz ist damit auch eine Auflehnung gegen Gott.

Fünf Jahre vor der politischen Revolution in Frankreich brachte ein Architekt diese Entwicklung auf den Punkt: Der (nie gebaute) Entwurf eines „Newton-Kenotaphs" von Etienne-Louis Boullée 1784 stellt eine gewaltige Kugel dar, in der unten Newtons Sarkophag steht, über dem sich der nächtliche Sternenhimmel wölbt. Dieser Weltenbau – nichts anderes ist es ja – ist nun aber nicht einem Gott gewidmet, sondern einem Sterblichen. Die Legitimation dafür entsteht durch die Vergöttlichung Newtons: „Erhabener Geist! Groß angelegtes und tiefsinniges Genie! Göttliches Wesen! Newton!" – so ruft Boullée in einem Hymnus Newton an – Newton als neuer Messias!

Das ist das Neue des Zeitalters der Aufklärung: Der Mensch wird zum Beherrscher der Welt. Und damit änderte sich sein Bewusstsein von der Vergangenheit, sie wurde zwingend notwendig, sie war *Beweis*: Weil wir eine Vergangenheit haben, haben wir auch eine Zukunft. Deshalb vergewisserte man sich seiner Vergangenheit und bewahrte sie – das Museum als öffentlicher Ort der Sammlung von Vergangenheit entstand um 1800 (Britisches Museum in London 1759, Louvre in Paris 1793, das der Antike verpflichtete Forum [„Königsplatz"] mit der Glyptothek in München von Leo von Klenze 1816–1830, das Alte Museum von Karl Friedrich Schinkel in Berlin von 1823–1830). Und die großen Reisen zu den Quellen des Vergangenen – nach Griechenland, Italien oder Ägypten – wurden zur Forschungsreise, die dem Bewahren diente.

Seit der Mitte des 18. Jahrhunderts, als man den Wert mittelalterlicher Bauten erkannte als einen Teil der eigenen Geschichte, wurde auch der Erhalt der Bauten diskutiert; in verschiedenen deutschen Ländern wurden Vorstufen eines geregelten Denkmalschutzes entwickelt. So verordnete Friedrich, Landgraf von Hessen, im Jahre 1780 deren Schutz, „nachdem Uns daran gelegen ist, dass die in Unseren Landen befindliche Monumente und sonstige Alterthümer möglichst erhalten werden".

1835 richtete Ludwig I. in Bayern als Erster in Deutschland eine „Generalinspektion der plastischen Denkmäler des Reiches" ein, die 1908 zum „Landesamt für Denkmalschutz" wurde.

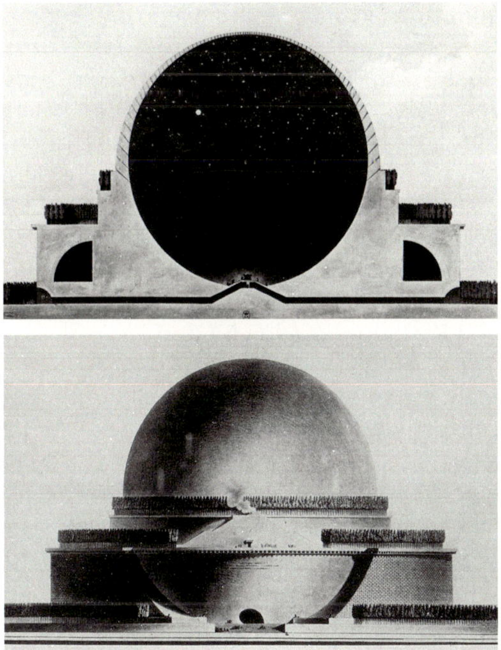

Etienne-Louis Boullée:
Entwurf für einen Newton-Kenotaph (1784), Schnitt und Außenansicht

Linke Seite:
me-di-um: Umbau der Zeise-Hallen (Hamburg 1993)

Am Ende des 19. Jahrhunderts war es der Historiker und Kunsthistoriker Georg Dehio (1850–1932), der die moderne Denkmalpflege in Deutschland begründete – nicht zuletzt deshalb, weil er sah, was die Industrialisierung dem Bestehenden antat. 1905 erschien in Straßburg sein wegweisender Aufsatz „Denkmalschutz und Denkmalpflege", der die Theorie der Denkmalpflege im 20. Jahrhundert prägte – „konservieren, nicht restaurieren!" Dabei war Dehio gar kein Denkmalpfleger im heutigen Sinne; er lehrte als Professor für Kunstgeschichte und Leiter der dortigen Gemäldesammlung in Straßburg. Sein Einfluss auf die Denkmalpflege im 20. Jahrhundert rührt aus der in dem zitierten Satz zusammengefassten Theorie und aus dem 1905–1912 erschienenen, damals fünfbändigen „Handbuch der deutschen Kunstdenkmäler" her, das erstmals eine zwar nicht vollständige, aber höchst eindrucksvolle Sammlung der Kunstdenkmäler des Deutschen Reiches lieferte – eine Art Denkmalliste, die bis heute in zahlreichen Auflagen fortgeschrieben wird und als „der Dehio" in den Sprachgebrauch eingegangen ist.

Dehio und andere Kunsthistoriker um die Jahrhundertwende standen im Mittelpunkt zweier sich in gewisser Weise widersprechender Entwicklungen: Auf der einen Seite stand das Bedürfnis der Gesellschaft und des sich damit legitimierenden Staates nach Fertigstellung oder Restaurierung historischer Bauten, wobei diese zum Teil stark verändert wurden – das Gegenteil der Dehio'schen Theorie. Auf der anderen Seite führten das ungeheure Stadtwachstum und das liberalkapitalistische Wirtschaftssystem dazu, dass gleichzeitig sehr viele Baudenkmäler verloren gingen. Damit geriet das gebaute kulturelle Erbe des Landes in Gefahr. Tatsächlich gab es erst im Jahre 1902 ein erstes Gesetz zum Schutze von Denkmälern (Hessen, in der Folge auch die anderen Länder des Reiches), das ja nur dann wirksam sein konnte, wenn auch Eingriffe in private Eigentumsrechte legitimiert wurden (für Denkmäler nur des Staates hätte es keines staatlichen Gesetzes bedurft!). Davor gab es durch die staatlichen Stellen (wie die preußische Bauverwaltung, die für die Denkmäler zuständig war) nur die Inventarisierung und Restaurierung von Bauten.

Man muss sich noch einmal deutlich vor Augen führen, was in der zweiten Hälfte des 19. Jahrhunderts alles geschah und um 1900 sichtbar war: die vollständige Veränderung der Lebensgrundlagen. Die Stadt hatte sich von einer vergleichsweise beschaulichen Ansiedlung um das Mehrfache vergrößert, es gab Fabriken mit ihrem Lärm und Gestank, es gab die Eisenbahn mit ihrem Flächenfraß in den Städten und der neuen Geschwindigkeit der Geschäfte (auch der durch sie eröffneten Reisemöglichkeiten!), es gab in den großen Städten öffentlichen Nahverkehr mit Straßenbahn und U-Bahn, es gab elektrisches Licht in den Straßen, elektrische Aufzüge, die Hochhäuser möglich machten, es gab sogar schon die ersten Automobile!

Buchtitel: Paul Mebes: um 1800. München 1908

Das Alte wurde überrollt. Kein Wunder, wenn sich viele Menschen darüber Gedanken machten, wie das historische Erbe, wie die Bau gewordene Geschichte bewahrt werden könne; auch eine starke Heimatschutzbewegung verband sich mit dem Denkmalschutz; „Um 1800" hieß ein berühmtes Buch eines modernen Architekten, das die alten Stadtansichten als Vorbild für die neue Zeit pries. Vielen Menschen ging die Veränderung einfach zu schnell.

Im Hinblick auf den Denkmalschutz erkannten das Staat und Gesellschaft und handelten: Denkmalschutz wurde – bis heute – zur Sache der Länder, die für die Kultur zuständig waren; sie erließen nach 1900 entsprechende Gesetze und richteten Denkmalschutzbehörden ein.

Nach dem Zweiten Weltkrieg wurde gerade in den zerstörten Städten heftig über die Frage diskutiert, ob man zur Tagesordnung eines Wiederaufbaus zurückkehren könne oder die moralische Verantwortung für die Zerstörung nicht andere Maßnahmen erfordere? Und bot die Zerstörung nicht auch eine Chance für einen Neubau der Städte, der in sozialer Verantwortung die schlechten Lebensbedingungen der Stadt des 19. Jahrhunderts – die ja bis zum Krieg fast unverändert bestanden hatten – beseitigen konnte?

Die Frage wurde nicht eindeutig beantwortet; jede Stadt, jedes aufgebaute oder weggeräumte Gebäude gab eine eigene Antwort darauf. Selbst wenn aber alte, für denkmalwürdig gehaltene oder unter Denkmalschutz stehende Bauten wieder aufgebaut wurden, wurde nur selten detailgetreu rekonstruiert – ganz im Sinne Dehios wurde meist ein Wiederaufbau betrieben, der das Neue sichtbar machte. Sicher ist auch, dass die Bauten, die am stärksten emotional besetzt waren – die stadtprägenden Bauten der Kirchen und Rathäuser – am ehesten im alten Stil wieder aufgebaut wurden.

Die Denkmalschützer standen in der Euphorie des Wiederaufbaus und in einem beispiellosen Bauboom der Nachkriegszeit häufig auf verlorenem Posten; es wurde behauptet, die Zerstörungen durch Abrisse in den ersten Jahren der Bundesrepublik seien größer als die durch die Bomben des Krieges verursachten. Auch in der Bevölkerung war das Alte häufig das Schlechtere; das Neue, das den Aufbruch in eine neue Zeit signalisierte, wurde begrüßt. Das ist bei einer Bewertung der Denkmalpflege nach 1945 unbedingt zu berücksichtigen: Denkmalschutz ist immer Teil einer Gesellschaft und einer Zeit; die Beschlüsse zu Erhalt oder Abriss von Gebäuden fällen nicht Architekten oder Denkmalpfleger, sondern Eigentümer und Bauherren, Parlamente oder Stadträte – wenn sie sich auch des Sachverstandes der Spezialisten vergewissern. Das heißt nicht, dass der Denkmalschutz nach Popularität oder Opportunität entschieden würde; aber auf die Dauer kann er nur wirksam sein, wenn die zugrunde liegenden Prinzipien von einem breiten gesellschaftlichen Konsens getragen werden – einschließlich der Frage, wie viel Geld uns der Erhalt der Denkmäler wert ist.

Das Bewusstsein, das Neue sei das Bessere, änderte sich in der Bundesrepublik im Laufe der 1960er Jahre, als immer mehr Teile der alten, vertrauten Stadt zugunsten von Neubaugebieten und Straßendurchbrüchen – die „autogerechte Stadt" war ein beliebter Slogan! – abgerissen wurden. Die neuen Wohnungen boten zwar hervorragende Qualitäten in funktionaler Hinsicht, wirkten auf viele Menschen aber nicht „gemütlich"; das galt vor allem für die neuen Stadtviertel – was insofern nicht überraschend war, als die Bewohner nach deren Fertigstellung praktisch gleichzeitig dort einzogen, aber häufig die Infrastruktur noch nicht vorhanden war und ein Gefühl sozialer Zusammengehörigkeit schon gar nicht. In der Dynamik des „Wirtschaftswunders" waren emotionale Werte auf der Strecke geblieben – ein Verlust, der spürbar wurde.

Märkisches Viertel, Berlin: Trabantenstadt als neue Heimat?

Das wurde deutlich, als große Teile des gründerzeitlichen Arbeiterviertels Kreuzberg in Berlin flächensaniert werden sollten, für deren Bewohner das Märkische Viertel gebaut wurde, eine Trabantenstadt für 70 000 Einwohner, von den besten internationalen Architekten der Zeit geplant. „Flächensaniert" hieß damals: abgerissen. Der Protest dagegen, der später zu Hausbesetzungen und Zwangsräumungen führte, hatte mehrere Ursachen; schließlich ging es auch um billigen Wohnraum für Studenten und Gastarbeiter. Der Kern war aber: Das Quartier wurde als „Kiez" empfunden, als funktionierender Stadtteil, der für viele zur Heimat geworden war – das war wichtiger als die Frage, ob die Toilette außerhalb oder innerhalb der Wohnung lag.

Das Gefühl, dass diese Heimat immer mehr zugunsten einer vermeintlich seelenlosen Neubauarchitektur verloren ging, war nicht auf Berlin beschränkt, nicht einmal nur auf Deutschland. Das Jahr 1975 wurde zum „Europäischen Jahr des Denkmalschutzes" erklärt, und es brachte einen Wandel in dessen Bedeutung: „Denkmalschutz heute muss die lebendige Bewahrung des gesamten urbanen Lebensraums erfassen, sofern er historischen Ursprungs ist oder seine städtischen Qualitäten für jedermann deutlich sind: Atmosphäre, Mischung, Zentrumsnähe, günstige Mieten, menschliche Dimensionen, Gestaltvielfalt" hieß es in einer Bestandsaufnahme der Architektur 1976!*

Harald Deilmann u. a.: Stadttheater Münster (1954–1955): Die Ruinen des alten Hauses werden einbezogen.

* P. Nestler, P. M. Bode: Deutsche Kunst seit 1960 Teil IV Architektur. München 1976, S. 19

„Eine Zukunft für unsere Vergangenheit“ hieß das Motto des Denkmalschutzjahres. Es brachte einen mächtigen Aufschwung für die Denkmalpflege der Bundesrepublik, weil diese von der Bevölkerung anerkannt und gefordert wurde; deshalb musste auch der Staat handeln: Es gab Geld und Stellen für den Denkmalschutz als staatliche Einrichtung wie auch – über Steuererleichterungen – bei den privaten Eigentümern von Denkmälern; die wissenschaftliche Arbeit der Inventarisation der Denkmäler wurde vorangetrieben („Denkmaltopografie“), es gab die Möglichkeit, ganze Areale der Stadt, nicht nur Einzelgebäude unter Schutz zu stellen, eine moderne Gesetzgebung wurde geschaffen: Denkmalschutz wurde von einer – zwar notwendigen – Randdisziplin zu etwas, das selbst von Politikern anerkannt wurde; der Bundespräsident ist Schirmherr des 1973 gegründeten „Deutschen Nationalkomitees für Denkmalschutz“.

Etwas anders lag die Situation in der DDR. Dort entstand die Entfremdung zwischen den Bürgern und ihrer gebauten Umgebung nicht durch ein überall in den Städten wirksames „Wirtschaftswunder“. Stattdessen führte die einseitige Priorität auf dem industriellen Wohnungsbau zu eigenen „Städten“ am Rande der Städte, während der Bestand innerhalb dieser vernachlässigt wurde. Nach einigen politisch motivierten Abrissen in den ersten Jahren der Republik gab es aber einen Denkmalschutz, der die Fragen des Erhalts historisch wertvoller Bausubstanz intensiv diskutierte und bei vielen Einzelbauten auch durchführte; die Semperoper in Dresden oder das Große Schauspielhaus von Schinkel in Berlin sind nur die herausragendsten Beispiele dafür. Im Denkmalpflegegesetz von 1975 wurde auch der städtebauliche Denkmalschutz verankert, aber gegenüber dem jahrelangen Verfall der Altbausubstanz waren die verfügbaren Finanzmittel marginal.

In den folgenden Jahren nach 1975 wurde das Betätigungsfeld des Denkmalschutzes in der Bundesrepublik erheblich ausgeweitet. Zwar gibt es seit dem 19. Jahrhundert den Schutz auch von Industrieanlagen, Brücken, Kanälen, Schiffshebewerken oder auch von „normalen“ Wohnhäusern. Aber dieser Bereich wurde in der Folgezeit nach 1975 stark vergrößert.

Ausgeweitet wurde das Feld auch in zeitlicher Hinsicht. Dass eine gotische Kirche, 600 Jahre alt, erhalten werden muss, ist jedem einsichtig. Auch ein klassizistisches Ensemble, 200 Jahre alt, ist noch ziemlich unumstritten. Bei der Kaiser-Wilhelm-Gedächtniskirche aus dem 19. Jahrhundert ist das schon zweifelhafter. Wirklich schwierig wird es, wenn es um Bauten aus der Nachkriegszeit geht: Viele Menschen sind froh, wenn die endlich weg sind. Ihr ästhetischer wie ihr historischer Wert wird bezweifelt.

Der Denkmalschutz kümmert sich dennoch um sie als Zeugnisse ihrer Epoche. Denn der Denkmalschutz hat nur zu einem kleinen Teil die Erhaltung des „Schönen“ oder des bei den Bürgern „Beliebten“ als Aufgabe. Wenn es darum geht, ein Stück der eigenen Geschichte zu bewahren, um diese anschaulich zu machen für spätere Generationen, dann muss man auch schützen, was erst aus jüngster Vergangenheit stammt – sonst ist es unwiederbringlich verschwunden: Ist die Mauer in Berlin, die bis 1989 die zwei deutschen Staaten trennte, sind die Grenzanlagen und Wachttürme der DDR nicht sichtbare Erinnerung an einen wichtigen Abschnitt einer deutschen Geschichte? Aus Gründen ihrer Schönheit würde man sie jedenfalls nicht bewahren!

Oder wollen wir uns aus unserer Geschichte nur die Rosinen herauspicken – die Germanen, metschlürfend auf dem Bärenfell, eine heimelige mittelalterliche Stadt, ein Stückchen Repräsentation vom wilhelminischen Kaiserreich – aber bitte nicht die Slums in den Städten! – , vielleicht noch ein paar Erinnerungen an die vermeintlich so „goldenen zwanziger Jahre“ – ja, und danach brauchen wir keine Denkmäler, weil die Geschichte ja auch nicht so toll war? Die Geschichte unserer Eltern, unserer Groß- und Urgroßeltern müssten wir dann, bedauerlicherweise, ausblenden?

Fehlende Altbausanierung in der DDR (Halle)

6.2
Denkmalschutz organisieren

Die Realität des Denkmalschutzes ist von Fall zu Fall unterschiedlich, erfordert schwierige Abwägungsprozesse von Denkmalschützern und Architekten, von Eigentümern und Handwerkern, scheitert bisweilen an tatsächlichen oder vermeintlichen Sachzwängen – es geht eben wie im richtigen Leben zu. Man kann keine U-Bahn-Linie „schnell mal verschwenken", um an den Resten eines römischen Brunnens vorbeizufahren, den man bei den Tunnelarbeiten entdeckt hat!

Und wenn die öffentliche Hand finanziell nicht in der Lage ist, sämtliche Denkmäler zu unterhalten, zu pflegen und im ursprünglichen Sinne zu nutzen, weil sie andere politische Prioritäten setzt, dann braucht man private Bauherren und privates Geld, um das zu erreichen. Nun kann man vielleicht die Dresdner Frauenkirche mit privaten Spenden wiederaufbauen, auch den Kölner Dom wird niemand zur Spielothek umbauen wollen. Aber wie verhält es sich mit der 500-jährigen Dorfkirche? Dem Kulturzentrum aus dem Beginn der 1950er Jahre? Dem Stadt*grundriss* von Karlsruhe oder Bad Karlshafen?

Logo der Deutschen Stiftung Denkmalschutz

Idealismus und private Spendenbereitschaft sind groß. Die 1985 gegründete „Deutsche Stiftung Denkmalschutz" hat sich zu einer großen privaten Denkmalbewegung entwickelt. Viele Denkmale vor Ort werden von Vereinen und privaten Initiativen unterstützt. Aber die Bereitschaft für eine finanzielle Investition eines potentiellen Bauherrn ist in der Regel erst dann gegeben, wenn er mit dem Objekt auch „etwas anfangen kann", wenn sich die Investition also auszahlt – zumindest langfristig. Wie nutzt man aber Urgroßvaters Scheune angemessen? Oder Goethes Geburtshaus? Oder das Straßenbahndepot mit seiner schönen Eisenkonstruktion aus dem Anfang des 20. Jahrhunderts? Die originale Nutzung ist oft für immer verschwunden. Wenn man aber eine neue Nutzung gefunden hat, selbst eine gut passende, dann müssen die Bauten in der Regel – das ist die Aufgabe der Architekten – an die neue Nutzung angepasst werden. Sie müssen umgebaut werden – was wiederum das Denkmal verändert.

Das sind die Fragen, die täglich von den Denkmalschützern beantwortet werden müssen: Was ist eine angemessene Nutzung? Und wie kann man das Bauwerk auch bei Umbauten wirksam schützen? Welche Umbauten und Veränderungen sind angemessen, ohne den Wert des Denkmals als Geschichtszeugnis zu zerstören?

Und was kann man tun, wenn kein Interessent für das Gebäude vorhanden ist, sondern nur einer für das Grundstück, er also das denkmalgeschützte Gebäude abreißen möchte?

Bisher wurde immer vom Denkmalschutz gesprochen und dieser anhand der Gesetze erklärt, als ob es nur eine einzige Form des Schutzes, wenn auch verschiedene Umsetzungen dafür gäbe. Das ist so nicht richtig – es gibt eine ganze Reihe von weiteren Schutzmaßnahmen, privaten und staatlichen, die unterschiedlich weit reichen. Das ist insofern auch richtig und angemessen, als es eine unglaublich hohe Zahl von Denkmälern gibt – und keiner kennt sie genau.

Tatsächlich werden allein für Deutschland rund eine Million Denkmäler geschätzt; ihre Liste wird kontinuierlich weitergeführt!

Das heißt nicht, dass es auch eine Million einzelne Bauten sind – mit dieser Zahl sind alle Denkmäler erfasst; aber zumindest ein großer Teil davon steht in Städten und Dörfern, in Kulturlandschaften und unter der Erde als „gebautes Denkmal" – eine Million mal gebaute Geschichte (und sehr viel mehr, wenn man die anderen Bauten richtigerweise auch als gebaute Geschichte auffasst – nur noch nicht im Range eines eingetragenen Denkmals!).

Zahl der Denkmäler in den Bundesländern (2002) und direkte Förderung:

Land	Anzahl der Denkmale	Gesamtzahl der denkmalgeschützten baulichen Anlagen	direkte Denkmalfördermittel 2003
Baden-Württemberg	ca. 83 000 Denkmale (Schätzung)	ca. 83 000	ca. 15 Mio. Euro
Bayern	1977: 108 987 Denkmale	ca. 120 000	9 683 465,73 Mio. Euro
Berlin	ca. 8000 Baudenkmale 507 Ensembles mit 3972 Bestandteilen 1183 Gesamtanlagen, 533 Gartendenkmale 44 Bodendenkmale	ca. 6000 (einschl. Bestandteile von Ensembles und Gesamtanlagen)	2,6 Mio. Euro
Brandenburg	(ca. 30 000 geschätzt) eingetragene Einzeldenkmale und Denkmalbereiche	10 561	
Bremen	1500 eingetragene Denkmale	1500	80 000 Euro + 2,7 Mio. Euro aus Mitteln der Stiftung Wohnliche Stadt
Hamburg	1300 Einzeldenkmale, Ensembles und archäologische Denkmale	1300	1 Mio. Euro
Hessen	60 000 Einzeldenkmale, 3000 Gesamtanlagen	63 000 geschätzt	8,9 Mio. Euro
Mecklenburg-Vorpommern	25 000 Listenpositionen	ca. 25 000	ca. 3,8 Mio Euro
Niedersachsen	36 000 Einzeldenkmale insgesamt: 83 000 denkmal-geschützte Baulichkeiten	83 000	2,2 Mio. Euro
Nordrhein-Westfalen	82 000		11 Mio Euro
Rheinland-Pfalz	45 000		5,5 Mio Euro
Saarland	7000 Einzeldenkmale		500 000 Euro
Sachsen	120 000	12 000	20 Mio. Euro
Sachsen-Anhalt	ca. 90 000 Denkmale 5500 geschützt	ca. 90 000 Gebäude geschätzt	
Schleswig-Holstein	a) Schleswig-Holstein außer Lübeck: 11 000 (5500 Denkmale rechtskräftig im Denkmalbuch eingetragen) b) Lübeck: 1344 Denkmale rechtskräftig im Denkmalbuch eingetragen	11 000 1344	600 000 Euro 153 000 Euro
Thüringen	25 000 Kulturdenkmale eingetragen (geschätzter Bestand ca. 30 000)	ca. 30 000	5 Mio. Euro
Deutschland gesamt	**ca. 784 500 erfasste Denkmäler**	**schätzungsweise 1 000 000 denkmalgeschützte bauliche Anlagen**	

Stand 2002/03, http://www.nationalkomitee.de/links/themen/thema8.htm

Allein die Stadt Lübeck besitzt 1344 in die Denkmalliste eingetragene Bauten – vom Gesamtensemble der Stadt ganz abgesehen!

Lübeck ist so genanntes „Weltkulturerbe". Die Stadt ist auf eine von einer Unterorganisation der UNO, der UNESCO, geführte Liste von Bauten und Orten aufgenommen, die für das „Erbe der Menschheit" besonders wichtig sind. Auf der Grundlage der 1972 in Stockholm verabschiedeten und 1975 in Kraft getretenen Konvention muss für die Eintragung in die Liste mindestens eines von sechs Kriterien erfüllt sein:

- Es muss von einzigartigem künstlerischen Wert sein;
- starken kulturellen Einfluss auf eine Region oder Epoche ausüben;
- von großem Seltenheitswert oder Alter oder
- für eine bestimmte künstlerische Entwicklung beispielhaft sein,
- für eine bestimmte Architekturepoche stehen oder
- bedeutungsvoll im Zusammenhang mit herausragenden Ideen oder historischen Gestalten sein.

Die Liste des Weltkulturerbes ist Teil einer Gesamtliste des Welterbes, das aus dem Kulturerbe (2004 mit 611 Einträgen) und dem Naturerbe (2004 mit 154 Einträgen, dazu noch 23 Denkmälern, die beides sind) besteht. Die Liste der deutschen Einträge umfasst 31 Positionen.

Logo der Deutschen Sektion der UNESCO

Von der UNESCO als Welterbe anerkannte Stätten in Deutschland:

1978 Der Aachener Dom
1981 Der Dom zu Speyer
1981 Die Würzburger Residenz
1983 Die Wallfahrtskirche auf der Wies, Pfaffenwinkel, Oberbayern
1984 Die Schlösser Augustusburg und Falkenlust in Brühl
1985 Die Michaeliskirche und der Dom zu Hildesheim
1986 Das römische Trier: Amphitheater, Porta Nigra, Kaiserthermen, Konstantinbasilika (Palastaula) und der Dom und die Liebfrauen-Kirche in Trier
1987 Die Hansestadt Lübeck
1990 Potsdam: die Schlösser und Gärten von Sanssouci
1991 Lorsch: ehemaliges Benediktinerkloster und Altenmünster
1992 Das Bergwerk Rammelsberg und die Altstadt von Goslar am Harz
1993 Bamberg
1993 Das Kloster Maulbronn
1994 Quedlinburg: die Altstadt mit der Stiftskirche St. Servatius
1994 Die Eisenhütte in Völklingen
1995 Die Grube Messel
1996 Der Kölner Dom
1996 Die Luther-Stätten in Wittenberg und Eisleben
1996 Das Bauhaus in Dessau und Weimar
1998 Das Weimar der Klassik
1999 Die Wartburg in Thüringen
1999 Die Museumsinsel in Berlin
2000 Das Wörlitzer Gartenreich, Dessau-Wörlitz
2000 Die Klosterinsel Reichenau im Bodensee
2001 Die Zeche und Kokerei „Zollverein" in Essen
2002 Die historischen Stadtkerne von Stralsund und von Wismar
2002 Die Kulturlandschaft Mittelrhein zwischen Koblenz und Bingen
2004 Die Kulturlandschaft Elbetal in Dresden
2004 Rathaus und Roland in Bremen
2004 Der Fürst-Pückler-Park in Bad Muskau
2005 Der römische Limes in Baden-Württemberg, Bayern, Hessen und Rheinland-Pfalz

Man kann sehr schön allein aus der deutschen Liste ablesen, wie sich das Interesse der Schützer von der klassischen Denkmalpflege hin zu einem weiter gesteckten Begriff verändert! Die Kommission, die die Einträge vornimmt, wacht mit anderen Einrichtungen wie ICOMOS (International Council on Monuments and Sites, einer nicht-staatlichen Organisation der Denkmalpfleger) und den örtlichen UNESCO-Kommissionen über den Zustand der Denkmäler (siehe die Diskussion um den Kölner Dom, S. 105).

Der Denkmalschutz ist kein von anderen Bereichen der städtischen Entwicklung losgelöster Teil, keine „Käseglocke", unter der weltfremde Wissenschaftler dem „wahren Leben" und den „wirtschaftlichen Realitäten" behindernd im Wege stehen. Diesen Ruf genießen die Denkmalpfleger bisweilen; er ist aber in der Regel nicht gerechtfertigt: Ziel des Schutzes ist immer der Erhalt des Denkmals für die heutige Gesellschaft und für kommende Generationen – gegenüber einem heutigen Investor mag das altmodisch klingen, spiegelt aber nur unterschiedliche Interessenlagen, die gegeneinander abgewogen werden müssen.

Diese Abwägung sieht man auch bei den allgemeinen Vorschriften zum Bauen. Das Planungs- und Baurecht wird seit einigen Jahren in einem „Baugesetzbuch" zusammengefasst. Dort heißt es im § 1:

> (1) „Aufgabe der Bauleitplanung ist es, die bauliche und sonstige Nutzung der Grundstücke in der Gemeinde nach Maßgabe dieses Gesetzbuchs vorzubereiten und zu leiten.
> (...)
> (6) Bei der Aufstellung der Bauleitpläne sind insbesondere zu berücksichtigen:
> (...) die Belange der Baukultur, des Denkmalschutzes und der Denkmalpflege, die erhaltenswerten Ortsteile, Straßen und Plätze von geschichtlicher, künstlerischer oder städtebaulicher Bedeutung und die Gestaltung des Orts- und Landschaftsbildes (...)"

Aussagen wie diese sind zu einem Teil Leerformeln – was heißt schon „berücksichtigen", wenn ein großer Konzern mit vielen neuen Arbeitsplätzen auf ein kleines, aber geschütztes Fachwerkhaus trifft? Dennoch: Alles, was in Gesetzen niedergeschrieben ist, muss beachtet werden und ist vor Gerichten nachprüfbar.

Um den Erhalt historischer Altstädte zu fördern, haben Bund und Länder Gesetze und Förderprogramme zur Stadtsanierung und zum städtebaulichen Denkmalschutz erlassen. Die vorgeschriebene Umweltverträglichkeitsprüfung größerer Bauvorhaben sieht auch den Schutz von Kulturgütern vor, sodass in die Prüfung eingeht, ob und wie Boden- oder sonstige Denkmäler von den Vorhaben berührt werden.

Über die allgemeinen planerischen Vorgaben für eine Gemeinde hinaus (Bauleitplanung), gibt es mit *Gestaltungsbeiräten* und *Gestaltungssatzungen* Instrumente, die gezielt baukulturelle Standards erhalten sollen, zu denen ohne Frage auch der Denkmalschutz gehört. Beide sind keine Instrumente des Denkmalschutzes im engeren Sinne, können aber helfen, diesen durchzusetzen. Es steht einer Gemeinde frei, sie einzurichten.

Gestaltungsbeiräte sind ein Beratungsinstrument für den Gemeinde- oder Stadtrat. Er besteht aus Fachleuten – Architekten, Stadtplanern, bisweilen auch Denkmalschützern. Im Beirat werden einzelne Bauprojekte und Planungsvorhaben diskutiert und eine Empfehlung für die Entscheidung des Rates gegeben. Ein Gestaltungsbeirat ist kein gesetzlich vorgeschriebenes Instrument; jede Gemeinde ist frei ihn einzusetzen oder nicht. Er kann auch ein sehr unbequemes Gremium sein, das der baulichen Qualität verpflichtet ist, nicht dem Wohlwollen eines Rates!

Gestaltungssatzungen sind ebenfalls keine vorgeschriebenen Instrumente, obwohl sie eine rechtliche Bindung aussprechen, nämlich die Regeln, nach denen in einem bestimmten, genau definierten Gebiet gebaut werden darf – das kann ein Neubaugebiet sein, dann spielt der Denkmalschutz keine Rolle. Es kann aber auch ein unter Schutz stehendes Quartier sein, für das gestalterische Regeln aufgestellt werden, die durch den Rat beschlossen und befolgt werden müssen.

Beide Instrumente wie auch die Umweltverträglichkeitsprüfung sind von ihrer Funktion her defensiv. Sie können im besten Fall „das Schlimmste verhindern", aber nicht das Gute erzeugen – das gilt besonders für die Satzung, weil eine geschriebene Vorwegnahme immer Verallgemeinerungen enthalten muss, die im Einzelfall dann doch nicht gut passen.

Im Denkmalschutzgesetz war mit der Formulierung „Mehrheiten von baulichen Anlagen" bereits die Definition eines „Denkmalbereiches" geliefert worden: ein Stadtteil, dessen Bebauung mehrheitlich denkmalschutzwürdig ist. Aber – und das unterscheidet ihn von einer Summe von Einzeldenkmälern – über die einzelnen Bauten hinaus werden auch die vielen Einzelheiten unter Schutz gestellt, die den Charakter des Quartiers ausmachen – Straßen(-pflaster), Plätze, Begrünung, möglicherweise bis hin zu besonderen Straßenlaternen, Gullydeckeln und Parkbänken.

Der Denkmalschutz gilt hier genauso, als wenn es sich um ein Einzeldenkmal handelte. Das ist anders bei so genannten „Milieuschutzgebieten" oder „Milieugebieten". Dieser Begriff ist nicht exakt gesetzlich definiert, weil er einen Bereich umfasst, der sich dem Gesetzgeber entzieht: Denn er bezieht sich auch auf den Schutz des „Milieus" – der Kleinteiligkeit der Läden, der Mischung der Bewohnerschaft aufgrund einer bestimmten Mietsituation. Damit wird der Begriff schwierig zu handhaben, weil sich mit der Festlegung eine Stadt verpflichtet, letztlich in den Bereich der Wirtschaft einzugreifen. Wenn sie selbst im Besitz der Häuser ist, dann kann sie sich, sofern ein Kaufangebot eines anderen vorliegt, dem verweigern. Aber wie sieht es aus, wenn die Häuser im privaten Besitz sind? Was soll man tun, wenn die kleinen Läden nicht mehr tragfähig sind oder die Ladeninhaber aufgeben? Genau genommen, verlässt man hier das Feld des Denkmalschutzes, obwohl der Schutz eines ganzen Quartiers mit seinem sozialen Milieu das Ziel ist. Es wird im Rahmen der Sanierungsgesetzgebung geregelt, wo auch Fragen zum Beispiel der Mietpreisbindung bei Sanierungen festgelegt sind.

Viele Bürger, ob Eigentümer oder nicht, haben aber ein großes Interesse an der Erhaltung dieser Quartiere – wie am Denkmalschutz überhaupt. Deswegen muss auf die große Bedeutung hingewiesen werden, die das private Engagement auf diesem Gebiet hat. Das bezieht sich nicht nur auf Spenden für den Wiederaufbau einer Kirche oder auf die große Zahl der Besucher, die am jährlich stattfindenden „Tag des Denkmals" durch die Bauten gehen.

Es gibt ein vielfältiges Geflecht von privaten Initiativen, Vereinen und kleinen Organisationen, die sich für bestimmte Denkmäler engagieren – ohne dieses Engagement wäre sehr viel mehr von unserer gebauten Vergangenheit inzwischen verschwunden, als es tatsächlich der Fall ist. Ohne die Akzeptanz des Denkmalschutzes allgemein – bei allen diskutierten Streitfällen – und ohne das Engagement der Bürger wäre der Denkmalschutz nicht nur ärmer, sondern faktisch unmöglich.

Weitere Unterrichtsmaterialien

denkmal aktiv – Kulturerbe macht Schule

(96 Seiten, DIN A4 mit kopierfähigen Arbeitsblättern und vielen Abbildungen, geeignet für Sek. I und Sek. II)

Logo „denkmal aktiv"

Denkmalschutz, für Kinder und Jugendliche verständlich

http://www.denkmal-mit-pfiff.de/teens/teens/wissen/denkmal-lexikon

Unterrichtsmappe: Welterbe für junge Menschen

Entdecken – Erforschen – Erhalten

(Ringbuch, Format 27 × 31 cm, ca. 180 Seiten, 80 Abb., 26 Folien, geeignet für Sek. I und Sek. II; ISBN 3-936942-00-5, 29,80 Euro)

Denkmalschutz im Internet

Eine äußerst umfangreiche Liste der Links im Internet zu allen Fragen des Denkmalschutzes – auch im Ausland – und zu weiteren Themen im Umkreis der Denkmalpflege bietet:

http://www.histsem.uni-freiburg.de/mertens/graf/museumr.htm#denkmalschutz

Arbeitsanregung

- **Die Schülerinnen und Schüler stellen eine Liste der privaten Organisationen auf, die sich im eigenen Quartier/in der Stadt für den Denkmalschutz engagieren. Gespräche mit den Organisationen (Einladung in die Schulen?) können die Breite und Verschiedenheit deutlich machen, mit denen aktiver Denkmalschutz betrieben wird.**

7 Weiterbauen

Denkmalschutz – das ist das Bewahren des Vorhandenen in möglichst reiner Form, wissend, dass es häufig notwendig ist, etwas zu verändern – in der Nutzung, in der Anpassung nutzbarer Räume an heutige Bedingungen und Qualitäten, in der Gestaltung der Umgebung. Die Veränderung von Bauten, die unter Denkmalschutz stehen, ist immer eine – im Einzelfall notwendige – Verschlechterung des Denkmals, weil sie immer etwas an der originalen Substanz verändert (etwas anderes ist es, wenn eine *vorhandene* originale Substanz unter anderen Schichten hervorgeholt und freigelegt wird).

Gebaut wird aber nicht nur an Denkmälern.

Man nehme ein Grundstück in freier Natur, lasse die Bagger zum Ausheben der Baugrube kommen, und anschließend kommen die Maurer und ziehen die Wände hoch?

Tatsächlich gibt es dieses Bauen noch – allerdings kaum noch in Deutschland. Eine unberührte Naturlandschaft gibt es praktisch nicht mehr, und wenn, dann darf dort – hoffentlich! – nicht gebaut werden. In einem Land, dessen Bevölkerungszahl abnimmt, ist ein Bauen „auf der grünen Wiese“ kaum noch zu rechtfertigen.

Es wird überall gebaut, vor allem in der Stadt: Ein Haus wird abgerissen, an seine Stelle kommt etwas Neues. Da kann der Bagger im Erdreich Dinge finden, die von früheren Generationen stammen, zumindest aber die Fundamente des Vorgängerbaus – auch ein Stück „Geschichte“, selbst wenn die nicht in den Büchern verzeichnet ist! Oder man findet Reste des Vorvorgängers. Oder man erweitert ein bestehendes Haus. Oder baut es um. Oder – das wäre dann der kleinste Eingriff – ein neuer Eigentümer mit einer anderen als der bisherigen Nutzung richtet sich innerhalb der vorhandenen Wände ein: Alle diese Eingriffe sind im weitesten Sinne ein Weiterbauen.

Wie aber geht der Architekt mit der vorhandenen gebauten Umwelt um, mit Städten, Quartieren, Bauten, Landschaften, Parks, Plätzen, unabhängig davon, ob sie unter Denkmalschutz stehen?

Die Situation mit dem alten Speicher um 1930

J. Störmer Partner: Umbau eines Hafenspeichers zum „Stadtlagerhaus“ für Wohnen, Büros und Parken, Hamburg (2001)
(Abb. links und rechts)

Zunächst: Jedes Bauen ist auch eine Auseinandersetzung mit der Umgebung; diese bezieht sich auf das Haus und das Haus bezieht sich auf sie – ein ständiger Veränderungsprozess, weil sich alle Teile immer wieder verändern. Der Architekt greift gestaltend in diesen Veränderungsprozess ein. Er macht das, indem er sich mit dem Alten auseinander setzt und ihm entgegenhält, dass wir heute leben. Also auch mit heutigen Formen und Materialien bauen. Man könnte heute auch die früheren Formen nachbauen, und es wird in Deutschland zunehmend getan. Aber warum sollte man? Weil das Alte so schön war? Das Leben war es in früheren Zeiten nicht; kein heutiger Bewohner möchte mit früheren Zeiten tauschen. Warum soll die Architektur also so tun, als ob „früher" wäre? Respekt vor der Geschichte, Respekt vor dem Ort sind selbstverständlich. Aber warum sollte man etwas tun, worauf niemand in früheren Jahrhunderten gekommen wäre – nämlich „wie früher" zu bauen? Hat das Alte schon deshalb Qualität, weil es alt ist? Dann hätten wir einen wunderbar-einfachen Qualitätsmaßstab: Das noch Ältere hätte noch größere Qualität. Dann müssten wir nicht mehr über Qualität nachdenken, sondern nur noch das Alter messen. Aber wie kann „Alter" ein Qualitätsmaßstab sein? Es ist es doch bei Menschen auch nicht. Oder sind alte Menschen bessere Menschen?

„Bauen" ist immer „Weiterbauen" . Zunächst einige Begriffsklärungen; Weiterbauen ist ja nur ein Sammelbegriff:

Das normale *Weiternutzen* bedeutet das, was jeder mit seiner Behausung macht, nämlich die Pflege und Reparatur so, dass die Substanz des Hauses und sein Wert möglichst erhalten bleiben – alle fünf Jahre werden die Wände gestrichen, alle 30 Jahre das Dach erneuert, Schäden werden möglichst schnell beseitigt. Der Architekt und die Baufirma haben hier meist noch nichts zu suchen.

Die *Umnutzung* ist schon etwas anderes. Es kommt ein neuer Eigentümer oder Mieter, der in dem Haus etwas anderes machen will als vorher. Für den neuen Zweck muss das Haus innen angepasst werden: Es wird *umgebaut* – Wände werden abgerissen, neue aufgebaut; Fenster werden dort gebaut, wo sie für die neue Nutzung sinnvoll sind. Die Eingriffe in die vorhandene Bausubstanz können sehr unterschiedlich sein – der Umbau eines Straßenbahndepots zu einem Theater ist ein wenig aufwendiger als die Teilung eines Zimmers in zwei, damit das zweite Kind untergebracht werden kann.

Wenn aber der neue Eigentümer, die neue Nutzung nicht mit der Größe oder dem Zuschnitt der vorhandenen Räume auskommen, dann muss erweitert werden: Es entsteht ein *Anbau*. Oder ein zweites Haus daneben. Spätestens hier beginnt für den Architekten die Frage der Auseinandersetzung mit dem Bestand. Denn was bisher – bei der Umnutzung – noch im Verborgenen lag, im Inneren des Hauses, das wird jetzt nach außen hin jedermann sichtbar. Das Bauen wird zur Frage der Gestaltung – übrigens auch zur Frage der *Baugenehmigung*: Die ist dann notwendig, wenn der Bau „an die Öffentlichkeit tritt".

Die Gestaltung mag nicht wichtig sein, wenn es nur darum geht, an einen Industrieschuppen einen zweiten zu setzen. Obwohl es eigentlich keine „unwichtigen" Bauten gibt: Dort arbeiten oder leben immer Menschen, die den Bau vor Augen haben. Und es soll keinen Unterschied machen, ob der hässlich oder schön ist?

Arbeitsanregungen

- **Besuch beim Architekten (oder Einladung in die Schule): Wie geht ein Architekt mit der Frage um: Nutzung/Umbau eines vorhandenen, wertvollen Hauses? Welche (gesetzlichen) Regeln gibt es dafür?**
- **Erläuterung der folgenden Beispiele in verschiedenen Gruppen, Diskussion und Bewertung. Besser: Beispiele aus der eigenen Umgebung wählen. Wenn der Architekt am Ort wohnt, wird er gern seine Überlegungen erläutern.**

Auseinandersetzung mit dem Vorhandenen – Beispiele

Eckhaus Grindel, Hamburg

(gmp von Gerkan, Marg + Ptn. 1985–1987)

Die Aufgabe war banal genug – ein Wohnhaus in der Stadt, an einer belebten Straßenecke gelegen. Gegenüber steht ein Eckhaus aus der Gründerzeit – ebenfalls nichts Besonderes. Seine Schmuckelemente sind dunkel gestrichen, die Felder dazwischen weiß. Eigentlich haben die Häuser nichts miteinander zu tun. Trotzdem bezieht sich der Architekt des Neubaus deutlich auf den alten, weil sie in derselben Stadt, an derselben Kreuzung stehen: respektvoll und selbstbewusst. Die alten Formen werden nicht aufgegriffen, aber die alte Gliederung; was früher Putz war, ist heute Stahl, was früher Dekoration war – einschließlich des eckbetonenden Türmchens – wird heute Funktion – einschließlich des eckbetonenden Türmchens. Eine Geschichte wird beiläufig erzählt.

Eckbebauung Grindel, Hamburg

Kaufhaus in Eschwege

Kaufhaus in Eschwege

(Ingenhoven, Overdiek, Kahlen + Ptn. 1993–1997)

Noch radikaler (und 20 Jahre später!) geht das Kaufhaus mit der Fachwerkstadt Eschwege um – und dennoch ist der Respekt vor dem Ort ablesbar: Der historische Straßenraum wird (wieder) nachgezeichnet, zwei alte Fachwerkbauten werden integriert. Und die neuen Teile erhalten ebenfalls ein Fachwerk – nur in Aluminium und Holz anstatt in Holz und Mauerwerk. Niemand wird diesen Bau für alt halten. Aber niemand kann ihm nachsagen, er hätte sich mit dem Ort nicht intensiv auseinander gesetzt.

Wohnquartier Groß-St.-Martin, Köln

(J. u. M. Schürmann, 1970–1979))

Eine kleinteilige Wohnungsbau-Architektur, die direkt neben einer bedeutenden romanischen Kirche überhaupt nichts Historisierendes hat, eine Art Plattenbau in Weiß – schockierend! Allerdings: Nicht pseudo-historisierende Differenzierung, sondern die Umsetzung heutiger Fertigungsmethoden und Wohnansprüche in eine Architektur, die stadtverträglich ist – genau das hatten die Baumeister früherer Jahrhunderte auch gemacht! Und die Architektur sucht erkennbar, mit ihren Vor- und Rücksprüngen in der Fassade, die historische Bebauung von schmalen Parzellen heute weiterzuführen.
Das Wohnquartier zeichnet sich zudem durch seine innerstädtischen Qualitäten aus; es ist der Öffentlichkeit gegenüber offen, gleichzeitig „Innenhof" und „Weg"; es ist Teil eines Geflechts aus Straßen und Plätzen, das es wie die Bebauung selbst zum Teil des gesamtstädtischen Geflechts macht.

Quartier Groß-St. Martin, Köln

International University Bremen

(Böge Lindner Architekten, seit 2000)

Ein Kasernengelände: Rund 50 Gebäude mehr oder minder kriegerischer Bestimmung stehen locker um ein streng achsial aufgebautes Zentrum. Die Bauten stammen aus der Nazizeit und den 1950er Jahren, in denen die Kaserne ganz selbstverständlich weiter genutzt wurde. Hier befindet sich heute eine der ambitioniertesten Privatuniversitäten des Landes mit Studenten aus 50 Ländern: Bauen als Patchwork – einst Kaserne, heute Colleges einer Universität.
Die Architekten haben sich gesagt: Wir verwenden, was noch gut ist, das andere wird neu gebaut – und zwar so, dass es jeder erkennt. Sie bauen selbstverständlich. Jede der reparierenden und ergänzenden Maßnahmen wurde entworfen, als ob es keinen Altbau gäbe. Und das Alte wird nicht nur verwendet, sondern gebraucht. Ganz selbstverständlich ...

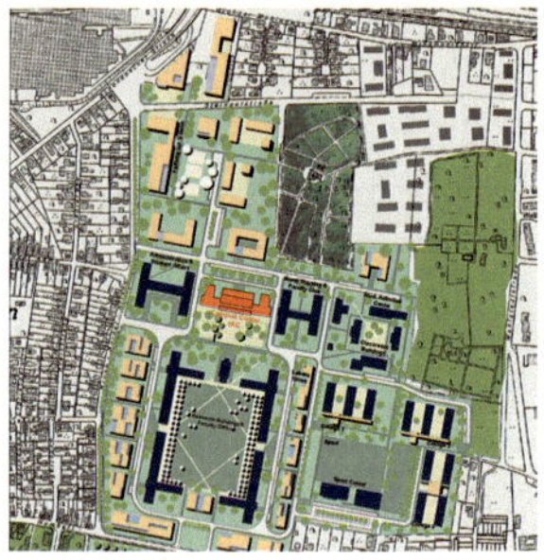

Umbau eines Kasernengeländes zur IUB International University Bremen

„Verdoppelung“ eines Geschäftshauses am Gänsemarkt, Hamburg

Stadtbäckerei Hamburg

(Riecke + Karres 1976–1978)

Als der Bau fertig war, fiel er noch neben seinem aus dem Jahr 1913 stammenden Bruder auf, weil die Materialien so neu aussahen. Inzwischen haben sich beide angeglichen – man denkt, beide Bauten hätten „schon immer“ dort gestanden. Gemacht hatten die Architekten Folgendes: Der Hamburger Gänsemarkt war im Krieg schwer zerstört worden, die Neubauten der Nachkriegszeit hatten, wie damals üblich, sich wenig um den Platz und ihre Nachbarn, sondern nur um die eigene Fassade geschert. Um die Situation zu beruhigen, hatten die Architekten für den Erweiterungsbau die vorhandene Fassade einfach verdoppelt. Sie haben einen „Altbau“ gebaut, den es nie gegeben hat – darf man das?

Jüdisches Museum, Berlin

(Daniel Libeskind 1989–1998)

Ein schwieriger Fall: Ein jüdisches Museum in Deutschland! Das „Berlin Museum“ für Stadtgeschichte sollte um eine jüdische Abteilung erweitert werden. Das Museum ist in einem qualitätvollen barocken Bau, dem ehemaligen Kammergericht (Philipp Gerlach 1734/35) untergebracht: in sich ruhend, symmetrisch, repräsentativ. Daniel Libeskind, der Architekt des neuen Teils, hat eine dramatische Zick-Zack-Form dagegengestellt, die die Geschichte der Juden in Berlin symbolisieren soll: Der äußerste Gegensatz beider Bauten wird zum Ausdruck dieser speziellen Geschichte: „Die Idee ist sehr einfach: ein Museum um eine Leere zu bauen, die durch dieses hindurchläuft, eine Leere, die vom Publikum zu erfahren ist. Von der jüdischen Präsenz in Berlin ist materiell nur wenig übrig geblieben – kleine Dinge, Dokumente, Archivmaterial, eher die Abwesenheit als die Anwesenheit wachrufend.“

Jüdisches Museum Berlin (Daniel Libeskind 1989–1998)

Umbau, Umnutzung und Modernisierung „Neuer Weg“, Norden/Ostfriesland, vorher und nachher

Norden, Neuer Weg

(Helmut Riemann, seit 1986)

„Neuer Weg“, ausgerechnet, heißt die Straße, an der die meisten dieser umgebauten und weiter genutzten Gebäude in Norden/Ostfriesland stehen: Seit rund 15 Jahren werden hier von einem Architekten im Auftrag einer Sparkasse Häuser sorgsam renoviert, die teilweise aus dem 16. Jahrhundert stammen, zum Teil auch erst in den 1970er Jahren gebaut wurden: Allen wird die gleiche Sorgfalt im Detail zuteil. Dabei wird die gesamte Palette des Umgangs mit denkmalgeschützter und ungeschützter, vorhandener Bausubstanz durchgespielt – Anbau, Umbau, Rückbau: immer mit der gleichen Sorgfalt im Detail, die die Bauten aus verschiedenen Jahrhunderten jeweils ernst nimmt. Und der Architekt geht davon aus, dass wir Heutigen auch etwas zu der Geschichte beizutragen haben: Deshalb werden neue Zutaten unverkennbar modern gebaut.

Zum Verständnis von Architektur

Architektur – das sind einzelne Häuser, Hausgruppen, Stadtviertel oder ganze Städte, im weiteren Sinne auch von Menschen geschaffene Landschaften, Parks und Gärten. Man kann sie – wie jedes Werk der Kunst – analysieren und bewerten. Dass das nicht allein aufgrund von spontanen Werturteilen angemessen geschehen kann, liegt – wie bei anderen Werken der Kunst – auf der Hand. Das spontane Urteil („gefällt mir / gefällt mir nicht") ist legitim, aber es ist ein nicht *begründetes* Urteil. Es spiegelt nicht nur einen ganz subjektiven, emotionalen Zugang wider, sondern ist auch geprägt durch den Kulturkreis, in dem wir aufgewachsen sind, und durch unser soziales Umfeld.

Nun geht es im Zusammenhang dieses Buches nicht um die künstlerische Interpretation. Aber auch im Rahmen des Geschichtsunterrichtes kann man den Schülern ein einfaches Instrumentarium an die Hand geben, das ihnen den Umgang mit Architektur erleichtert. Das geschieht im Folgenden anhand von „Fragen" die an das jeweilige Bauwerk gerichtet werden sollten. Dabei ist die Auseinandersetzung aus eigener Anschauung selbstverständlich der mit Abbildungen vorzuziehen. Wenn man sich auf Abbildungen beschränken muss, dann sollte das am besten im Vergleich zweier oder mehrerer Bauten erfolgen, weil Unterschiede dann offenkundiger und Wirkungen einfacher herauszuarbeiten sind.

Erster Eindruck	▪ Wie wirkt das Gebäude / die Gebäudegruppe spontan auf mich?
Sachinformation	▪ Was weiß ich über das Gebäude? (z. B. über Alter, Nutzung, Architekt, Baujahr, ...)
Beschreibung Was?	▪ Steht das Gebäude allein oder ist es Teil einer Gruppe (eines Ensembles)? ▪ Wie viele Geschosse hat es – auch im Vergleich zu den Gebäuden der Umgebung? ▪ Ist das Gebäude reich geschmückt oder einfach – auch im Verhältnis zu seiner Umgebung? ▪ Aus welchem Material wurde gebaut (sichtbares Mauerwerk, Sichtbeton, Fachwerk, ...)? ▪ In welcher Konstruktion wurde es errichtet, soweit man das aus seiner Ansicht erkennen kann (Fachwerk, Stahlbeton-Skelettbau, Mauerwerk, ...)? ▪ Welche Nutzung ist ablesbar? Woran? (Ladengeschäfte mit Schaufenstern, Verwaltung mit immer gleichen Fenstern oder Fensterreihungen, Beschriftungen, Wäsche zum Trocknen auf dem Balkon, die auf Wohnen deutet, ...)? ▪ Lassen sich Änderungen in der ursprünglichen Nutzung erkennen? Sind Umbauten oder andere Veränderungen ablesbar?
Analyse Wie? Mit welcher Wirkung?	▪ Lässt sich die oben beschriebene spontane Wirkung an konkreten Elementen festmachen? ▪ Wie verhält sich der Bau zu seiner Umgebung – z. B. auftrumpfend, sich einfügend, sie überragend? Worauf beruht diese Wirkung? ▪ Handelt es sich um einen kompakten, geschlossenen Baukörper oder um mehrere aneinander gefügte Einzelformen? Wie verhalten sich die einzelnen Baukörper zueinander, wie sind sie miteinander verbunden? Wirkt das Gebäude insgesamt z. B. geschlossen, blockhaft, schwer oder durchbrochen, offen, leicht? ▪ Wie ist die Fassade gegliedert? Gibt es vorherrschende Richtungen (z. B. Horizontale, Vertikale, Diagonale), die den Blick des Betrachters lenken oder ein Merkmal des Gebäudes besonders betonen? ▪ Wie verhalten sich die Dimensionen des Gebäudes bezogen auf das menschliche Körpermaß? Sind die architektonischen Maße (z. B. Geschosshöhen, Tür- und Fenstermaße) auf die Nutzer bezogen oder sind sie überdimensioniert? Welche Wirkungen ergeben sich daraus (z. B. Monumentalität, Beengtheit, Aufstreben, Gedrungenheit, ...)? ▪ Wurden Materialien verwendet, die vermutlich zur Bauzeit gängig, preisgünstig oder selten und kostbar waren? Wie haben die Materialien vermutlich auf die zeitgenössischen Nutzer / Betrachter gewirkt (z. B. reich, prunkvoll, gemäßigt, ärmlich)? Wie wirken sie heute auf uns? ▪ Lassen Material / Konstruktion / Stilelemente Rückschlüsse auf eine bestimmte Bauzeit zu (z. B. Gewölbe-, Säulenformen, ...)? Was weiß man über diese Zeit und entspricht ihr die Architekturwirkung? ▪ Gibt es in meiner Stadt / meiner Umgebung vergleichbare Bauten?